Klaus Mann   Tagebücher   1936 bis 1937

Klaus Mann
Tagebücher 1936 bis 1937

*Herausgegeben von
Joachim Heimannsberg,
Peter Laemmle und Wilfried F. Schoeller*

edition spangenberg

Die Veröffentlichung der vorliegenden Ausgabe
wurde durch einen Zuschuß
des Deutschen Literaturfonds e.V. gefördert

Gesamtredaktion und Anmerkungen Joachim Heimannsberg
Nachwort Peter Laemmle
© 1990 edition spangenberg, München 40. Alle Rechte
vorbehalten. Gesamtausstattung Juergen Seuss, Niddatal bei
Frankfurt am Main. Herstellung Manfred Lüer, Gräfelfing
ISBN 3-89409-003-0 *(Leinen)* ISBN 3-89409-009-X *(Paperback)*
Printed in Germany 1990

Inhalt

1936

1.1. _____ *[Davos].* Neujahrsbrief von Mielein, sehr lieb. – Karte vom Bernhard Citron.

Material über die ebenso groteske wie peinliche Affäre H.E. Jacob; (die kriminellen Machenschaften mit Mutter und Schwester.)

Auf dem Balkon angefangen zu lesen: Maupassant »Bel Ami.« Wie *gut* gemacht, gleich der erste Abschnitt! – Spaziergang, Höhenpromenade. Leute beim Skifahren und Schlittschuhlaufen beobachtet. – F.s Schwester, Madame Lauinger, ist eingetroffen. – Weitere Neujahrskarten, an Menno ter Braak, Manuel, Offi, Ofei, u.s.w.

Notizen (Roman.)

Nachmittags im Ort, mit F. + Schwester. Tea-Room Schneider. – Wieder einmal eine Viertelstunde ziemlicher Depression und Süchtigkeit; mir mit 2 Kirsch drüber weggeholfen.

Abschiedsplauderei mit dem alten demokratischen deutschen Professor, der Tochter und ihrem schweizer Dozenten; mit Madame Lauinger.

»Bel Ami.«

4.1. _____ *[Sils Baselgia, Haus Salis].* Der Tucholsky soll sich erschossen haben …

Brief von Stumper – Luxembourg. – Skifahren mit E. Miro; Friedrich mit-spazierend. E klagt über Schwierigkeiten ihres Berufes, mannigfache Schwierigkeiten u.s.w. – Mittags meint sie: wir alle – F., Miro, ich – würden in 10 – 15 Jahren tot, sie aber würde 90 werden, mancherlei Umwälzungen mitmachen und uns alle melancholisch überleben. – Nachmittags: Abreise von F. – E. – Ich den Nachmittag alleine hier. Spaziergang; Bad; Briefe-Schreiben u.s.w. – Miro abends aus St. Moritz zurück: aufgeregt über ihre Abenteuer im »Palace« mit der belgischen Liebe. – Essen zu zweit, und lange Unterhaltung – am meisten wohl über E. Dazwischen Telephon mit der Giehse – Bern. Gelesen: Gide »Saül«, anderthalb Akte. Un peu sec – dabei ungemein reizvoll.

»Bel Ami.« Voilà un chef-d'œuvre. Mustergültig gebaut; straff, exakt – ein Vorbild. Psychologisch freilich *etwas* naiv, *etwas* flach – verglichen mit Stendhal oder mit Proust.

5.I. _____ Gearbeitet: Roman – Notizen.

Ski-Spaziergang, mit Miro, ins Fextal. Zum ersten Mal wirklich ganz schöner Tag: SONNE. – Nachmittag: nach St. Moritz. Dieses junge Mädchen, Sonja Säkula, von der Bahn abgeholt. Das Erste, was sie anrichtet: der Schneeball, den sie auf Gitta Alpár wirft, die im Schlitten vorüberfährt – von mir nicht erkannt, sondern für eine *ganz* gemeine, platinblonde alte Nutte gehalten. Grosse Schimpfscene: »Diese Kuh, diese Gans! …« Ich, vornehm beruhigend: »Ein unbedachtes junges Mädchen …« u.s.w. Sehr komisch. –

Bei der Rückfahrt hängen sich Carmen Furrer und ihr Boyfriend hinten ans Auto. Sind hier zum Tee. Dazu andere Schweizer: Dr. Meyer – Zürich, mit Frau, bebrilltem Sohn und Töchterchen; ein recht verdächtiger Frontisten-Jüngling, Uli Luksinger, oder so ähnlich. – Gelesen: »Tage-Buch.« (Abschiedsbriefe: von Mehring an Tucholsky; vom Hohen Commissar MacDonald an den Völkerbund. Schwarzschilds bittere Prognose für 1936.)

Neue Grammophonplatten; Marlene Dietrich u.s.w. – Telephone mit Nebel – Luzern; F. – Davos. – Abends: Versuch, das Mädchen Sonja – die aus Florenz kommt und durch die italienische Propaganda total verblödet ist – politisch aufzuklären.

6.I. _____ Post: die Scalero, aus Rom, u.s.w.

Den Titel für den G.G.-Roman gefunden: »Mephisto«.

Notizen (Roman.) Gelegentlich dieses Stoffes: Beschäftigung mit dem »Faust.«

Essen bei der Godli. Spaziergang: Kälte, Sonne und Schnee. – Friseur.

Meine »Nouvelles Nourritures« – Besprechung in der »Nationalzeitung« erschienen.

Die politische Lage erscheint mir *ungewöhnlich* ernst. Die Petroleum-Sanktion wird durchgehen. (Roosevelts Botschaft an den Senat.) Mussolini – wahrscheinlich klinisch verrückt – will sie für den Casus Belli halten. Was macht Hitler? Wann, wo, wie geht es los?

– – – Telephon mit Kaiser – Bern (wegen der Verschiebung der Tournée.) – Briefe an: Neumann – Bern; die Scalero; Bubi K. – Interessanter Aufsatz in der Nationalzeitung über den *Schlaf* als »Selbstmordersatz«. Passt sehr gut zu meinen Vorstellungen und Assoziationen vor dem Einschlafen …

Abends: Grammophon; Lektüre. (Einige der persischen kleinen Erzählungen von Miro in neuer Bearbeitung, etwas »Bel Ami«. – Das Mädchen Sonja liest »Kind dieser Zeit.«)

11.I. –––––––––– Lang geschlafen. – Brief von Regler (über seinen Bauernkrieg-Roman; über den »Tsch.«) –
»Ewiger Vorrat deutscher Poesie.« Herder; Schiller; Brentano:

»Weil ich alles Leben ehre,
Scheuen mich die Geister nicht.«

☐ Abends: geblättert bei Trakl (wieder sehr berührt); bei Hemingway. – »Bel Ami«. (Das Duell; Forestiers Tod: wie *gut*!!) – – –
Merkwürdig; das »praktische« Bedürfnis nach dem »Thun« ist relativ gering; die »theoretische« Lust darauf sehr gross.

12.I. –––––––––– ☐ Briefchen an Brian. –
Hübscher Ski-Spaziergang, mit Miro – Sonja ins Fextal. Essen oben, im Gasthaus »Sonne.« Frühlingshaft warm.
Nachmittags noch ein gutes Stück gearbeitet. Das »Schwarze Venus«-Kapitel in der ersten – *sehr* vorläufigen – Fassung fertig;

durchkorrigiert. – Es, nach dem Abendessen, den beiden Damen vorgelesen. Es ist vielleicht *zu* gemein. Dazwischen Gedichte. – In der »Forderung des Tages« geblättert.

14.I. _____ ☐ Spaziergang mit Miro. – Geblättert in Laotse »Vom Sinn des Lebens.« Überrascht von weisen Schönheiten. – Gedichte. – Gearbeitet: den Anfang des Tanzstundenkapitels; Hendrik auf der Probe. – Besorgungen in Sils Maria, mit Miro. Im Faust gelesen. (Schüler-Scene; Auerbachs Keller u.s.w.)
Abends: mit Miro in St. Moritz: Klavierabend einer kleinen Russin, Sara Novikoff. Spielt Bach; Scarlatti (besonders hübsch); Haydn; Chopin. Die leichten Sachen sehr lieb; die grossen noch ungenügend, am schlechtesten die grossen Chopins. – Vorher im Suvretta-Haus (wo Miro ihre Schlittschuh-Dame besucht.) Feierliche Stille, wie in einer Kirche; Engländer im Smoking. Langeweile.
Wunderbarer Sternenhimmel, beim Nachhausgehen von der Garage. Spätes Telephon mit E.

15.I. _____ ☐ Unterhaltung mit Miro darüber, dass die uns nachfolgende Generation (die heute 16–20jährigen) so erschreckend *ungeistig*, dekonzentriert und desinteressiert. Als Beispiele; Sonja; Hanserik; Medi-Bibi – ja, auch sie; (vielleicht zufällig und schlecht ausgewählt; ich fürchte: typisch.)
– – Am Spätnachmittag, mit Miro in St. Moritz: kleine Cocktail-Zusammenkunft beim Rechtsanwalt Giacomi. Erst dessen Sammlungen beschaut; vor allem die sehr kuriosen von alten Sonnenuhren. Paar ganz nette Leute, z.B. die Pianistin von gestern abend; ein Arzt aus Cellerina u.s.w. Unterhaltung über Nietzsches Krankengeschichte; über Alsberg, Tucholsky, u.s.w. Briefe von Brian und Mielein.
Mit Mielein – Arosa telephoniert. Die Affäre zwischen Bermann und dem »Tage-Buch.« Zauberer wird B., ausgerechnet in der N.Z.Z., verteidigen: unglückselig!!

17.I. _____ *Bern, Hotel Bellevue.* Gestern: Abreise von Sils.
Mit Miro, die etwas leidend ist, nach St. Moritz. Au revoir.
Die Reise nach Bern, mit dem Umsteigen in Chur – Zürich. –
Gelesen: Zeitungen. (z.B. in der N.Z.Z., Erinnerungen an
Proust; interessant.) – »Bel Ami«, fast zu Ende. Wie bewunde-
rungswürdig! – trotz der zuweilen etwas flachen Psychologie.
Wie vorbildlich *gebaut.* Die Linie der Karriere. – Plastik der
Episoden (die Tragödie der Madame Walter u.s.w.) . . . . . .
E an der Bahn. Sie regt sich – mit Recht – sehr auf über die Affäre
Zauberer – Bermann – Schwarzschild – N.Z.Z. Telephoniert
mit Bornstein – Paris, damit es vielleicht von dort aus noch
verhindert werde. ☐

18.I. _____ *[Küsnacht].* ☐ Die fatale Bermann-Ehrenret-
tung ist also – von Z., Hesse und der Annette gezeichnet – in der
»N.Z.Z.« erschienen . . .
Genommen. – In verschiedenen Büchern geblättert: »Der arme
Mann.« Bilderfolge von Willy Fries. (Fatal kunstgewerblich –
dabei nicht ohne Talent.) – Adalbert Stifters Briefe.
(»Verzeihe, dass ich immer von Staatsdingen schreibe und
nicht von Dir und mir, aber jene sind ja wichtiger als wir
beide.«)
Fallada »Märchen vom Stadtschreiber, der aufs Land flog.«
(Aber das *mag* ich nicht. Nur ein paar Seiten.)
Coudenhove-Kalergi: »Antisemitismus.«

19.I. _____ Ein Blatt von Ricki, für Eva, herausgesucht.
Diese Traurigkeit! Nähe des Wahnsinns. Dabei eine beinah
weiche, verspielte Anmut. – – – Brief an den Stumper – Esch.
Besuch bei Brentano – der eine unangenehme Stirnhöhlen-
Geschichte hat. Zeigt mir die Einbandentwürfe seines neuen
Buches (von Urban.) – Telephon mit E – Biel. Lese ihr die
Scheisse aus der »N.Z.Z.« vor . . . Sie will Zauberer schreiben.
Paul A. Weber: Holzschnitte, Bilder, Zeichnungen. (Die
Zeichnungen sehr à la Kubin.)

Nachmittags: in der Stadt. Kino: Reinhardts »Sommernachts-traum.« Doch einfach ziemlich missglückt: prätentiös, unfil-misch, zu dunkel, viel zu viel Dialog. WAS nützen einige hübsche Bilder? ... In mehreren Cafés. – Avec un type du Tessin, dans sa chambre, aber etwas mühsam und ohne gar zu grosses Vergnügen.

Pariser Tageblatt. Döblin über Wassermann. Georg Bernhard, ganz geschickt und würdig über die Affäre Z. – Bermann. Es nach Arosa geschickt, und E darüber berichtet.

Genommen. – Geblättert, z.B. in Coudenhoves Judenbuch. Das Vorwort über den Vater. Dieser war wahrscheinlich mehr wert, als der Paneuropa-Sohn. –

20.I. _____ Ganzen Vormittag in der Stadt: Bank; Consu-late – das englische Visum *nicht* bekommen; für Frankreich nur das Transit –; Reisebureau; Optiker (gestern meine Brille bei der Pupe vergessen) u.s.w.

Gelesen: gescheiten, etwas zu sehr mit Material belasteten, etwas konfusen Aufsatz von Brentano über die »Nationen und ihre grossen Männer.« – Anruf von Kurt Kläber (eine Neugrün-dung der »Sammlung« betreffend.)

In Eile, Briefe und Telegramme erledigt (an F., E, Mielein, Miro u.s.w.) –

Grosses Packen; mühsam.

Mit Medi und Marie – eine prächtige Person – in die Stadt gefahren. – Manuel an der Bahn; trägt meine Koffer; erzählt schwuhle Geschichten. Brief von Liesl Frank (Londoner Adressen); Karte vom Zauberer (eine glühende kleine Kohle auf mein Haupt.)

21.I. _____ *Amsterdam, Pension Hirsch.* Die vertraute Rei-se – mit dem Umsteigen in Basel, im Haag; dem morgendlichen Aufenthalt in Brüssel –; die vertraute Ankunft. Friedrich an der Bahn. Die Pension. Fräulein Berta u.s.w.

Unterwegs ziemlich viel genommen. Wenig geschlafen; wenig

gelesen: Zeitungen, sogar das »Magazin.« – Bis Brüssel allein im Coupé; dann ziemlich voll.

Der König von England ist gestorben. Jetzt wird der komische Prince of Wales Majestät. – – – Zu schlafen versucht: aber das Bett ist sehr schlecht und das Zimmer sehr laut. □

22.I. _____ Englisches Consulat. Ich soll wieder eigens in den Haag fahren: es ist *zu* blöde.

Friseur, Besorgungen; Verlag (die Kritiken über den »Tsch.« gelesen; nicht sehr viele – gar keine in der Emigrationspresse.) Lunch mit F. – Landauer in der Porte van Cleve. – Gelesen: den Uhde – »Kolle« zu Ende. – In *Tollers* »Briefen aus dem Gefängnis.« (Er hetzt dieses Thema – seine Gefängniszeit – gar zu schamlos zu Ende; übrigens gibt es einige aufschlussreiche und einige rührende Stellen.) Längeres intellektuelles Geplauder mit Herrn Hirsch. – Dicker Brief von E. Beilagen: Brief von Schwarzschild an sie, ihr grosser Brief an den Zauberer. (Besonders gut.) – Ich meinerseits – kürzer, milder, resignierter – an Z. geschrieben.

Abends: Kino, mit F., Landauer und der Roten: Greta Garbo, »Anna Karenina.« Recht schöner Film, vor allem der Anfang. Sie sieht wieder häufig ganz herrlich aus. – Während des Vorprogramms ein geradezu wilder Müdigkeitsanfall. – Später noch eine halbe Stunde im »Carlton-Corner.«

24.I. _____ Im *Haag* gewesen – schon mit gepackten Koffern, um von dort nach London weiter zu reisen: aber es gibt kein Visum vor der königlichen Beerdigung. Lange Taxifahrten, bis das richtige Consulat gefunden. – Lunch im Café Riche. – Spaziergang mit einem Fünfzehnjährigen.

Telephon mit Menno ter Braak. – Gelesen: »Ein Mensch fällt aus Deutschland«, von Konrad Merz (Pseudonym.) Häufig sehr verfehlte, anspruchsvolle Bilder. Aber auch Eindrucksvolles. Eine Begabung.

Rückreise am Spätnachmittag. – Essen mit F. Brief an Brian;

ausführlich an Onkel Heinrich, in der Bermann-Schwarz-schild-Affäre. (Das Dilemma: soll man in dieser Autoren-Erklärung, die Schwarzschild wünscht, gegen Bermann Stellung nehmen; oder soll man es – aus Rücksicht auf Z. – unterlassen.)

Abends: Mit Landauer in einem *sau*blöden Film mit der Alpár, »Ball im Savoy.« Dann in der Astoria-Bar.

25.1. _____ Fatal erkältet. – Post: Miro, sehr arm und niedergeschlagen – was für ein Jammer! Recht jammervoll auch: Brief von Mielein an E und von E an Mielein: der Familienzwist um Bermann, *musste* das sein?

Das langweilige englische Gesuch an die »Pass-Control« im Haag, für mein englisches Visum, aufgesetzt. – Im Verlag; Rückweg zu Fuss mit F.

Nun habe ich etwas Fieber.

Gelesen: im Manuskript von Heinrichs »Deutschem Lesebuch.« Es enthält einige Wiederholungen, aber immer herrliche Dinge; sehr rührend, z.B., der Schüler-Dialog aus dem Jahre 1950. – – In »Ein Mensch fällt aus Deutschland«; trotz den Schwülstigkeiten – gefesselt.

Geschrieben an: Miro und Mielein. Das englische Gesuch ans Home-Office ins Reine.

Abends: plötzlicher Besuch von *Henk* – in grosser Matrosenuniform. (Er macht Dienst als Unterseeboot-Matrose.) Schön wie ein junger Kriegsgott.

Mit F. – Landauer; genommen. – Anruf von E, aus St. Gallen.

27.1. _____ Korrespondenz: an Redaktionen; an Uhde. – Auf der Post; den gespensterhaft aussehenden James Simon getroffen.

Herr Hirsch erzählt mir, sehr aufgeregt, von einem grossen Korrodi-Artikel. Antwort an Schwarzschild, scharf antiemigrantisch u.s.w. Dahinter stecken wieder die Glaeser und Kesser. Zum Kotzen.

Brief von Hermann Hesse; er will (von Georg Bernhard beleidigt) keine Emigrationsliteratur mehr besprechen. Ihm ausführlich geantwortet (Brief 2mal geschrieben); ihm die Situation klar zu machen versucht. –
Der Korrodi-Artikel liegt vor: eine tolle und infame Entglei-
sung. Ich telegraphiere an Bernhard, ob ich erwidern kann,
mache auch schon Notizen zu einer Erwiderung; schiebe es
dann aber wieder auf, da erst versucht werden muss, den
Zauberer zu einer Antwort zu kriegen.

28.I. _____ Karte von Henk, aus dem Unterseeboot-
Dienst. Zeitungsausschnitte sortiert u.s.w. Wieder Beschäfti-
gung mit *Höfgen.* – Café; Zeitungen. (»Berliner Illustrierte«
gekauft – nur so, zum Ekeln.) – Besorgungen. – Post: Bernhard
Citron; Bubi K.; Telegramm von Georg Bernhard: »Natürlich,
Gruss B.« Aber mache ichs nun?
Gearbeitet: das Höfgen-»Vorspiel« angefangen (der Göring-
Ball.)
Telephon mit Bruno Frank – Salzburg: er soll Zauberer zu einer
Antwort bestimmen. – Wir telegraphieren dem Z. (»Bitten
inständigst …« u.s.w.)
Plaudereien mit den Herren Hirsch und Staub. Abends: mit F. –
Landauer bei Tuschinsky-Nelson. *Ganz* provinzielles Pro-
gramm. Den Pahlen gesprochen – der auftreten darf.
Dann noch in einem sehr traurigen Emigranten-Café, Beet-
hoven-Straat – wo es aber gute Sachen zu essen gibt …
Acedicon-Tabletten.

29.I. _____ Briefe von Onkel Heinrich; von Brian. Gearbeitet: weiter am »Vorspiel 1936.« Post: Brentano; Ernst Bloch
(sehr herzlich.) – Schnurriger Brief von Carl Sternheim an
F. Beschäftigung mit seiner Figur. (»Le Molière allemand.«)
☐ Telegramm von Mielein: dass Zauberer antwortet. Telephon mit Glaser. – Weiter gearbeitet; dazwischen im Américain; »Pariser Tageblatt.« Wieder etwas Temperatur, und

lästigste Erkältung. – Abends, deshalb, zu Hause. Radio (wir haben uns einen zugelegt); angefangen, den »Untertan« wieder zu lesen: die amüsanteste und aktuellste Lektüre. (Prophetisches.)

30.I. —————— Karte von E (»Abrechnung.«)
Briefe geschrieben an: Sklenka; Ernst Bloch; Brian. – Besuch vom Arzt: es ist etwas Bronchialkatarrh. – – »Untertan.« (Der ganze Anfang ist *meisterhaft.* Das ungeheuer konzentrierte erste Kapitel mit dem bravourösen Schluss.)
Genommen, eine Ampulle. – Gearbeitet: am »Vorspiel«, ziemlich grosses Stück.
Besuche: Landauer; Glaser. (Erzählt Klatsch über Mengelberg, Bermann u.s.w.)
Noch 2 genommen. – Abends: Radio. (Hitlers Rede zum 3. Jahrestag der »Machtergreifung«: Hausmasters Voice. Ein bellendes Tier – übrigens ziemlich matt bellend. Übertragung des »historischen Fackelzuges« unter den Linden u.s.w. – Italienische Oper: Donizetti; französische Chansons.) – Unterhaltung mit F. – »Untertan.«

31.I. —————— Wieder ziemlich deprimierter Miro-Brief. Ihr geantwortet. An Georg Bernhard geschrieben.
»Flucht in den Norden« ist an Gollancz – London verkauft – erzählt F. mir am Telephon. Telephon mit der Plaut.
Ernst Jünger »Blätter und Steine.« Man traut seinen Augen nicht. »Die Abschaffung der Folter gehört zu den Kennzeichen sinkender Lebenskraft.« »Der praktische Teil der Humanität besteht in der Wissenschaft, wie man den Pöbel in Bewegung setzt.«
Nicht immer uninteressant; häufig dunkel, wirr, schwülstig; *immer* böse, feindlich – ganz feindlich. »Die totale Mobilmachung« – »die sich selbst auf das Kind in der Wiege erstreckt.« »Über die Schmerzen.« Hohn auf den Fortschrittsgedanken. – Sadismus. »Ein mit Lust gemischtes Gefühl des Entsetzens.«

(Die Lust überwiegt.) Der *Stolz* darauf, dass Deutschland der »zivilisatorischen Sphäre, der Welt der Gesittung, ein unüberwindliches Misstrauen« einflösst. (Nicht aber dem Korrodi ...) »Und, Brüder, wenn wir diese Welt und das, was sie bewegt, im Grunde erkennen, sollten wir nicht stolz darauf sein, von ihr als eine der höchsten Gefahren gewittert zu sein?« (Korrodi wittert nicht.) Nach der individuellen Freiheit – »die von jeher ein zweifelhafter Begriff war« – kommt die »allgemeine Bildung« dran. Schluss mit der freien Forschung – es steht ausdrücklich da. – – – – – –

(Im Artikel: das *Paradoxe* des Korrodi-Hinweises zu erklären. So weit kommt es ...)

Nach dem Abendessen: Besuch von Henk, in all seiner Schönheit und Nettheit. (Das kleidsame gestreifte Matrosenhemd. – Die kindliche Eitelkeit, mit der er seine Uniform pflegt.) – Dann mit F.-Landauer. Angenehmer Abend. Genommen (3.) – 2 Uhr. – Die Rote hat mir – wegen Krankheit – violette Tulpen geschickt.

»Weltbühne.« (»Unsere Antwort auf 3 Jahre Hitler.«)

4.II. _____ Briefe getippt an: Victor Hahn, Moni, Christopher Isherwood, Rudolf Leonhard.

Besuch von Dr. Gomperg. (Diese kleine Krankheit ist *zäh.*) – Nachmittags: gearbeitet (1. Kapitel.) Briefe von Mielein; Kesten; der Ilse Bloch. Zauberers grosse Erwiderung an Korrodi in der N.Z.Z. Sehr entscheidend für ihn, besonders durch den kühnen, die Nazis provozierenden Schluss. Es ist die erste entschlossene, rührende Tat von seiner Seite. (Korrodi, das Ekel, ist freilich etwas sehr mit Glacéhandschuhen berührt ...) ☐

5.II. _____ Post: Kurt Kläber (wegen der – angeblichen – Neugründung der »Sammlung« in der Schweiz); Wilhelm Uhde u.s.w. – An Zauberer geschrieben: Dank und Glückwunsch zu seinem Korrodi-Artikel.

Telephonate. – Gearbeitet: das 1. Kapitel zu Ende, und durchkorrigiert. (Habe es leicht und gerne geschrieben.) □

8.II. _____ □ Abends: mit F. im Konzert: Cortot-Klavier-
abend. Vivaldi; Schumann Kreisleriana (schienen mir etwas
eintönig – vielleicht auch nicht ganz richtig vorgetragen);
Chopin – zauberhaft gespielt: ganz leicht, wie improvisiert; sehr
schöner Anschlag. Er sieht auch nett und melancholisch aus.
Herman-Bang-Figur. (Il se pique .. aussi ..) – In der Pause mit
Hirsch. – Landauer getroffen. Genom. (2 ½.) – Später noch mit
F. allein. Lebhafte Unterhaltung, z.B. über den Begriff des
»Lasters« – der in der Tat merkwürdig fliessend, schwer
definierbar ist. »Laster«, zunächst rein christlicher Begriff =
alle irdisch-sinnliche Lust. Wie aber heute verwendbar? Äs-
thetisch? (Das, was einer grossen Mehrzahl, u.a. dem Spre-
chenden, als hässlich erscheint – etwa Kot-Fetischismus?)
Hygienisch? (Das Masslose, deshalb Zerstörerische?) – Einfach das etwas ausgefallen Raffinierte?
3 Uhr. Über viele Dinge in meinem Leben nachgedacht.

9.II. _____ Wieder ein etwas falscher Brief von Stefan
Zweig. – Gearbeitet. (Barbara. Sie macht mir am meisten Mü-
he – weil sie *nicht* E werden soll, und natürlich doch E *ist*) –
Genommen. (1.) □

10.II. _____ □ In der N.Z.Z. Korrodis Antwort an Z. (Auch
ich komme vor – als »Heinrichs Neffe.«) Antisemitisch; schlei-
mig; voll Infamien. Ein schlechter Kerl.
Gearbeitet: III. Kapitel, nur 5 Seiten.
Abends Gäste: Landauer, Frau Wurm – von Deutschland nach
London reisend –, ihr Freund Salter. Essen hier; dann noch ins
Carlton. Die Wurm plaudert immer noch recht perfekt, hat
auch noch ein reizvoll belebtes Gesicht. Muss aber dazwischen
viel weinen. Sehr verstört von der Zeit-Katastrophe. Spricht
von Deutschland wie von einem Albtraum. – –

Sternheim. Die einzigen schönen Seiten, die ich bisher gefunden habe, sind die über Wedekind.

14.II. _____ Gearbeitet: das »Vorspiel« zu Ende getippt. Zeitungen; Léon Blum von den Action-Française-Burschen misshandelt – anlässlich der Beerdigung von Bainville. Feine Trauerspässe. – Beim Zahnarzt Müller – ein freundlicher Mensch. – Abends, mit F., den Lehmann = Konrad Merz (»Ein Mensch fällt aus Deutschland«) im Café Schiller getroffen. Er ist nicht unsympathisch, sehr kleinbürgerlich-proletarisch – starker Berliner Akzent –, sehr deutsch; Bildung im »Abendgymnasium« erworben. Jetzt von Menno ter Braak beeinflusst. »Tage-Buch.« Grosser »Literatur«-Aufsatz von Schwarzschild: noch eine Antwort an Korrodi, auch wieder über Zauberer. Nicht übermässig geschickt, wie mir scheint. Genommen (1 ½.)

15.II. _____ ☐ Im II. Jahrgang der »Sammlung« geblättert: das war gar nicht so übel. Teddys schönes »Poème.« »Son amour est devenu comme toutes les formes de l'eau – et il est parti.«
Wolfgang. Sehr stark der Gedanke an ihn. Wie gern ich ihn hatte! Wie befreundet ich ihm bin. Tausend Situationen mit ihm fallen mir ein: in Berlin, in München, Paris, Cannes; in so vielen Landschaften, Wohnungen, Cafés. Sein Zimmer in der Fürther Strasse; Feists Münchener Wohnung; Pension Fasaneneck; Hotel Jacob; »Le Coque Harda«; die Berliner schwuhlen Lokale. Teddy. Denby. Cocteau. Die Lyrik-Anthologie mit Fehse. Mitnehmen von Jungen, l'amour à trois. Die grossen Zankereien mit Nebel, Gert, Mops. Die fürchterlichen Spritzen in den Arm – das Blut im Instrument. Schlüter. Unterhaltungen über Kafka, Hemingway, die Psychoanalyse. Als er zum Alexanderplatz ging, um »die Leute zu segnen.« – Oh, Leben! – Der Gedanke an ihn drängt mir mehr Erinnerungen auf, als der an Ricki, Gert, René ......

19.II. —————— *Luxembourg, Hotel Staar.* Morgens, von Brüssel weg – nach einem kleinen Krach mit Hotel, wegen zu hoher Rechnung. Unterwegs gelesen: Belgische Zeitungen. (Der Erfolg der Linken in Spanien. Die Opposition der Vlamen gegen das französisch-belgische Verhältnis. – *Ganz* schwer fällt es mir, etwas über die italienischen Metzeleien in Abessinien zu lesen. Welch ein Triumph, wehrlose Neger an Giftgasen krepieren zu lassen! Grosser Hass in mir auf Italien und auf seinen Duce.) – »Nouvelles Littéraires,« z. B. ein politischer Aufsatz von *Huxley* – sehr anfechtbar. – Etwas im *Natonek* – »Schlemihl.« – Hier: der Herr *Stumper* an der Bahn. Essen mit ihm im Hotel. Erfahre Einiges über die Verhältnisse dieses Landes. – Spazierfahrt mit ihm durch die Stadt. Sehr provinziell, aber nicht muffig. Hügelig. Alte Festungsanlagen. Eine schöne Brücke. Das grossherzogliche Palais, maurischen Stils. In der Kathedrale: nicht reizlose Mischung von Maurischem und Barockem. Kleines Goethe-Denkmal, mit freundlichen Worten über die Stadt, aus der »Campagne in Frankreich.« – Schliesslich einen Schuldirektor, der zum »Bildungsverein« gehört, an seinem Gymnasium abgeholt.

Beim Arzt – zwecks Rezept. Genommen (2.) – Freundliches Artikelchen über mich in der »Luxembourger Zeitung«: »Wer ist Kl. M.?« – – Gelegen. – Gegen Abend wieder von M. Stumper abgeholt. Essen mit ihm, und ein paar anderen braven Herren: der nette Professor, der junge Müller (Brille; intransigenter Marxist;) Clément – der früher für Ullstein u. s. w. aus Paris berichtete: ein dicker, amüsanter, gescheiter und gutmütiger Mensch. Später dazu: der Conférencier Schnog – armer Jud.

Der Vortrag – das altbewährte »Woran glaubt die europäische Jugend?« – verläuft gut. Extra-Beifall an den stark antifaschistischen Stellen. Etwas Befremdung über den religiösen Exkurs. Nachher wieder Beisammensein, mit den Damen. Diskussion, z. B. über den lieben Gott.

Im Hotel. Genommen (noch 2.) – Bisschen gelesen. (»Der Schlemihl.« Aber Natonek hetzt das Heimatlosenmotiv phan-

tasielos und ermüdend tot.) – Gedöst. – Angsttraum: Stumper
würde mich, in seinem Wagen, nach Deutschland entführen
......

20.II. _____ Karte an Golo. – Friseur. – Von Stumper abgeholt. Mit ihm im Wagen nach *Esch.* Essen mit ihm und
Madame; der kleine Sohn Pierre: schwätzt niedlich französisch, zeigt mir seine Eisenbahn (»Klaus Mann, j'ai un
train!« ..) u.s.w.
Nach Luxembourg zurück. Mit Madame St. im Kino. »Pygmalion« – um Gustaf mal wieder zu sehen, meine bösen Eindrücke
aufzufrischen. Er missfiel mir. Übrigens ist der Film langweilig. Vor Schluss weg.
Genommen (vormittags eine, jetzt eine.) – Freundliche Kritiken über gestern abend.
Abends: mit Stumper wieder nach *Esch.* Essen im grossen
Kreise, mit etwa 10 Herren. Zähe Konversation – die ich fast
allein zu bestreiten hatte. Mühsam etwas Literatur, Politik,
u.s.w. geschwatzt. Danach: *der Vortrag* – wieder sehr gut
besucht; wieder sehr freundliche Stimmung – wenngleich das
Publikum etwas schwerfälliger, auf die polemischen Pointen
etwas weniger stark reagierend, als das von gestern. Der
Eindruck, alles in allem, befriedigend. Der Vortrag bewährt
sich. – Schnelle Rückfahrt. Hier noch mit zwei Onkels – einem
Lehrer und einem Mann, der mit Lotterien zu tun hat –
Viertelstunde in einem Café. – Die liberale, deutsch-französische, wohlwollende kulturelle Atmosphäre dieses inselhaften
Zwerglandes ist sympathisch.
Genommen (2.) Es geschieht wieder ein bisschen häufig ...
Gelesen: *Proust* – Dieser Empfang bei der Princesse de Guer-
mantes: was für ein Anlass für die wunderlichsten und tiefsten
Entdeckungen! Etwa die Bemerkungen über das *Gedächtnis*,
anlässlich des vergessenen Namens einer Dame. Der sonderbare Snobismus als willkürlich-poetisch gewählter Ausgangs-
punkt für abenteuerliche Ausflüge in die Psyche ...

2 *1.II.* _____ Der freundliche Hans Jacob in den »Nouvelles Littéraires«, betont, [dass] ich sowohl den Stil Th.M.s, als auch den H.M.s mit »fast erschreckender« Perfektion beherrsche. Ganz richtig: künstlerisch bleiben sie meine Vorbilder. (Hinzu kommen Familienähnlichkeiten: in der Nase, wie in der Schreibart.) – Intellektuell-moralisch bleibt der entscheidende Einfluss für mich: Gide. – –

Paris, Hotel Saints Pères. Unterwegs gelesen: »Sodome et Gomorrhe« – mit viel Entzücken. – Freundlicher französischer Mitreisender – der im Radfahrsport exzellierte, ehe er ein kaputtes Bein hatte.

Paris .... Das nette alte Hotel des Saints Pères. Mit Eva Herrmann telephoniert. – Abgeholt von *Mops*. Essen bei Michaud: mit grossem Appetit, sehr gut, ziemlich teuer. Mit Mops in ihr Hotel. Genommen (H.) Gute Unterhaltung. (Mops lieb; nicht unsympathisch entstellt durch Zahngeschichte; sieht ihrer Mutter ähnlich.) – Briefchen an Landauer. – Post: Miro; Sklenka u.s.w. □

23.II. _____ □ Mops abgeholt. Mit ihr zum Lunch bei Stoisi. Eine prächtige Person. Sehr gemütlich. Nach Tisch: Alfred Flechtheim – der auch relativ nett. Ohne die krassen Schnoddrigkeiten, mit denen er in Berlin aufwartete. – Hier, zum Tee: Ferdinand *Hardekopf.* Kurios, fein und kauzig wie stets. Seine grosse Bitterkeit gegen Deutschland. Er gehört zu denen, die es in Bausch und Bogen verdammen. Über Nietzsches Schuld. Wie hätte Wedekind sich benommen? (H. meint: schlecht.) – Mein Uhde-Kolle-Aufsatz im »Pariser Tageblatt.« Dankesbriefchen von Uhde. –

Abends: im Theater (allein): *Giraudoux's* neues Stück »La Guerre de Troie n'aura pas lieu«: sehr sehr hübsch, besonders der geistvoll-bittere Schluss. (Aber Cocteau ist mir *doch etwas* lieber.) – Vorher ein drolliger, etwas schwacher Einakter: »Supplement au Voyage de Cook.«

Bei Mops – Jack im Hotel. Genommen (auf beide Arten.)

Grosses, gelockertes Gespräch (z. B. über Miros Charakter; über meine literarische Zukunft; über die Kameradschaft; über den Krieg; über den lieben Gott.)

24.II. _____ ☐ Meine Vorlesung – des »Vorspiels« – im »Schutzverband.« Saal gut besucht. Ungeheuer zähes, müdes und böses Publikum – aus dem nur ganz langsam die ersten Gelächter zu holen sind. Nachher: »Diskussion« – auf der Rudolf Leonhard besteht und aus der nichts wird; (nur Regler spricht ganz gescheit.) – Noch im grossen Schriftsteller-Kreis im Café. *Viel* zu viel Menschen gesprochen, gar nicht aufzuzählen. Auch kaum der Mühe wert. Am besten gefiel mir wieder Regler. Spät noch bei Rippers. Genommen. Vorm – todmüden – Einschlafen: immer ein paar Seiten Proust.

25.II. _____ Telephon. (Luchaire; Ostertag; Marcuse u.s.w.) – Kleiner Photograph – gestern abend kennengelernt – kommt zwecks Aufnahme. – Besuch bei Georg *Bernhard* – der doch immer ein wenig besser ist, als sein Ruf. Emigrationsprobleme und Politik. (Wie sieht es im Inneren des deutschen *Menschen* heute aus? Wie weit ist selbst der Gegner von der Nazi-Ideologie beeinflusst?) – – Lunch, allein und fein, im Restaurant Cabaret, beim Rond Point. – Mit grosser Freude die Champs Elysées hinunter gegangen; schönes Wetter. ☐

26.II. _____ ☐ »*Sodome et Gomorrhe.*« Der in die *poetische* Sphäre verzauberte fanatische Snobismus. – Mich reizt ein Vergleich mit einem Buche wie »Bel Ami.« Die Auflösung der Kunstform, und ihre Vertiefung. Maupassants Roman so viel straffer gebaut, so viel handfester. Prousts Neigung zu den schwierigsten Abschweifungen. Die grausame *Kälte* seiner Beobachtung – etwa bei der Beschreibung des vom Tode gezeichneten Swann. – Bei aller Poesie und Aufgelöstheit: die grosse Gesellschaftskritik. Die Dreyfus-Affäre im Hintergrund. – Die Gier, mit der der sterbende Swann das Decolleté der Marquise betrachtet. – Überall: die Sinnlichkeit – in allen Variationen –; mit der gesellschaftlichen Eitelkeit zusammen regierend.)

27.II. _____ Greens neuer Roman, »Minuit« (gewidmet.) – Telephon mit Eva – die Sorgen hat wegen ihrer »Party« heute abend. (Die Franzosen, oder Französisierten, verkehren nicht gern mit den Deutschen.) – Brief von F. – Zeitungen. (Diese *japanische* Affäre ist düster, und kann verhängnisvoll sein. Krieg mit der Sowjet-Union?)

Kurzer Besuch von *Regler*. Er erscheint mir immer jesuitischer. Ich *sehe* ihn in der Soutane. Übrigens reizvoll. Nicht ungefährlich.

Lunch bei Stoisi, mit einer ernsten deutschen Dame – Freundin von Jürgen Fehling –, deren Namen ich nicht wissen soll. Lasse mir von ihr über Gründgens, den Betrieb am Staatstheater u.s.w. berichten.

(Sehr charakteristisch: die Verbitterung einer solchen – typenmässig *un*politischen – Frau über die Gleichgültigkeit der Welt gegenüber den Nazi-Greueln. Der Boykott der *Olympiade* wäre die wirkungsvollste moralische Bestrafung des Regimes gewesen. Die feine Welt trifft sich jedoch in Garmisch-Partenkirchen ....)

Mich mit Regler getroffen (im Café de la Paix.) Mit ihm zu einem kleinen Empfang der Revue *»Vendredi.«* Jean Cassou; der sehr nette Masereel; Bove (dessen Buch »Mes Amis« mir so gut gefiel), andere Leute. – Mit Regler noch im Café; wir sprechen über das *katholische* Stück – das ich vielleicht mit ihm machen möchte.

Golo ist angekommen. Essen mit ihm bei Michaud (Einladung meinerseits.) – »Party« bei Eva und Frl. Dr. Wolff, Quai Voltaire. Die Wolff nimmt den Abdruck meiner Hand – zwecks Analyse. – Etwa ein Dutzend Leute: ein ganz drolliger kleiner englischer Kunsthändler; Max Ernst et sa femme; Mops; noch mehrere andere, Indifferente, darunter eine sehr ekelhafte und penetrante, namens Lilli Tyrell. – Trotzdem ganz netter Abend. – Spät. – Genommen.

28.II. _____ □ Mit Golo, Stunde in einem Kino; zum Hotel zurück; zur Gare du Nord – zum schlechten Mitternachtszug. – Unterhaltung mit G., über die Zukunft. DER KRIEG – »la prochaine dernière.« Man *weiss*, dass er kommt – er ist beinah *ganz* unvermeidlich –, und glaubt irgendwo doch nicht daran. (Ähnlichkeit mit der Stellung zum Tod.) – – Abschied.

29.II. _____ *Amsterdam, Pension Hirsch.* Unterwegs zu viel genommen – es ist *starkes* Zeug –; jetzt durch Übelkeit bestraft. Wenig gelesen. »Tage-Buch.« Zeitung. (Der Russenpakt in Paris, mit guter Mehrheit, ratifiziert: ein Lichtschimmer. Aber wie viel Schatten! Etwa diese vlämische Opposition gegen Frankreich – natürlich bezahlt von Berlin –: oh, frevelhafte Dummheit! Und Tokio. Und Abessinien.)
F. an der Bahn. – Karte von E (aus Bratislava;) Brief von Brian. Die Kolle-Zeichnung – Knabe mit kühner Gebärde – an der Wand befestigt.
Nachmittags so fest geschlafen, dass ich das Zeitgefühl ganz verlor: fest meinte, es wäre Nacht. – Etwas aufdringlicher Besuch von diesem Arnold Bauer – der zu irgendeinem Friedenskongress in Brüssel unterwegs ist. Er gefällt mir nicht sehr, wegen seiner schrecklichen Unkonzentriertheit, Zerfahrenheit (»Vielleicht durch Leiden aus der Form gekommen?«)
Kesten – der mit seiner Frau hier wohnt. Quicklebendig, kichernd und sprühend vor Bosheit – dabei im Grund eher gutmütig.
Karte von Christopher – Heinz. – Abends: genommen, mit F. – L. (»Zeug« in aqua destillata aufgelöst.) Jetzt muss, wieder mal, etwas Schluss sein.
Tucholskys »letzter Brief« in der »Weltbühne.« Man tröstet sich: Er war krank .....
Spät noch Angst vor diesem Arnold Bauer, der doch gar zu

verwirrt und verdächtig schien; sehr möglicher Weise ein Spitzel, oder gar ein Mörder ist. Das Haus von der Polizei bewachen lassen.

2.*III.* _____ Ziemlich viele und grosse Rezensionen über den Vortrag aus Luxembourg. – Geschrieben: an Brian und Hermon Ould. – Im Verlag. Ganz nette Rezensionen aus Wien – wo ich die ganze letzte Zeit totgeschwiegen wurde. – Brief von Ripper. Imprimé. – Nachmittags: gearbeitet und gelesen. Genommen. – Abends: Kino, »Der alte und der junge König«, Jannings als Friedrich Wilhelm I (nicht schlecht – wenngleich mit arg komödiantischen Stellen, und durchweg *unerhört* unsympathisch); Clausen als Kronprinz, recht gut. Der ganze Film ein Greuel, stinkend vor Militarismus, Nationalismus, Sentimentalität – stinkend von allem, was man *hasst*. – Proust zur Erholung.

6.*III.* _____ ☐ Endlich der Bescheid vom Britischen Consulat aus Paris: das Visum ist genehmigt, after all. – Abends: Landauer zum Essen. Die rote Natascha. – Den Arnold Bauer getroffen. Mit ihm im Kino: »Crime without passion« noch einmal gesehen – entschieden einer der interessanteren Filme, nicht ohne literarisches Niveau. – »Américain«-Bar, mit Bauer. Machte heute einen viel besseren Eindruck, erholt sich zusehends in der »Freiheit.« Über den Brüsseler pazifistischen Jugend-Congress; über illegale Arbeit in Deutschland. (Erzählt mir, dass die Kommunisten, aus politischen Gründen, über »Flucht i.d.N.« schimpfen.) – F. und die Rote dazu. Green »*Minuit.*« Sehr schöner Anfang. (Der Selbstmord auf offenem Felde. Die drei schrecklichen Schwestern. Das schöne und böse Kind mit der Schere.)

7.*III.* _____ Vormittags: mit Kestens und F. die grosse Hitler-Rede im Reichstag am Radio gehört: Kündigung des Locarno-Paktes, Besetzung des linken Rheinufers, Auflösung des »Reichstages« – als scherzhafte Dreingabe. Er füllt den unschuldigen Äther mit seinen Lügen. Und der Krieg kommt näher. – – – –

Schönes Wetter. Etwas gegangen.

Den ganzen Nachmittag gut gearbeitet (Anfang des V. Kapitels.) Aber dazu genommen ...

Zeitungen. (»Temps« u.s.w.) – Briefe von Miro, (in Sils schneit es Wüstensand;) von Felix Stössinger. – Telephone: Frau Walter; der kleine Bachers von Ford.

Abends: den Arnold Bauer nochmal im Café getroffen. Er monologisiert geschwätzig; (Politik; Psychoanalyse; Homosexualität.) Reichlich unklar. Ist jedoch wohl ein ganz braver Junge. – Hier noch mit F. und L. Immer das Kriegsthema. Hitlers nächste »schlagartige Aktion« wird Österreich gelten. Dann ist es so weit. Man sollte rechtzeitig nach Oslo oder New York ...

Ziemlich viel genommen. Starke Euphorie. Jetzt höre ich aber etwas auf. – Zeitungen. »Tage-Buch.«

8.III. _____ Etwas am IV. Kapitel korrigiert.

Zum Essen bei *Walters*. Ganz nett. Er ist überanstrengt; naiv; leidenschaftlich; lebhafte, allgemein interessierte, breit beschäftigte – übrigens weder sehr tiefe noch sehr klare Intelligenz. – Am amüsantesten: am Schluss, eine halbe Stunde mit ihr allein. Sie erzählt von Lotte und Gretel, Eifersuchtsgeschichten um den Lernet-Holenia u.s.w.

Frühlingswetter. Im Vondel-Park gesessen. Abends: Konzert mit F. und Kestens. Walter – macht: Albert Roussel »Psalm 80« (der mir nicht sehr viel sagt;) Mozart »Requiem.« (Stärkste Eindrücke vom »Dies irae« und vom Benedictus.) – Hier noch aufgeregte politische Debatte: Hirsch berichtet von *Sarrauts* sehr scharfer Rundfunkrede gegen Hitler. Werden Sanktionen gefordert? Ein Ultimatum an Deutschland? Wie stellt sich England? Die Reichswehr? Italien? – Das grosse und beklemmende Rätselraten. – – –

»*Minuit.*« (Merkwürdig an der Grenze zwischen etwas sehr Schönem, Suggestivem, Neuem – und einem sentimentalen, altmodischen Waisenkind-Roman, Typus »Sans Patrie.«)

9.III. _____ ☐ Ganzen Tag mich scheusslich gefühlt (Schwitzen, Frieren, psychisch-physische Unruhe; Schmerzen); nicht arbeiten können (nur das IV. Kapitel zu Ende korrigiert; noch 2 Briefe geschrieben, an Jack und den kleinen Gasser, gelesen, Zeitungen und »Minuit«) –: so schlimm, dass ich gegen Abend zu L. gehen *musste*, mir eine Spritze zu machen. Wie ein Durstiger, der zu trinken bekommt; (ich *ärgere* mich drüber.) Sofort guter Zustand. F. das IV. Kapitel vorgelesen – mit dem ich noch *nicht* ganz zufrieden. – Kino, mit Landauer und Kestens: »Frankensteins Braut«, ziemlich phantasieloser Unsinn, mich trotzdem nicht schlecht unterhalten. – Noch in diesem deutsch-jüdischen Café in der Beethoven-Straat, wo es gute Kuchen gibt, aber gar zu traurige Gestalten, z. B. James Simon.

11.III. _____ ☐ Nach Tisch Visite von Glaser. Café, Zeitungen. (Sehr merkwürdige politische Situation: Frankreich scheint sich diesmal ernsthaft zu versteifen; Hitler wird die Truppen vom Rhein nicht zurückziehen; wie soll da England vermitteln? – Sehr ernster Ton in der französischen Presse.)
Gelesen: »*Minuit*«, ziemlich grosses Stück. Es ist doch ausserordentlich schön – wenngleich sehr stark und sehr bewusst XIX. Jahrhundert.
Wieder *recht* schlechtes Befinden – mangels Nehmen. Konnte auch bis jetzt noch nicht arbeiten. Grosse Unruhe. Durch Strassen gerannt. – Den Joseph *Roth* begrüssen; ziemliche Verlegenheit; völlig ohne Kontakt zu ihm. Ein versoffener alter Mann.
Schliesslich doch noch genommen. Dann auch etwas gearbeitet – bis gegen 12 Uhr.
Geblättert: in dem Van-Dyck-Buch von Victor. »Minuit.«

12.III. _____ ☐ An einer Rezension über Konrad Merz »Ein Mensch fällt aus Deutschland« geschrieben.

Abends: Concert-Gebouw. Vorher oben bei Walters, im Künstlerzimmer. Adolf Busch begrüsst. Mit seiner Frau, Schwatz über die Pfeffermühle. – Schönes Konzert. Busch spielt Bach- und Busoni-Konzerte. Dann: Berlioz, grosse phantastische Symphonie. Grosser Triumph für Walter – der es mit ungeheurem Schwung und Pathos macht. – Nachher noch einmal oben bei ihm. Mit F., Kesten und *Roth* im Café. Roth liebenswürdiger und besser als gestern; erzählt. Gibt sich Mühe, ist sogar ganz rührend. Aber doch ein trauriges Bild. Säuft schwarzes Gift.

16.III. _____ Brief von Otten, wegen seines Vortrages im Haag. – Antwort an einen Will Greiff in Oslo, der ein Konzentrationslager-Stück »Der Prozess« geschickt hat. – Telephon mit Glaser. – Die Höfgen-Arbeit wieder aufgenommen: 3 Seiten.

Schwatz mit Kesten. – E und F. bei Tikker en Teiss getroffen. Mit E noch ins Leidse Plein Theater. Das Ensemble.

Pariser Tageblatt. Schickt Deutschland jemanden nach London? (Gott gebe, dass *nicht.*) – Weitergearbeitet – am V. Kapitel. – Brief von Bubi K. – Abendessen mit F. und Magnus. – Abends: *Pfeffermühlen*-Premiere im Leidse Plein Theater. Sehr grosser Abend mit sehr grossem Jubel – einer der stimmungsvollsten, der erlebt wurde. Intelligentes, sehr politisches Publikum. Ovationen für E beim ersten Auftritt, nach »Aberglaube« und »Studentin.« Giehse als Prophetin *noch* stärker geworden. ☐

17.III. _____ Geträumt – dass ich es mit Green *nicht* treiben wollte...

Brief von der Scalero, über den »Tschaikowsky.« (Erwähnt das Gerücht von Tsch.'s direktem, vom Zaren quasi befohlenen Selbstmord – das ich schon in Budapest gehört habe, das mir jedoch *nicht* sehr plausibel scheint.)

An Mielein geschrieben, ausführlich. – Etwas gearbeitet. (V.)
– E – Theres zum Essen. (Ihre Presse ist gut.) Gelesen: Skizze
von Kantorowicz »Alltag in der Emigration«, traurig. – »Mi-
nuit« – welches im Dritten Teil auch noch schön und wunder-
lich, aber etwas schwächer ist.
Geschlafen. – Besorgungen. – Zeitung. (*Wie* sieht es aus?
Merkwürdig und kompliziert sieht es aus.) – Frankreich scheint
diesmal in der Tat fest zu bleiben. Scharfer Leitartikel im
»Temps.« Ribbentrop fährt nach London…
Nachmittags und abends weitergearbeitet. Dazwischen F.,
Kesten, Landauer. (Roths Vertragssorgen; Beratung, ob Kesten
nach Budapest ziehen soll.) – Bisschen genommen. – Mit F.
E – Theres am Theater abgeholt. Zusammen in der Tikker
en Teiss-Bar. – 2 Uhr. – Gut, dass E hier ist. Unterhaltung,
z. B. darüber, wie fern, wie *unwirklich* alle in Deutschland Ge-
bliebenen uns geworden sind. Man bringt es kaum noch
fertig, einen Brief in dieses versunkene Land zu schreiben…
Wieder eine amerikanische Rezension über »Journey into
Freedom.« – Gelesen (bis 3 Uhr): in einem Manuskript von
Berthold *Viertel:* »Amalie oder Die Hölle der Keuschheit.«
(Sternheim-Heinrich Mann-Stil; literarisch gutes Niveau; ohne Eigenart. Stilistische Fehler.) »*Minuit.*« (Die magische,
trügerische, exakte Deutlichkeit von Albträumen. So hat im
XIX. Jahrhundert eben doch niemand geschrieben..) – – – –

19.III. _____ ☐ Undurchsichtige politische Lage. Ziemlich
scharfe Bedingungen, gegen Deutschland, angenommen; es
scheint aber alles noch nicht so ganz sicher zu sein… –
Weitergearbeitet. Bisschen genommen. Dazwischen kurz Ke-
sten, Landauer. – Mit F., E – Theres am Theater abgeholt. Mit
ihnen, Magnus und Rimsdijk in einem Bumslokal, bei Tilly
Kalkhoven. (?) (Natürliche weisse Tauben flattern vor einer
Dekoration von roten Häusern.) – Noch in einem Esslokal. –
Hier: genommen, mit F. Gespräch, z. B. über Deutschland.
(Hassen wir es?) Über die Erziehung seiner beiden Töchter.

(Das Paradoxe ihrer Bürgerlichkeit.) Über seinen Sohn – der in Deutschland als »Pimpf« erzogen wird. Gelesen: »Tage-Buch.« – ½ 4 Uhr.

20.III. _____ Gearbeitet – das grosse V. Kapitel noch immer nicht *ganz* zu Ende.
Nachmittags: E und Giehse das »H.K.«-Kapitel vorgelesen. Dieses ist ja jedenfalls ziemlich amüsant. Nur schade, dass der erzählerische Stoff, den es bringt, später grössten Teils unverwertet bleibt... Abends: Kino, die *unbegabte* Marlene Dietrich und der *nette* Gary Cooper in »Desire.« Im Vorprogramm: amüsante und sehr schwuhle Truppe von jungen Mundharmonika-Spielern.
Mit E, Th., F. im Amstel-Hotel. – Genommen. ½ 3. – – –
– – – *Völlig* unübersichtliche politische Lage. Weder Frankreich noch Hitler scheinen nachgeben zu wollen. Was wird? – –
»*Minuit*.« (Die ebenso neugierige wie zarte Heldin des Buches: immer unterwegs durch nächtliche Häuser. Manchmal entdeckt sie nur knarrende Meubles; manchmal wunderbare Schlafende...) ½ 4 Uhr.

25.III. _____ Briefe an Walther Victor über seine »Marchesa Spinola« (diplomatisch); an Green über »Minuit« (echt enthusiastisch.) – Café, Zeitungen. – Lunch mit Magnus. – Telephon mit F. (der allerlei Verlagsärger hat); mit Ilse Bloch.
Gelesen: im Humbert-Hitler-Buch. (Recht interessant: die Widerlegung der wahnwitzigen Rassentheorien. Rosenbergs Phantasien über Atlantis, von wo die »Arier« die Welt eroberten ...) – Kesten bringt mir Olden, Besprechung über »Symphonie Pathétique«, im P.T.
Nachmittags: mit Magnus im Amstel-Hotel, bei E – Theres. Ihnen das »Knorke«-Kapitel vorgelesen. An Barbara muss noch gearbeitet werden... E findet sie zu sehr »Idealgestalt«...
Abends: genommen (Eu.) (Wieder sehr gierig gewesen.) Dann gleich gut gearbeitet: 8 Seiten am VI., und Notizen. Dazwischen

etwas in der Nacht gegangen. Noch mit F. genommen. Conversation amicale. (Der Verlag. Sorgen.) – 2 Uhr.
Gelesen: *Humbert* – Hitler (»Mein Kampf« kann man nicht
genau genug kennen. Nie vergessen, *was* für eine Scheisse es
ist!! Humberts Widerlegungen sind gescheit, sachlich, kennt-
nisreich.) – 3 Uhr.

27.III. _____ ☐ Nach dem Abendessen: *Joseph Roth.* Unterhaltung, z.B., über Leonhard Franks Roman – den er als
dichterisch preist, den ich als erotomanisch-eng angreife. Mit
F., beim Ehepaar Horodisch (Erasmus-Buchhandlung.) Hässliche kleine Gesellschaft – mit James Simon + Anja. Er spielt
etwas Beethoven – schön.
E – Theres abgeholt. Halbe Stunde im »Trianon«, mit *Menno
ter Braak.* – Ins Hotel, Genommen. Gut. (Ich bin wieder
ziemlich abhängig – diesmal rein physisch, nicht psychisch.)
Gelesen: die ersten Seiten von Reglers Bauernkrieg-Roman
»Die Saat.« – – – 3 Uhr.

28.III. _____ Briefe geschrieben: an den Olden; an Offi. –
Lunch mit Magnus. Mit ihm, E, F. und Th. ins Kino: Charly
Chaplin »*Modern Times.*« Ausserordentlich schön und rührend. Sehr viel glanzvolle Stellen (Höhepunkte, wie das Chanson sans paroles.) Die grosse soziale Note. – Nicht ganz glücklich in der Komposition: zerfällt in Fragmente. – Gelesen:
»Temps.« (Edens Unterhausrede – alles sehr flau. Gerücht über
Schachts Demission.) – E – Th. zum Essen. – Abends: recht
unruhig und süchtig (Gott seis geklagt.) Acedicon-Tabletten
besorgt. Sofort besser. Etwas gearbeitet – am Schluss des VI. –,
bis gegen 11 Uhr.
E – Th. am Theater abgeholt. Mit dem Anwalt de Vries (ein sehr
eitler Mensch – aber brav antifascistisch) und seiner Freundin,
Pianistin Stein, ins »Américain.« Dann, ohne dieselben, in der
»Tanzklause«: kleinbürgerlicher Schwof. Magnus dazu. Zu
fünft in den »Artisten-Krieg.« Getrunken. – Ich mit Magnus

allein noch in den »Kunst-Kring«: ziemlich schrecklich. Laute, provinzielle Bohème, kleines Schwabing. Erträglich durch Alkohol. Mit der sog. »Zocke« (E's Anbeterin.) Ein paar andere Leute, der Schauspieler de Meester, der Dichter Halbo Kool. – – MAGNUS. Avec beaucoup de tendresse. – 5 Uhr.

1.IV. _____ □ Während des Lunches erscheint am Fenster ein junger Anstreicher, der draussen auf einer Leiter steht. Freude, ihn zu beobachten. – Beim Abendessen erscheint, total ungebeten, die arme, liebende Rote – zu F.'s Zorn. Kurz mit Landauer. – Kleinigkeit genommen. – Die Besprechung über *»Minuit«* aufgesetzt. – Zeitungen. Ribbentrop wieder in London. – Abends: mit der »Zocke« (Lya van den Dries), dem Kind – er heisst Garrit de Bosch-Kemper – und drei anderen ganz braven Knaben: erst im »Trianon«, dann bei »Harris« (wo früher Rubinstein war; dicke blonde alte Kuh singt drollig); dann Cabaret Centraal, Warmo-Straat. – Das Kind Garrit nach Hause gefahren. Tendresse. – Die Hoffnungen. Die ewige Narretei. Melancholie und Glück der ersten Umarmung…
Hier noch mit F. Conversation amicale. (Über E; über Leonhard und Bruno Frank; Reisepläne u.s.w.) Genommen (2 Eu.) – 3 Uhr. – Etwas gelesen (Brentano.) 4 Uhr.

2.*IV.* _____ Brief von Miro. – Die »Minuit«-Besprechung getippt und für die »Nationalzeitung« fertig gemacht. – Briefe an Miro und Brian. – Geplauder mit Kesten und Hirsch. – Bei *Novalis* geblättert – um ein Zitat für den »Minuit«-Aufsatz zu finden. – Novalis an Tieck:

»Es sind an mir durch Gottes Gnade
Der höchsten Wunder viel geschehn;
Des neuen Bunds geheime Lade
Sahn meine Augen offenstehen.

.....

Du hilfst das Reich des Lebens gründen,
Wenn du voll Demut dich bemühst,
Wo du wirst ewge Liebe finden
Und Jakob Böhmen wiedersiehst.«

. . . .

– Etwas in Brentanos Roman. – Abends: mit F. im Konzert. (Mit
Smoking angetan.) Mengelberg. – Konzert für Flöte und Harfe
von *Mozart.* Ein leichter und süsser Ton – als musizierten
Engel. – *Mahler* »Lied von der Erde.« *Sehr* grosser – überra-
schend grosser Eindruck. »Der Einsame im Herbst«; »Von der
Jugend«; »Abschied«: wundervolle Dinge. – Die Altistin – eine
freundliche alte Dame, Ilona Duvigo – singt schön. Auch der
Tenor: Patzak (aus München.)
Noch mit F. Genommen. (2 ½.)

5.IV. _____ Spät auf. Etwas korrigiert, an der Abschrift des
I. Kapitels. – Melancholischer kleiner Spaziergang mit Lan-
dauer – Fabisch. – Lunch mit F. – Den I. Teil der Matthäus-
Passion am Radio gehört – mit teilweise starkem Eindruck.
Nachmittags: bei der Bloch, Diktat: Anfang des »Knorke«-
Kapitels. Aber ich bin nicht in Form, diktiere langsam. – Nach
dem Abendessen: F. und Landauer das lange Kapitel »Es ist
doch nicht zu schildern…« vorgelesen. Gut aufgenommen.
Landauer findet es ungleich besser, als die beiden letzten
Romane. Hat er Recht? »Mephisto« wird ein kaltes und böses
Buch. Vielleicht wird es den harten Glanz des Hasses haben.
Die »Symphonie« hätte Melodie und Liebe… Kring mit Ke-
sten, Staub, Fabisch u.s.w. – »Pariser Tageblatt«, mit meiner
Rezension über Konrad Merz; (und, z.B., einem etwas konfu-
sen Aufsatz von Döblin über Schalom Asch.)
George »Jahr der Seele« – welches ich lange nicht in der Hand
hatte. Noch fehlt die Grösse des »Siebenten Ring.« Aber wie
viel Süssigkeit, welch schöne Schwermut!
Genommen; (Geschenk von L.)

9.IV. _____ *[Den Haag, Hotel des Indes].* ☐ Zeitungen: traurig und verwirrend. Giftgase über Afrika; Hitler-Lügen über Europa.

Ankunft von Friedrich, aus Amsterdam. Mit ihm und E Essen bei Saur. Die Eva Boy-Hobogen, versehentlich, krass geschnitten. – Briefe von Maria Osten – Moskau, eine neue Zeitschrift »Das Wort« betreffend; von Golo, aus Küsnacht – politisch ungeheuer pessimistisch, und nicht ohne Grund.

1. Amp. Eu. genommen – es geht immer noch nicht ganz ohne, zumal das Arbeiten. Gearbeitet: 5 ½ Seiten. – Zu viert im House of Lords (E., F., Th.) Dann hierher. Genommen (noch 2.) Lange Unterhaltung. Über den greulichen Zustand der Welt. Man sollte versuchen, sich zu desinteressieren, in einem anderen Erdteil mit einer anderen Sprache zu leben. Kann man es? – Über ein literarisches Theater, das zu gründen wäre, und über sein Repertoire. – ½ 4 Uhr

– – – Mit wie viel Kleinigkeiten, Nichtigkeiten, Sinnlosigkeiten habe ich dies dumme Heft wieder gefüllt. Ist ihre Summe ein Leben? Alles Wesentliche bleibt hier unausgesprochen. Die Schönheit und die ganze Traurigkeit bleibt unausgesprochen. Ich errate sie später wieder. Die Fakten sind Stichworte für die Erinnerung, kleine Hilfe für das Gedächtnis. Sonst nichts. Fortsetzung folgt – bis auf weiteres.

10.IV. _____ *Den Haag, Hotel des Indes.* Karfreitag: den ganzen Tag zu viert. (E., Th., F.), und grossen Feiertag gemacht. Im Wagen nach Warmond – Reiz der Frühlingslandschaft. Enormes Diner im »Royal«: 9 Gänge, fürstlich. Kino, »Hotel Savoy Nr. 217«, schlechter Film mit Albers, was für ein *ekelhafter* Bursche.

Gelesen: in Brentanos »Theodor Chindler.« Eine Menge guten Materials; erzählerisch meistens matt, nur stellenweise mit Steigerungen – wie die schwuhle Schüler-Episode –; konfus komponiert.

11.IV. ——————— Am IV. Kapitel getippt. – Etwas gegangen. Die Stadt präsentiert sich schön im Frühling. Sie hat vor Amsterdam voraus den Reiz einer gewissen verschlafenen *Vornehmheit.* (A'dam plebejischer.) – Alle zusammen im Nachmittags-Konzert der *Marian Anderson.* Sie singt *herrlich.* Die wunderbaren Glockentöne ihrer enormen Stimme. Händel, Schumann, Schubert, Sibelius und die schönen Nigger-Spirituals. Auf dem Podium gesessen. Mit Freude ihr Gesicht beobachtet. (Die geschlossenen Augen beim Singen. – Der grosse Ernst. – Ähnlichkeit mit gewissen Jugendbildern von Mielein.) – Sie, den finnischen Begleiter, den Manager u.s.w. gesprochen. Sie ist reizend.

George, »Teppich des Lebens.« Ausserordentlich: »Der Tä-ter.«

»Wer niemals am Bruder den Fleck für den Dolchstoss bemass,
Wie leicht ist sein Leben und wie dünn das Gedachte
Dem, der von des Schierlings betäubenden Körnern nicht ass!
O wüsstet ihr, wie ich euch alle ein wenig verachte!«

– – Abendessen bei Saur, zu viert. – Un petit Nico, de seize ans. Im Cineac und spazieren.

– – Mit E, Th., F., Magnus, Rimdijk, der Wang u.s.w. im »Tabaris.« Grosser Betrieb. Relativ viele attraktive Leute. (Nette exotische Mischungen.) Der unerhört obscöne Tanz einer Halbblut-Negerin mit ihrem hässlichen Partner. – – Plötzlich von Vergangenem gesprochen, und sehr daran gedacht: Pamela, Tilly, die ersten Besuche in der Prinzregenten-strasse...

13.IV. ——————— ☐ Besuch von GARRY. Er ist doch wieder sehr nett. Unterhaltung mehr über sachliche als über persönliche Dinge; (aber auch über persönliche.) (Das lange theoretische Sprechen über »Beziehungen« ist von Übel; Feist als abschrek-kendes Beispiel.) Unterhaltung über die Zusammenhänge zwischen Politik und Religion; werfe ihm seinen Mangel an politischer Entschiedenheit vor. – – – Überraschende Anwesenheit von *Paulus Geheeb*. Gehe, mit Garry, ihn zu sehen: er sitzt mit holländischen Leuten in einem vegetarischen Restaurant, sieht aus wie ehemals – eher verjüngt –: merkwürdige Begegnung. – Abschied von Garry. – Wieder grosse Fresserei im »Royal«, zu fünft. – Abends: mit Bruno und F. in die Fritz-Hirsch-Operette – wo es so scheusslich und heiss, das wir nach 6 Minuten rauslaufen, uns im Foyer-Keller verstecken und schwätzen. – Dann noch ein paar Minuten mit E. Von Rimsdijk zum Bahnhof gebracht. – Es waren schöne und üppige Tage im Haag. Im Zug: Unterhaltung mit F.

15.IV. _____ *[Amsterdam]*. Einige Aphorismen im »Willen zur Macht« gelesen. Wie hinreissend! – und wie *gefährlich* ist diese fulminante Kritik am Christentum. Man muss zu *lesen* (und zu denken) verstehen, um sich von ihr nicht verwirren zu lassen. Nichts ist *peinlicher*, als ein naiver Nietzsche-Enthusiasmus, der »wörtlich nimmt.« (Menno ter Braak!!) ☐

17.IV. _____ *Rotterdam, Hotel Central.* In Amsterdam: den ganzen Vormittag ungeheuer unterwegs; (Französisches Consulat; Passphotographien; bei Staub, wegen der Transferierung; mir einen *Hut* gekauft – den ersten seit Ewigkeiten – u.s.w. u.s.w.) – Nach dem Lunch: Abschiedsplaudereien mit Hirsch und Kesten – Fabisch. – Mit allen Koffern abgereist: *keine Ahnung wohin…* ☐

19.IV. _____ *Marseille, Hotel Beauvan.* Die Reise: direkter Wagen von Rotterdam. (In Paris: keine Mops.) – Zweimal im Speisewagen. – Gelesen: viele Zeitungen; (lange Kriminalgeschichte im »Candide«); in Zareks »Moses Mendelssohn.« (Bis in die Kleinigkeiten Schule Stefan Zweig. Der *falsche* Glanz des Stils.)
☐ Immer mehr Zeitungen. Le reich en folie – wegen des 47. Geburtstages des Führers. Byzantinismus bis zur hysteri-

schen Ekstase. Die Jugend wird mit dem Namen des »Gottge-
sandten« vereidigt. Oh, Jammer und Ekel... Die spanische
Situation... Italiens Sieg und die fruchtlose Diskussion in
Genf. Die trübe Mischung von Moral und Utilitarismus in der
englischen Haltung... Im »Paris Soir«, grosse Reportage über
die vier Gottheiten des III. Reiches: Hitler, Göring, Goebbels
und Schacht...

Starkes und bewegendes Gefühl für das Mysterium des Lebens. Wann und unter welch bitteren Umständen das meine
auch enden möge: es hat sich gelohnt, Teil zu haben (Teil zu
sein) an diesem rätselhaften Phänomen (dem Leben; dem Ich-
sein.) Ich spüre immer tiefer, dass es nicht sinnlos ist (nur
unergründlich.) In einer rätselhaften Absicht ist es mir aufge-
tragen, zu atmen, mich zu bewegen, zu denken. Ein unbegreiflicher Plan hat mich genau das werden lassen, was Ich bin...
Das Leben ist Wollust und Traurigkeit. Geniessend und leidend suche ich GOTT. Ich glaube an Ihn und ich werde ruhig
sterben. Ich erwarte den TOD als den Augenblick, in welchem
Wollust und Traurigkeit – gewaltiger als in irgendeiner Le-
bensstunde – Eins sein werden.

Ich schäme mich nicht, dass ich meinen Samen verschwende,
wie ein Hund. Die Wollust hat ihren Sinn, ihre mystische
Rechtfertigung *in sich* –: das habe ich schon mit 14 Jahren
gewusst, und begreife es immer tiefer. Ich denke viel an die
Vergangenheit. Bitterlich beweine ich jeden Augenblick, in
dem ich *geizig* mit mir selbst gewesen bin. (In mir ist ein Stück
vom Egoisten und vom Pedanten.) Ich bejahe jede Verschwen-
dung, die ich mit meinen Kräften getrieben habe, und treibe.
Hierher gehört sowohl die wahllose Unzucht, als auch die
Neigung zum Gift.

– – – – – – – Kleines, aber sehr köstliches Diner im Restaurant
»Mont Ventoux.« – Gegangen, in der Gegend des Vieux Port.
Der Zauber dieser Stadt nutzt sich nicht ab. Sie bleibt abenteu-
erlich – während sie doch schon so alt-vertraut ist.

Bisschen im Kino. Das Publikum – Matrosen, Neger, kleine

Huren – ist amüsanter, als der amerikanische Film. In ein paar kleinen Bars. Auf einem bescheidenen Rummelplatz; einem Konditor bei der Zubereitung von langen, zähen, gedrehten Zuckerstangen zugeschaut (weiss und grün); seine meisterliche, gelassene Geschicklichkeit. Mon amour pour la France. Möge diesem Volk – es ist das beste – die schmutzige Katastrophe des Krieges erspart bleiben. Noch zwei Dinger genommen ...

21.IV. _____ *Sanary s.m. Hotel de la Tour.* Ein neues Zimmer, eine neue Station. – Abreise um ½ 12 von Marseille, im Personenzug, dann in einer Art von Autobus. – Freude des Wiedersehens mit Sanary. Hübscher Blick von meinem Zimmer, auf die Bucht mit den Booten. –

– Gelesen: Zarek, *»Moses Mendelssohn.«* Es ist halt doch *jammervoll* schlecht geschrieben – man lernt geradezu den Stil des Stefan Zweig schätzen, wenn man das liest. Inhaltlich teilweise interessant. Der religiöse Rationalismus des Maimonides: »Gott ist die Vernunftkraft der Welt.« – Der Optimismus des Leibniz: »Die Übel der Welt sind verschwindend gegenüber dem Guten.« – Jesajas: »Mein Haus, ein Bethaus soll es genannt werden *für alle Völker.*« – Lessings slawischer Ursprung (Lessick.) – Das sehr merkwürdige Phänomen von der radikalen Deutschfeindlichkeit Friedrich des Grossen. (*Alle* grossen Deutschen mochten ihr Vaterland nicht.) – – –

– – Weil ich ein Pedant bin mache ich rasch mal einen kleinen Rück- und Überblick –: die Jahre, die zwischen dem Ende der in »Kind dieser Zeit« geschilderten Epoche und dem Beginn der Tagebuchnotizen (Herbst 1931) liegen:

1925. Wintermonate in Berlin, Uhlandstrasse. Arbeit fürs »12-Uhr-Mittagsblatt.« Liebe zu Brausewetter. E, Ricki, Pamela; Lothar Buhle, Buschi A. u.s.w. – Der erste stattliche Vorschuss von Enoch. – Im Frühling: W. E. Süskind in Köln getroffen; mit ihm nach London. – Paris. (Sarita; Rudolf Levy; Boris; Niels de

Dardell u.s.w.) Hotel Splendid; dann, mit Feist, Hotel d'Angleterre. Weiterreise mit Feist (Höhepunkt seiner Liebe): Marseille; Tunis; Kaironan, Nefta; Palermo. Florenz. (Eltern getroffen.) – München. (Besuch von Buschi Amendt.) Feldafing – Hotel Elisabeth. (Tilly Wedekind.) Arbeit am »Frommen Tanz.« – »Vor dem Leben« und »Anja und Esther« erschienen. Zauberers 50. Geburtstag. Im Herbst: Aufführungen von »Anja und Esther« in München, Hamburg, Darmstadt. – Berlin, Hotel am Zoo, mit Feist. Bremen, Besuch bei E. – Das Hamburger Gastspiel: E, Pamela, Gustaf. – Vorträge (München, Hamburg, Dresden, Bremen.) – Zeit der intensivsten Publizität. – »Frommer Tanz« erschienen.

1926. Vorträge mit Pamela: Prag, Zürich. – »Anja und Esther« in Berlin und Wien. – Frühling in Nizza. Arbeit an der »Kindernovelle.« Später Feist dazu. – Langer Aufenthalt in Paris, Hotel Splendid. Feist, E, Pamela, Süskind, Lutz u.s.w. Aage Thaarup; Charly Wollenweber. Bekanntschaft Cocteaus. Leidenschaftlicher Beginn der René-Beziehung. Sehr schöne und reiche Zeit. E's Verlobung mit Gustaf. – Rückreise mit ihr, über Düsseldorf. – Ihre Hochzeit in München. – Sommeraufenthalt in Friedrichshafen: Gustaf, Pamela, E. – Berlin (Kosleck!), Hamburg. (»Kindernovelle« erschienen.) – Cannes, alleine. Paris (René; Schlüter; Fränze Herzfeld; – Prinzhorn u.s.w.) Hamburg, in E's Wohnung. Arbeit an der »Revue zu Vieren.« (Ramon Neckelmann; Edgar List; Wolf Rodig u.s.w.) »Orpheus in der Unterwelt«; Gretel Walter. Weihnachten und Sylvester in Hamburg.

1927. Berlin. Reise nach Paris, mit Gert. Alleine weiter: über Marseille nach Tunis. – 3 Tage in Rom. (Hodel u.s.w.) – München. Hamburg. Proben zur »Revue zu Vieren« (in der Alten Rabenstrasse.) (Charly Ballhaus!) Uraufführung (im März?) in Leipzig, (mit Gustaf.) Tournée (mit Buschi Amendt:) Dresden, Braunschweig, Magdeburg, München, Kopenhagen u.s.w. 8 Tage in den Berliner Kammerspielen (mit Gustaf.) Arbeit an »Heute und Morgen.« – Die Novellen-Anthologie bei Spaeth (mit Ebermayer.) – – Sommer: in Davos, bei René; in Paris (Speyer; Georges Dobò;) im Hotel Beaujolais. – Westend (Belgien), allein. (Arbeit an »Abenteuer des Brautpaars.«) Kampen. (Erst mit Gert, Walter Frank, Freddy Kaufmann in gemietetem Haus; dann mit E, Kliffende. Heusers u.s.w. – Verhältnis mit …: Namen. vergessen.) – München; (E in Bruno Franks »12 000«.) Feldafing. (Lutz; Hans Bender.) – September: über Berlin, Hamburg: Aufbruch zur Weltreise. – New York. (Astor-Hotel. Ricki. Eva Herrmann. Kommer. Hummelsheim, Benno v. Thersi u.s.w. Hollywood. (Lilli Petschnikoff; Raimund Hofmannsthal; Jannings, Müller, Berger, Veidt u.s.w.) Weihnachtsabend bei Jannings. Sylvester bei Berger (mit Garbo.)

1928. New York; Princeton; Boston; Chicago; Cansas City u.s.w. Vorträge. Aufsätze. »Gegenüber von China« (die Novelle.) Grosse Liebe zu Otto Schön-René. (Boston.) – Wieder: Hollywood; San Francisco. Honolulu. Tokio, Kobe u.s.w. (2 Monate.) Korea; Harbin. Transsibirische Bahn. (Kellermann-Abenteuer.) Moskau; Warschau. (Geschrieben: Viele Aufsätze; »Das Leben der Suzanne Corbière.«) – Berlin. (Bei Gert gewohnt – mit Malaria.) – München. – – Sommer: mit E, Salzburg; St. Wolfgang. »Rundherum« geschrieben. München; Feste bei Lutz. Berlin. (Rankestrasse; bei Feist.) Besuch in Baden-Baden, bei Sternheim – Pamela, (macabre.) – St. George-Vorträge in Berlin. Heidelberg, Pension Neuer. Gundolf; Rickert; Alf Schmidt. (Beginn der Arbeit am »Alexander.«) Frankfurt, Carlton-Hotel. (E in »Krankheit der Jugend.«) Paris, Hotel Royal. (Feist; Klemperer; dazwischen E.) Weihnachten in München.

1929. Berlin, Clausewitzstrasse, zusammen mit Mops. Grosse Zeit der »Bohème« u.s.w. Vortrag mit Wolfgang. In Leipzig mit

Erich Ebermayer u.s.w. Die erste Lyrikanthologie. (Fehse, Wolfgang.) Nein: das war früher!! – München, die kleine Erpressergeschichte. Silvaplana – St.-Moritz, mit E, Gert u.s.w. – Mit Gert, nach Florenz-Fiesole. (Eisige Kälte; Arbeit am »Alexander.«) Allein nach Nizza, Edwards Hotel. (»Alexander.«) Mit Feist nach Villefranche, Welcome-Hotel. Gert; die »Staatshure.« Die fulminante Verliebtheit in Ken. Katastrophen mit Feist: Sehr bewegte Zeit. – Wieder Nice; mit Feist; Westminster-Hotel. Dazwischen Marseille. – Berlin (Fasananeck); München. »Abenteuer« erschienen. – Frühling und Frühsommer mit Mops in Paris, Hotel Royer-Collard. (Möhring; René; Charly Forcht u.s.w.) Arbeit an den »Pariser Köpfen« und am »Alexander.« – München. (Streit mit Gustaf, Charlys wegen.) – Walchensee, bei [...], mit E und Bonzo. (Glückliches Verhältnis mit Bonzo.) – »Alexander« zu Ende. – E's erster Wagen. (Kleiner Opel.) – Autoreise: Sarnen (Schweiz), bei Ricki und Eva; Stuttgart, bei Lutz; Frankfurt, bei Gert. Berlin. St. Peter, mit E, Gert und Feist. Mit denselben: Westerland, Hotel Miramar. Hamburg (Atlantic.) Berlin. München. – Den Herbst, bis Weihnachten (scheint mir) meistens in Berlin, Pension Fasananeck. (Eucodal genommen. Gert; Wolfgang; Feist; Hansjörg Dammert u.s.w.) – Gearbeitet (scheint mir) »Katastrophe um Baby« und »Gegenüber von China« (das Stück.)

1930. München. Vortrag in Kattowicz, bei Goldstein. (?) Besuch in Krakau. Später Besuch von Bubi in München. Wien. Vortrag. Allein in Villefranche. (Beginn der Freundschaft mit Doris. Der Filmonkel Sternheim. H. H. Jahnns »Perrudja« gelesen.) – Zur (missglückten) Premiere von »Gegenüber von China« nach Bochum. (E, Ricki.) – Berlin. München. (»Alexander« erschienen.) – Autoreise mit E und Bert: Zürich, Genf, Marseille, Barcelona, Granada, Sevilla. Mit E allein weiter: Cadiz; Marocco. Der Aufenthalt in Fez: Haschisch-Abenteuer. »Salem« – geliebt, und geschrieben. Rückreise: Oran, Algier,

Marseille, Genua, Mailand (Eva – Ricki getroffen.) München. –
Sommer: Berlin (bei Gert und Wissing gewohnt; grosse Hitze
und Nachwirkungen der Haschisch-Katastrophe.) Paris, mit
Edda Reinhardt, Hotel Foyot. (Barbusse; Lulu Albert-Lazare.
Verliebtheit in Jean Perin.) Wieder Berlin, wieder Paris. Mit
Jean und Feist: Beg Mail. »Geschwister« geschrieben. – E und
Giehse in Köln getroffen: zusammen nach Noordwijk. (Leiden,
Amsterdam u.s.w.) – Berlin, Bleibtreustrasse. Der lasterhafte
kleine Baron im Nebenzimmer. Wolfgang. Otto Schön-René. –
München. »Geschwister«-Premiere in den Kammerspielen.
Beginn der Babs-Beziehung. Vortrag mit E an der Züricher
Universität. Annemarie kennengelernt. – Nach Weihnachten:
Paris. Sylvester mit Otto Schön-René und Eugene MacCown.

1931. Mit E an der Côte d'Azur; Wolfgang in Cannes. Arbeit an
»Riviera, was nicht im Baedeker steht.« Juan-les-Pins mit Gert,
Hanna Kiel u.s.w. – Bandol, Grand Hotel, mit Eva. Arbeit am
»Treffpunkt im Unendlichen.« Speyers, Billux, Annemarie
u.s.w. Ausflüge nach Toulon. – Rapallo; die schaurige Durch-
fahrt von E und Ricki, auf der 10 000-km-Fahrt. – München.
»Treffpunkt« und »Riviera« zu Ende. – Walchensee, mit E,
Annemarie, Brian, Toni. Doris in München. Arbeit mit E am
»Plagiat.« – Berlin. Beginn der Willi-Luschnat-Beziehung. –
14 Tage Nidden, mit Eltern und Reisiger, Goldstein. – Berlin,
Rankestrasse. Zusammenleben mit Willi. – – – –
So war das, in grossen und groben Zügen. Sicher das Meiste
vergessen und viel durcheinander gebracht. – – – – –

– – Karten an Friedrich und Brian; Briefe ans Pariser Tageblatt,
an Medi und Bibi (zu ihrem Geburtstag.) – Es regnet. Ziemlich
düstere Stimmung. Etwas exzessiv genommen: 6 im Lauf des
Nachmittags und Abends. Nicht zu Abend gegessen. Gelegen,
gelesen. Alles Mögliche durcheinander: »Moses Mendelssohn.« (Viel enervierte Fragezeichen an den Rand machen
müssen, wegen des miserablen Stils. Übrigens, nicht nur

stilistisch bedenklich, sondern auch inhaltlich: ein peinlicher Nationalismus; anti-französisch.) – Eine Broschüre »Warum schweigt die Welt?«, von Georg Bernhard, Wolf Franck, Kantorowicz u.s.w. Traurig, wie schlecht die Menschen guter Gesinnung oft schreiben. Gut *nur* die älteren Aufsätze von Ossietzky. – – Hölderlin. »An die Deutschen.« »Denn, ihr Deutschen, auch ihr seid / Tatenarm und gedankenvoll!«

24.IV. _____ Sehr stilles Leben. Etwas gearbeitet. Etwas gelesen. Ziemlich viel genommen – der Vorrat ist im Begriff, zu Ende zu gehen. – Briefe geschrieben (noch keine empfangen.) – Mittags treffe ich den *alten* kleinen Klossowski im Café. – Gestern zum Tee bei Lion Feuchtwanger. – Täglich neue Freude an dem Blick aus meinen Zimmer. – Grade jetzt, während ich schreibe, lasse ich mir die Sonne auf den nackten Oberkörper scheinen. – Nachmittag und Abend in *Toulon* – nicht sehr ergiebig, nicht sehr guter Stimmung (Abstinenz.) Mich am Hafen (der immer wieder bezaubernd ist), im »Quartier Réservé« und in der Stadt herumgetrieben. Gegessen, am Hafen. Briefe geschrieben, an Mops und Garry; Karten an Magnus, Moni u.s.w. Im Kino: »La Garçonne«, blöder Film mit amüsanten Stellen (lesbisches Lokal; Opiumraucherei.) – Schliesslich ganz schnell, mit einem Araber. – Spät zurück. – Scheck vom Pariser Tageblatt.

26.IV. _____ Heute Wahltag in Frankreich. – Gelesen: »André Gide et son temps.« Ein paar Fortsetzungen des sehr geschickten Romans »Der Untergang von Prag.« – Gearbeitet, 7 Seiten am VII.; Notizen und etwas getippt. – Am späten Nachmittag: Spazierfahrt mit Frau Feuchtwanger, in ihrem Wagen; ganz hübsch. Nach Le Cusbe (?), dort Spaziergang zu den Felsen; Apéritif in Bandol, dort ziemlich grosser Betrieb. – – – – Wie stark ist das religiöse Moment, das Moment von *Verzicht* in Gides »Konversion.« Wie gut ist Schickeles Wort vom »roten Schleier.« – – –

Hölderlin. Wie merkwürdig schwach sind die *gereimten* Gedichte. (Schillers Einfluss.)

»Menschenbeifall.

Ach! der Menge gefällt, was auf den Marktplatz taugt,
Und es ehret der Knecht nur den Gewaltsamen;
An das Göttliche glauben
Die allein, die es selber sind.« ☐

27.IV. ——————— Blöde Post (Zeitschriften u.s.w.) – Geschrieben an Bubi Koplowitz und Goldstein. – Auf der Bank. – Apotheke und Arzt. (Es *ging* wieder nicht mehr. – 1 Amp. Morph.) – Zeitungen. – Getippt. Etwas im »Alkibiades.« Anruf von der Feuchtwanger. – Nachmittags: gearbeitet, 9 Seiten, das VII. Kapitel zu Ende. – Spaziergang am Meer. Kleine Unterhaltung mit dem alten Klossowski. – Brief von Sklenka: es geht ihm schlecht, er will Geld. ... Abends: zu Hause. Getippt, das VI. Kapitel zu Ende. Lektüre: »Alkibiades.« Mit ziemlichem Interesse. Der unverwüstlich tiefe Reiz des Sokrates; der Zauber des Perikleischen Athens – es ist etwas davon eingefangen ... Gedanken über unsere Beziehung zur Historie. In wie viele Zeiten versucht man sich einzuleben ... »Ganz vergessene Völker Müdigkeiten – kann ich nicht abtun von meinen Lidern ...« Andererseits aber sind wir doch unbeschwert, ohne viel Beziehung zur Vergangenheit, fast wie die Amerikaner, voraussetzungslos, barbarisch ...

28.IV. ——————— ☐ Eucodal. Scherze mit dem alten Pharmacien, der ein wenig deutsch spricht. (»Hitlère, c'est un – comment dites-vous? – ein Wüterich.«) – Briefchen ans »Pariser Tageblatt« (wegen »Alkibiades«-Besprechung.) –
Gelesen: »André Gide et son temps.« Jacques Maritain. »Il y a des valeurs que l'idéal communiste a annexées et qui sont chrétiennes. Nous attendons ... une réalisation effective des valeurs évangéliques dans l'ordre social et temporel.«

»*Wir* warten« – nämlich eine verschwindend kleine Eliten-Minorität unter den Katholiken. M. vergisst – oder verschweigt –, dass die *Kirche,* als politische Macht, sich immer *gegen* die Realisierung der christlichen Werke in der Gesellschaft – *gegen* den Fortschritt gestellt hat. Daher das feindliche Misstrauen der Sozialisten gegen die Kirche …
Ziemlich stark genommen (4.) Grosser Effekt.

29.IV. _____ Getippt (am II. –. »Die Tanzstunde.«) – Klossowski. – *Zeitungen.* (Wie täglich: »L'Œuvre« u.s.w. Der französische Links-Sieg; seine komplizierten Folgen. Herriots persönliche Niederlage. – Die Greuel in Abessinien gehen weiter. – Österreich bleibt bedroht – wohl beinah verloren.) – – Lektüre: weiter in »A.G. et son temps.« (Höhe des Niveaus. Vielfalt und Bedeutsamkeit der Gesichtspunkte. Kaum ein matter Moment. – Ich möchte darüber schreiben.) –
Die Gerüchte über Gustafs Verhaftung – Konzentrationslager, wegen Hitler-Beleidigung. Ich *kanns* nicht glauben. Es wäre *zu* boshaft und lächerlich. Was würde dann aus »Mephisto?«. – Genommen. (2.) □

1.V. _____ □ Ich bin zu viel allein.
Gearbeitet, fast 8 Seiten weiter am VIII. Kapitel. – Brief von der Maria Osten. – Gegangen, am Meer, der Himmel klärt sich ein *bisschen* auf, schönes Licht. – Nach dem Abendessen: an Mielein geschrieben. – Die Sernau getroffen. – Schlechtes Wetter; fast keine Menschen; niemanden zum Treiben; kein Geld; ekelhafte politische Lage *und* Abstinenz: es gehört eine gewisse Disziplin dazu, sich *nicht* hinzulegen und *nur* noch zu weinen. – Im Kino. (Am hübschesten: ein bisschen Verdi, im Vorprogramm. Die grosse Oper des XIX. Jahrhunderts: der letzte Beitrag Italiens zum europäischen Reichtum.) –

3.V. _____ □ Getippt. (An der »Tanzstunde.«) Ein gewisser *Widerstand* gegen das Manuskript macht sich bemerkbar …

Trotzdem ziemlich viel gearbeitet: 11 ½ Seiten am VIII. – nicht
ganz schlecht, glaube ich. Dazwischen grosser Spaziergang.
Schöne Ausblicke, Felsen und Meer. – Telephon mit Billux. –
Abends: noch bisschen gegangen. Brief an Golo, Karte an die
Scalero, Zeile an Mops – mit einem Zeitungsausschnitt. – –
– Drunten zieht ein Trupp von Leuten mit roten Fahnen vorbei
und singt, in endloser Wiederholung, die Internationale.
(»C'est la lutte finale …« – »Alkibiades«, bis gegen 12 Uhr.

4.V. ——————— Ziemlich grosse Post: Telegramm von F. (angenehm); E mit Ensemble; Goldstein, Moni und – Garry.
Dieser ziemlich erschreckend, in seiner kühlen, vorsichtigen
Art… Ihm mit einem grossen, leidenschaftlichen, vielleicht
ganz falschen Brief geantwortet. Don Quijot der Liebe…
Denke plötzlich an mein nächstes Buch. Vielleicht wird es mein
schönstes. *Ganz* offen, schamlos lyrisch, aufgewühlt, verzweifelt – – – ☐

5.V. ——————— Paar Zeilen an E; an die Basler Nationalzeitung. – Das VIII. Kapitel durchkorrigiert. – Friseur. – Klossowski. – Zeitungen. (Unentwirrbare politische Situation. Ein
Knäuel von Problemen. Der italienische Sieg; Addis Abeba in
voller Auflösung. – Der Sieg der französischen Linken. –)
Alkibiades.« (Anfang der Rezension: »Was reizt uns an diesen
Stoffen? Warum lieben wir diese Verkleidungen – diese spanischen, ägyptischen, griechischen Kostüme? Wollen wir uns
entfliehen, oder wollen wir uns wiedererkennen? Vielleicht
Beides…«)
Das Paketchen aus Marseille – so sehnlich erwartet – noch nicht
angekommen. Herumgelaufen. Sehr deprimiert. Mich ge-
zwungen zum Schreiben: das »Tanzstunden«-Kapitel zu Ende
getippt. – Dann etwas besser, weil ich Menschen gesprochen:
Marcuse; die Meier-Graefe dazu. – Beim Abendessen: einen
Moment *Eva*, die eben angekommen. – Vorm Café gesessen.
»Tage-Buch.« (Z.B., ganz gescheiter Artikel von Arnold Zweig

über Freud, 8ojährig. Seine Aufsätze sind immer besser, als seine erzählende Prosa.) – Gegangen. – –
– – – – Heute vor vier Jahren hat der Ricki sich umgebracht. Jetzt habe ich es also schon vier Jahre länger ausgehalten, als er. – –

6.V. _____ Briefe von F. und Miro (mit 100 frs. – Einlage, und bitteren Klagen über ihre Mutter.) Jedoch immer noch kein Päckchen aus Marseille. Telephoniert. Da ich erfahren, dass es noch nicht abgegangen, mich kurz entschlossen auf die Reise gemacht. Autobus, bis Bandol. Dort gewartet. Zug nach Marseille. Taxi zur Apotheke. Kleines Lunch. In einer Bude halb getrieben. Rückfahrt. Im Zug genommen. Schon um ½ 4 wieder hier.
Unterwegs den »*Alkibiades*« zu Ende gelesen. Schön, der Schluss mit der Hermes-Erscheinung. Überhaupt das ganze Treiben der Götter reizvoll. (Der Hermes-Frevel vielleicht die stärkste Stelle des Buches.) Die historischen Ereignisse (der spartanische Sieg über Athen u.s.w.) gegen Ende etwas eilig aufzählend zusammengefasst. Der Atem geht aus. Nervöse Beschleunigung des Tempos. (Hierin »Ferdinand und Isabella« ähnlich.) – Die aktuellen Anspielungen (»Köpfe rollen!« u.s.w.) oft etwas plump. – Merkwürdig, dass der Sokrates-Prozess, der eigentlich in die Handlung gehörte, weggelassen ist. – – – Zeitungen; z.B. der Wesemann-Prozess in Basel. – Siegesrausch in Rom. – Pathetische Abreise der Negri aus Afrika. □

7.V. _____ Karten an Medi – Bibi, Schlüter; Briefe an Miro, F. – Zeitungen: z.B., in der »Deutschen Volkszeitung« (Einheitsfront, mit kommunistischen Vorzeichen): Besprechung von Bodo Uhse über Regler; Kapitel aus Hegemanns »Entlarvter Geschichte.«
Arbeit. Am IX. Kapitel. Über 10 Seiten. Mein Eindruck vom Ganzen ist jetzt wieder besser. Brief an meinen spanischen Granden, Palomar.– Gelesen. »Nouvelles Littéraires.« Merk-

würdig, wie diese betonte liberale »Objektivität« heute leicht ins Reaktionäre abgleitet. Von den neu-deutschen Dingen (Rosenberg u.s.w.) ist *beinah* mit Sympathie die Rede. Eine satirisch-utopische Erzählung »Le Coup d'Etat du 19 Juin«, über Sowjet-Frankreich: äusserst gehässig auf etwaige zukünftige Revolutionen...

Viel zu viel genommen im Lauf des Tages. Wütend auf meine Unbeherrschtheit. – –

– Regler »Die Saat.« Es ist ja wohl eine achtbare Arbeit, aber lässt mich *vollkommen* kalt: Kaum eine andere historische Sphäre, die mich so wenig fesselt, wie die der Bauernkriege. – – – Vollmond überm Meer.

10.V. ———————— Abstinenz und ziemlich starke Unruhe. Versuche trotzdem, mich vernünftig zu beschäftigen. – Brief an Kesten. Einen an Regler angefangen; (ihm zu erklären versucht, warum ich mit seinem Roman nichts anfangen kann, aber wieder aufgehört.) – »Tagebuch«. »Bouvard et Pécuchet«, ein grosser und bitterer Spass. – Sogar etwas gearbeitet.

Abends: das arge und hässliche Abenteuer in Toulon. Aus Nervosität und Unrast, nach dem Abendessen, hingefahren. Gleich angesprochen worden von einem aufdringlichen und reizlosen kleinen Burschen. Mit ihm ins Quartier Réservé; in ein paar Lokale, Unterhaltung mit einem matelot u.s.w. – Der Kleine brachte es fertig, dass ich mit ihm in die einsamste Gegend ging. Dort lauerte der andere. (Ich war von unbegreiflicher Blödigkeit, dass ich nicht alles durchschaut!) Geschrei, »je te tuerai!«, Schläge, ich lief wie zwei Hasen, sie erreichten mich, schlugen weiter, nahmen mir alles ab – Geld (130 frs.), Mantel, Portemonnaie u.s.w. –; ich, blutüberströmt, keuchend zur nächsten Wache; vom Polizisten zum Hospital begleitet, dort verbunden worden; aufs Kommissariat, Protokoll aufsetzen; letzten Autobus versäumt, im Taxi zurück. – Ein ganz *scheusslicher* Zwischenfall.

11.V. —————— Verschwollenes, blaues Auge, zerkratzte Nase. – Bericht an F. über den Vorfall. (»Man soll *nie* mit jemandem gehen, der einem nicht gefällt. Der Schwanz hat mehr Instinkt, als der Kopf.« Was ich immer wusste.)

Gearbeitet, Anhang des X. Kapitels, 12 Seiten. Anruf von den Damen Feuchtwanger und Huxley; Einladungen. – Zum Abendessen: Eva, Billux und Klossowski. Nachher im Café. Nett. – Notiz über mein gestriges Abenteuer in der »République de Var«:

»Les mauvaises rencontres.

Le nommé Thomas *Klau,* sujet allemand, 30 ans, employé à l'Hôtel de la Tour, à Sanary, qui avait suivi un individu au quartier réservé a été assaisi par celui-ci. Blessé à l'oeil droit, Thomas Klau a été de son portefeuille et d'une somme de 30 frs. Sûreté avisée.«

Das ist reizend. Ein Glück, dass alles falsch ist, sonst würden die Nazi-Blätter es mit so viel Wonne übernehmen.

Genommen – zu viel. – Angefangen zu lesen: Ernst Weiss, »Der arme Verschwender.« – Weiter in »Bouvard et Pécuchet.« (Flaubert behandelt die Wissensgebiete, wie Mephisto in der Schüler-Szene: scheinbar durchaus satanisch. In Wahrheit ist dieser Bildungshunger, den er verspottet, *auch in ihm.* Schliesslich hat auch er sich mit all den Büchern beschäftigt, die seine beiden Narren heranziehen. Man verspottet nur, was man in sich hat.)

13.V. —————— Post: Geld von der »Mühle«, Brief von Becher; das Buch von Gert Podbielski, »Kindheit des Herzens.« – – – Gearbeitet. – Zum Lunch, mit Billux, bei *Huxleys.* Nach Tisch, grosser Spaziergang, mit ihm allein, durch das schöne, kultivierte, reiche »Hinterland.« Die Landschaft der Provence – massvoll-pittoresk –: sie hat kaum ihresgleichen. Französische Unterhaltung. Weltpolitik. H. malt die Schrecken des nächsten Krieges aus. Ich werfe ihm seinen – falschen – Pazifismus vor, wie er ihn unlängst in den »Nouvelles Littéraires« geäussert hat. – Seine grosse intellektuelle Angeregtheit. Seine Freude daran, möglichst viel Wirklichkeit mit dem Verstand zu begreifen, zu durchleuchten. – Auch er durch die soziale und ökonomische Problematik sehr stark vom Ästhetischen abgelenkt. – – Bei Eva vorbeispaziert und kleine Station gemacht.

Die »Minuit«-Rezension an Green schicken. – Der Kellner (er sieht Bert ähnlich) – jetzt ein wenig im Ruhestand – lädt mich zum Apéritif ein. – Zum Abendessen, mit Eva – Billux, in St. Cyr, bei der Meier-Graefe. Das alte, grosse, etwas düstere Haus, mit den schön eingerichteten Stuben, der schönen Bibliothek – überall noch der Geschmack und Stil des toten M.-G. spürbar. – Unterhaltung wird am animiertesten, da sie auf den »Sanary-Klatsch« kommt. – Gelesen: »Weltbühne.« – In einem Band Shakespeare (Hamlet.)

15.V. _____ ☐ Am Strand. Erstes Bad im Meer. Es sehr genossen (trotz leichter Abstinenz…, die mich am Arbeiten hindert.)

Post: Rudolf Olden; Bernard v. Brentano. – – Gelesen: im »Armen Verschwender« (Weiss.) – Hamlet. Notizen.

Roger. Neue Sendung.

Bei Eva – Billux zum Abendessen. Den beiden lieben und gescheiten Mädchen vorgelesen: »Es ist doch nicht zu schildern…« Sie scheinen sehr angetan; meinen – wie ja auch Landauer schon –, es würde mein bestes Buch, viel besser als die beiden vorigen. Mich wundert es fast…

20.V. _____ Gestern – am 19. V. – das *Manuskript* von »Mephisto. Roman einer Karriere« abgeschlossen. (Bleibt die Arbeit des Diktierens, Korrigierens u.s.w.)

☐ Politik, weiter sehr wirr und ekelhaft. Habsburger-Frage wieder akut. – Die interessanten aussenpolitischen Glossen der Geneviève Tabouis, im »Œuvre.«

(Deutschland und Italien haben grosse Siege. England scheint wie gelähmt. Die brutale Taktik des fascistischen fait accompli gegen die zögernde Haltung der Demokratien. Die Parallele zwischen der jetzigen europäischen Situation und der innerdeutschen zwischen 1930 u. 1933 drängt sich auf, und ist grauenvoll. Beneš soll optimistisch sein.)

– – *Ernst Weiss* »Der arme Verschwender.« (Schlechter Titel – wie für eine Biedermeier-Posse.) Eine merkwürdig, harte, trockene, aber sehr suggestive Prosa. Die Figur des Vaters, mit sehr grossartigen, dämonischen Zügen. Eindrucksvoll die Scene mit dem weisshaarigen Jüngling, im Garten des Irrenhauses.

Zum Abendessen: bei Eva – Billux. Ihnen wieder vorgelesen (das »Knorke«-Kapitel.)

21.V. —————— Recht grausige Erlebnisse während der Nacht. – Grosser Albtraum. Erst schon etwas mit E, die sich Glas in den Schenkel gespritzt und schlimme Schmerzen hatte. Dann: ein grosser, öder und sehr schöner Platz mit Kirchen und Toren; ich besichtige ihn mit Golo – der plötzlich verschwunden war, mir als Alb auf dem Rücken sass und mich im Kreise schaurig herumdrehte. Ich wache auf – und habe das unbeschreibliche, scheussliche »Haschisch-Gefühl« (nicht-mehr-spüren der Arme u.s.w.) – Ist es nur der Schock des Albtraumes? Hängt es mit den Drogen zusammen? Bin ich so sehr vergiftet? – Grosse Unruhe. Dann, lange geschlafen, bis nach 12 Uhr. Jetzt, besser, aber noch nicht völlig gut. ☐

24.V. —————— *Toulouse, Hotel Regina.* ☐ Ankunft hier um 5 Uhr. Sehr angenehmes Hotel. Petit déjeuner, heisses Bad, geschlafen. – Spaziergang in der – provinziellen, aber netten – Stadt. (In Erwartung von E, F., Miro.) Merkwürdig: plötzlich dieses enge, fremde Milieu. Als sässe man bei fremden Leuten in der guten Stube... Café (mit guter Musik), Lunch; eine Foire. Kino; (sehr stattliches Gebäude. Ein dummer Film mit Jan Kiepura; ein anderer mit Préjean, den ich nicht bis zu Ende anschaue.) – Das Denkmal von Jaurès: »apôtre de la paix.« – Ins Hotel. Tee mit Süssigkeiten. Am Mskt. korrigiert. Dieses »Haschisch«-Gefühl in den Armen werde ich seit Tagen nicht völlig los. Ich habe ja damals – vor 5 Jahren – gleich gewusst, dass von *dem* Schock etwas bleibt.) – – –

Abends: E, F. und Miro also getroffen. (Sie waren schon angekommen und in einem anderen Hotel.) – Geredet. Gut.

1.VI. _____ *Hotel Camp de Mar, Andraitx, Mallorca.* Hier ist es schön. Mir geht es nicht besonders gut. Abstinenz (zuweilen sehr heftige); aber alles natürlich erleichtert durch das Zusammensein (E, F., Miro); durch das Meer (jeden Vormittag am Strand und Bad.) Sehr angenehmes Hotel. Also relativ ungemein günstige Umstände. Ich werde trotzdem, sogar in den besten Stunden, ein fast physisches Gefühl von SCHMERZ im Herzen nicht los: Heimweh nach der Vergangenheit; Entsetzen vor der Zukunft; unsagbare Sehnsucht nach dem Frieden, dem Nichts, der Auflösung. –

– – – Die Überfahrt von Barcelona nach Palma. Starke Seekrankheit, trotz ruhigem Meer. Furchtbares Kotzen in der Kabine; dann recht grausige Nacht, mit intensiven »Haschisch«-Erscheinungen. – – Rundfahrt um die Insel; (das prächtige, aber schlecht gelegene Formentor-Hotel u.s.w.) Aber hier ist es am hübschesten.

Stilles Leben. Grosse abendliche Unterhaltungen mit diesem komischen Grafen *Treuberg;* (ziemlich aufdringlich; ganz charmant; nicht unbegabt; etwas wirr.) Sein Snobismus. (Cocteau, Serge Lifar u.s.w.) Seine merkwürdig leidenschaftliche anti-Hitler-Gesinnung; seine etwas phantastischen Kombinationen über das IV. Reich (Donau-Monarchie u.s.w.) – Gestern (Pfingst-Sonntag): *Schlüter* zu Besuch (ist über Nacht hiergeblieben.) Er gefällt mir recht gut, fühle mich ganz befreundet mit ihm. Lange über Wolfgang und die Umstände seines Todes mit ihm gesprochen.

Etwas Korrespondenz; etwas am »Barbara«-Kapitel abgetippt;

etwas Lektüre; (Ernst Weiss »Der arme Verschwender«, ein sehr interessanter Roman; Mauriac »La Vie de Jésus«: anmutige, kluge und fromme Paraphrase um das Testament.) – – – Ein Junge ist hier sehr hübsch: der Sohn des Besitzers, mit schönen dunklen Augen, sieht aus wie der junge Joseph. Schaue ihn gern an; bin aber sexuell ziemlich apathisch, wie immer in diesem verdammten Zustand der »Entwöhnung«.

– – Abends: E, F., Miro und der Schlüterin das Kapitel »Der Pakt mit dem Teufel« vorgelesen. Es kann wohl ziemlich so bleiben.

– – Sehr schöne Mondnacht. Weisses Licht auf dem Wasser. Die schwarze Masse der Hügel, scharf profiliert gegen den helleren Himmel.

4.VI. _____ Gearbeitet, am Bruno-Frank-Aufsatz. – »Der arme Verschwender« zu Ende gelesen – mit *starkem* Eindruck. – Post: Garry (nicht sehr nett), Gert Podbielski, Flesch (»Alkibiades«) u.s.w.

Gegen Abend, schöner Spaziergang (zu dritt), mit grossen Blicken aufs Meer.

Nach dem Abendessen: *lange* Unterhaltung mit E und dem Treuberg: grosse Politik. Die Gründung einer neuen Partei (»Sammlung der Kräfte«: für Deutschland.) Meine Bedenken. Ich verteidige die Kommunisten. Bin zum Schluss stärker interessiert. – Spät noch mit E allein etwas weiter gesprochen. 2 Uhr.

7.VI. _____ Wieder gleich morgens der Graf. – Brief an Kesten. – Ein sehr netter kleiner englischer Junge, mit Namen Gion. E nimmt ihn im Wagen mit und lässt ihn ein bisschen lenken. Nachher mit ihm auf der Terrasse. Einen solchen kleinen Sohn zu haben…

☐ Abends: Cocktail-Party, in der Bar nebenan, mit den Engländerinnen (die Blonde liebt Miro und schenkt ihr ein goldenes Zigarettenetui. –) u.s.w. Hier, in unserer Bar, bei Juanito, mit Treuberg und den Film-Leuten weitergetrunken. Dann, beim Diner im Speisesaal, Miros schwere, ziemliche arge Exzesse: sinkt bewusstlos über den Tisch – Haar im Spinat –, kotzt, schlägt um sich, wir müssen sie in ihr Zimmer *tragen* … Später lang mit E über den ganzen schwierigen – und eben doch etwas trüben – Miro-Komplex geredet. Mopsens gefährlicher Einfluss. Erfahre mehrere Thun-Geschichten – auch F. betreffend –, von denen ich noch nicht wusste. Alles recht sonderbar.

14.VI. _____ *Bandol, Grand Hotel.* Der letzte Tag in Camp de Mar. Abschied vom Grafen – wird man sich wieder sehen? – und vom sentimentalen »Filmi« Blackburn. –
Gestern: sehr früh auf. Fahrt nach *Palma.* Grosse Scherereien mit den Autos. Lange am Hafen gestanden. (Mir das Bild eingeprägt…) – Sehr stille und ganz angenehme Überfahrt, auf dem französischen Schiff »Général Gouverneur Cambon.« – »Vie de Jésus« zu Ende gelesen. – Die Nacht mit Miro in der Kabine.
Die Abenteuer in Marseille. Allgemeiner Aufruhr. Alles in einer – nicht gar zu gefährlichen – revolutionären Bewegtheit. Hotels, Restaurants, Cafés geschlossen. (Streik.) Überall Umzüge mit roten Fahnen, die »Internationale« u.s.w. – E's Ford geht nicht: die Batterie. Mit Miro 12 Garagen abgefahren: keine will etwas tun. – Schliesslich E (die von Bandol kommt), durch Zufall vorm Hotel Beauvan getroffen. Mit ihr eilends zum Bahnhof: *Friedrich* – der auf den Zug nach Amsterdam wartet – noch ein paar Minuten gesprochen. (Es geht ihm NICHT so sehr gut…) Mahlzeit, mit eingekauften Sandwiches u.s.w., vor einem kleinen Bistrot. – Dann, ich ein paar Stunden allein. Gegangen, durch die belebte Stadt. (Die Konfirmanden, zwischen den Demonstranten.) – »Pariser Tageszeitung.« (Der neue Scandal, mit dem heimlichen Verkauf des »Tageblatts« an die Nazis.) – Schliesslich mit Miro im Mercedes, hierher. Schöne Fahrt. – – Post: Peter Mendelssohn; Gollancz. Beiden sofort geantwortet (G. mit »biographischen Details.« – Telegramm an

die »Pariser Tageszeitung«, wegen Vorabdruck des »Mephisto.« – Briefe an F., an Kurt Caro.
Bad, erst im Meer, dann in der Wanne. Kurzer Gang – wie schön
ist das Land! (Kultiviert. Lateinisch.) – – Nach dem Essen noch
ein bisschen in Bandol, im Café.
Um 1/2 1 – ich, gerade eingeschlafen –: Medi und Bibi – die auf
Reisen in ihrem Kleinautomobil. Haben in Nice konzertiert.
(Das stets etwas peinliche Gefühl, dass sie *unsere* Vergangenheit – und Gegenwart – kopieren.) –

17.VI. _____ *Nice, Pavillon Rivoli.* Gestern, noch viele, gar
zu viele kleine Abenteuer: E's Wagen aus Marseille trifft nicht
ein; kommt endlich – ohne die Koffer; E fährt, allein – mit dem
Jungen von der Garage, nach Marseille zurück (wo der Streik
noch in vollem Gang.) – Ich, mit Miro – deren Mercedes gleich
stehen bleibt. Lange Reparaturen u.s.w. – Komisches Mahl in
St. Raphaël, wo auch Restaurant-Streik ist und eine nette
kleine patronne uns bewirtet. – Kommen gegen 1 Uhr hier an,
und treffen E wieder.
– – Mit Miro, auf den Consulaten: das schweizer Visum bekommen; das italienische nicht. – Nice gefällt mir wieder ganz
gut. – Lunch, zu dritt, im »Pergola.« – Bei Eva Landshoff – wo
noch der Theodor Wolff-Sohn. – Zum Tee bei Schickeles;
dort noch Gerda Scheyrer und die blonde Freundin des Hasenclever. – Noch einmal bei der geschiedenen Landshoff: um
die Kindchens, Angelika und Beate, zu sehen. – Zum Abendessen beim – lieben – Onkel Heinrich und seiner – urdrolli-
gen, wieder ziemlich bezechten – Krögerin. – Dann noch gegangen, und nach einigen Vorspielen, garçon d'hôtel en
chômage.
Sehr, sehr sonderbar: das Milieu de chez *Heinrich.* Die un-
wohnliche Wohnung. (Möbellager.) – Die gepflegte Küche. –
Die unmögliche Frau. – Das halb Abenteuerliche, halb starr-
Bürgerliche. (Lübeck.)

19.VI. _____ *Lugano, Hotel Castagniola.* Gestern, die besonders schöne Fahrt von Nice hierher. Die Gebirgsstrecke. Mittagessen in *Cunco.* Kaffee in Turin. Die Autostrada Turin – Como. (Trotz allem: ungemütliches Gefühl, in Italien zu sein...) Abendessen in Lugano, in einem netten Restaurant am Platz. Musik; Blick auf den See.

Abends, noch ziemlich lang im »*Siebenten Ring*« gelesen. Ich stosse auf immer neue Schönheiten. Immer neues Erschauern vor der geformten Inbrunst der grossen Liebesgedichte. – –

Heute morgen: Bad im See. Der schöne Geschmack des Salzwassers fehlt, und man muss sich so abzappeln. Aber auch hübsch, in seiner Art. – –

Die »Pariser Tageszeitung« zeigt den Vorabdruck des »Mephisto an. Und ich bin noch gar nicht fertig, muss noch so viel diktieren... ☐

20.VI. _____ *[Sils Baselgia, Pension Godly].* Plötzlich bestürzt von dem Gedanken: wie gross *Shakespeare* ist. Er antizipiert die ganze europäische Literatur. Die ungeheure Linie von Hamlet zum Falstaff, vom Cäsar zum Sommernachtstraum, vom Lear zur Viola... Die *Schöpfung*... Er ist beinah Gott. (Wie spät, intellektuell, problematisch – wie *menschlich* Goethe neben ihm!)

– – – Gelesen: in Annemaries Manuskript »Tod in Persien.« *Material* zu einem interessanten Roman. – Gegangen. Schön. – Spätes und grosses gemeinsames Frühstück. –

Maxim Gorki ist tot. Karl Kraus ist tot. Eine grosse Generation stirbt hin... Wo sind die Erben? ☐

23.VI. _____ *[Küsnacht/Zürich].* Turbulente Tage, in jeder Hinsicht. – Der Scandal mit der *unmöglichen* »Mephisto«-Voranzeige der Pariser Tageszeitung. Telegramme, Expressbriefe, Dementi; Telephon mit F. – Amsterdam. Jetzt läuft der Roman – malgré tout.

Golo. – Tante Kätchen (üsis.) *Blanche Knopf* – die ich gestern, mit Golo, vom Flugplatz abholte. Seitdem beständig mit ihr: gestern abend; heute Lunch mit ihr in der Stadt; abends wieder hier. Nach dem Essen, Konzert der Kinder. Dann noch Cocktail im Baur au lac. – Sie ist intelligent; netter als ich gedacht. Trotzdem ziemlich anstrengend gewesen.

Grosser Brief an die Gemeinde Proseč – wegen Einbürgerung in der Tschechoslowakei. Beginn des Diktats bei Frau Lindt. Heute Nachmittag, besonders schön; Ernesto; ein fremdes Zimmer, ein fremder Körper. Tendresse. – Dabei hat auch Willy Herzog schon angerufen – ich habe ihn nicht gesprochen. Und bin ihm schon untreu, eh' ich ihn gesehen habe…

28.VI. —————— Aus dem »Tanzstunde«-Kapitel einige Krassheiten (Peitsche u.s.w.) für den Vorabdruck gestrichen. – Mit Mielein, Bibi, Kätchen im Strandbad. – Gelesen: das »Morgenlicht« zu Ende. Ja, es ist sehr verspielt, sehr eigensinnig – aber voll Talent. (Was hat er damit gemacht??) – – Zauberers Rede zu *Freuds* 80. Geburtstag. Höchst interessant. Sehr merkwürdig: wie ihm *alles* zur *autobiographischen* – gar zu autobiographischen – Studie gerät. (Der Schopenhauer-Komplex u.s.w.) Mangel an einer *objektiven* Neugierde. – Unterhaltung mit Golo darüber. Vergleich mit der Methode *Gides.* (Dessen Passion, *fremdes* Leben zu beobachten.) – Zum Tee: Dr. Hermann Sinsheimer (aus Berlin.) Sehr deutsch; sehr jüdisch. Unterhaltung, natürlich, über die deutsche Zukunft u.s.w. (Er – natürlich – durchaus pessimistisch: wie alle *Juden,* die aus Deutschland kommen.)

Briefe geschrieben, an Alice, an Aminoff. Beidlers zum Abendessen. Er liest Ernst Wiecherts sehr mutig oppositionelle Rede vor (vor den Münchner Studenten gehalten.) – Später: Vorlesung vom Zauberer, das Kapitel, da »die Frau« sich gehen lässt, Joseph verführen will u.s.w. Sehr faszinierend. (Aber ich behaupte, dass Joseph in der ganzen Sache mehr *monströs,* als verführerisch ist…) Unterhaltung, erst unten; dann hier oben weiter mit Golo.

30.VI. _____ Viel Korrespondenz (Fleischmann-Proseč; Graf Treuberg; Pariser Tageszeitung; F. u.s.w.) – Abreise von Kätchen (liebe Person.)

Zum Tee: Rudolf Olden avec madame. – Sein Spleen mit der preussischen Armee als der Urheberin *allen* Übels; aber es ist mehr, als ein Spleen.

Kleiner Spaziergang mit E. – Abends: Zauberer über St. Sebastian und seine Zusammenhänge mit Apollo. (Der Pfeile-Sender und der Pfeile-Empfänger; der Pest-Sender und der Pest-Beschützer.) – Lange Familien-Debatte (über den Bibi u.s.w.)

Gelesen, z.B. 2 Artikel von Süskind (»Frankfurter Zeitung.«) Epische Probleme (*Anfang* einer Geschichte u.s.w.) Immer noch gutes Niveau; aber sonderbar müssig; zugleich starr und verspielt; steril; zeitfremd.

1.VII. _____ ☐ Oprecht am Bahnhof getroffen. (Erzählt mir, dass die Schauspieler, z.B. der Ginsberg, sich schon über »Mephisto« aufhalten – weil der G. G. doch ein so *guter* Mensch.)

Im Kino, mit E, Medi, Golo, »3 mal Verlobung«, von Stemmle, mit Rühmann: völlig gehirnerweicht, dabei *nicht* ganz unoriginell. – – In Bangs »Exzentrischen Novellen« geblättert. (»Ihre Hoheit«, »Franz Pander«, »Charlot Dupont.«) So beruhigend, immer wieder dasselbe zu lesen…

3.VII. _____ ☐ Mich ein bisschen in Z.'s »Goethe als Schriftsteller« festgelesen.

Was für eine sonderbare FAMILIE sind wir! Man wird später Bücher über UNS – nicht nur über einzelne von uns – schreiben. Etwas in Zweigs »Castellio gegen Calvin.« – Abends: Zauberer-Vorlesung, »Dudus Klage« und der »Damentee«, beides sehr reizvoll. Noch in Max Herrmann-Neisses Gedichten »Um uns die Fremde« gelesen (mit Vorwort von Z.)

5.VII. ——————— Die grausige und alarmierende Geschichte von dem Journalisten Lux, der sich im Völkerbundspalais erschossen hat, um die Aufmerksamkeit der Welt auf die Hitler-Greuel zu lenken. – – – Abgetippt, »Über Leichen« zu Ende. Nach Tisch, mit E in die Stadt: Golo zur Bahn gebracht, der zu einem Lunch mit Lévy-Bruhl nach Paris fährt. Autostreik; die Stadt ist tot. – 20 Minuten im Kino, um festzustellen, ob die Schauspielerin in einem Lustspiel Pamela war: sie war es aber nicht, nur sehr ähnlich.

Briefe an Feuchtwanger und Fleischmann-Proseč (mit offiziellem »Gesuch« um die Einbürgerung u.s.w.)

In die Stadt. *Ernesto.* Ihn zum Essen in eine Gartenwirtschaft und ins Café eingeladen. Mir etwas von ihm erzählen lassen. Sein Gesicht angeschaut. – – Abends, mit E bei Katzensteins, noch ein Ehepaar da (Luzerner.) Debatte über das französische Experiment; ich muss, ziemlich leidenschaftlich, die Kommunisten verteidigen.

In Meier-Graefes »Geschichten neben der Kunst«: »Chopin und Delacroix.«

7.VII. ——————— Vormittags im Strandbad. Gearbeitet (korrigiert) und geschwommen. E und Ofei holen mich ab.

Nachmittags bei der Hirsch. Warten müssen, und in der »Ästhetik« von Dessoir gelesen. (Mit Interesse; Notizen.) Im »Terrasse«, mit E, Miro; zu Anfang der Hirschfeld dabei.

E sagt mir gestern, dass sie ein Kind haben wolle....

12.VII. ——————— Genommen (aber es soll nur ein kleines Zwischenspiel sein.) – Getippt, das letzte Kapitel zu Ende. – Gelesen, »Weltbühne« (z. B. Emil Ludwigs höchst enthusiastisches – im Detail vielleicht übertriebenes, im Kern sicher richtiges – Lob der Sowjet-Verfassung. – Kurt Hiller über Theodor Wolffs Erinnerungen u.s.w.) –

Zauberer liest den grotesken Artikel aus einem rumänischen Antisemitenblatt vor: der »Joseph« als Plagiat u.s.w. Symptom einer erschreckenden moralisch-intellektuellen Verwilderung.

Die Nazi-Hunde haben den Edgar André zum Tode verurteilt. Wie wird die RACHE sein? Wann??

Etwas spazieren, und gleich durchnässt worden; (ständiger Regen.) – Abends zu Hause. Mich früh gelegt. Genommen.

18.VII. _____ *[Salzburg, Arenbergstr. 2].* In der Stadt; ausführlich Coiffeur u.s.w. Marina Schaljapina im »Bazar« getroffen (sie zunächst nicht erkannt.) – Im Sinclair Lewis gelesen. – Franz-Josephs-Bad, mit der »Party.« – –

Denke ziemlich viel an Ernst, und an das Problem, ob ich mit ihm leben könnte. – Denke auch über das Phänomen von Brians merkwürdiger Faulheit nach...

Lange im Sinclair Lewis gelesen, statt zu arbeiten. Er ist sehr grossartig, sehr faszinierend. Ankunft von E. Essen mit ihr, Franks und Polgars im Garten bei Steinlechner, sehr hübsch. (Polgar, sehr stark begeistert von dem Lewis-Roman: mit Recht.) – Dann noch, zusammen, ins »Bazar.« Dort in einer Zeitung gelesen: dass Georg Bernhard plötzlich gestorben. Es ist sehr schrecklich und bitter – mitten in dieser trüben und trübsinnigen Poljakoff-Affäre; nun auch noch mitten in dieser überflüssigen und schlimmen Polemik mit Schwarzschild... Sehr bedrückt davon. Und man vergisst es geschwind wieder etwas, in der englischen »party.« En groupe, im »Chiemsee« u.s.w.

25.VII. _____ Ausführlich und lebendig von Gustaf geträumt. (Das schlechte Gewissen!) – Vormittags: im Bad, mit E. (Den Hermann getroffen.) Essen im Steinlechner. – Hier: der ganz niedliche, etwas zu feminine englische kleine Bühnenmaler, samt der fatalen amerikanischen Tante. – –

Politik. Die furchtbare Situation in Spanien. Aber es scheint, dass die Regierung siegen wird... Möge Gott es geben.

Gelesen: In *Nietzsche*-Briefen, sehr fasziniert. Die frühe Zeit,

Basel, Wagner-Freundschaft, der noch gelassene, etwas professorale Ton. – Die hybride Euphorie der Briefe aus Sils und Turin, 1888, zur Zeit des »Falls Wagner« u.s.w. Die tragische Überreiztheit. Der pathologische Einschlag in dieser heiligrührenden Tragödie .... Aufsatz von Kurt *Hiller* (in der »Sozialistischen Warte«): »Die Angst vor Neuschöpfung.« Interessant. Gegen den »Konservativismus der revolutionären Parteien.« – – An Hiller geschrieben. –

Abends: im »*Fidelio*«. Eröffnung der Festspiele, Toscanini. Stärkster Eindruck: grosse Arie der Lehmann im 2. Bild, und der Auftritt der Gefangenen, die ans Licht dürfen. Grosse Ouvertüre vorm letzten Bild (von Toscanini *herrlich* gemacht.) – Mit E (die sehr schön in einem sehr schönen Kleid aussieht), Brian, seiner fast taubstummen kleinen Bildhauerin. (Annabell?)

– Publikum keineswegs besonders elegant.

– Kühle Begrüssung mit Bermanns.

– Mrs. Huebsch; Frau Stefan Zweig (deren Tochter Aufnahmen von E und mir macht), Gürster; Bösch – Luzern u.s.w. – – Brentanos getroffen; mit ihnen in der »Traube« gegessen. – Mit E – Brian zum »Chiemsee.« Dort Hermann und Toni (dieser schwer besoffen.) Der kleine Engländer samt Amerikaner dazu; (weiss keine Namen; dafür gefiel mir der Engländer ganz gut: sanfter Flirt mit den Augen.) – Ins »Savoy.« Dort grosser, ganz lustig gemischter Betrieb. Marina Sehaljapina an unserem Tisch.

Unverschämtes Betragen des Raimund – der im »Österreichischen Hof« nicht grüsst. Der gehörte geohrfeigt.

28.VII. _____ Vorgestern: Tee-Besuch vom *Gürster* (der begabt, aber etwas zerstreut und laut.) Erste Unterhaltung über eine eventuelle dramatische Zusammenarbeit.

Kleine Abreise, mit E, Brian, Toni, im Wagen. Wunderschönes Wetter; wunderschönes Land. (Wolfgang-See u.s.w.) Aufenthalt in *Ischl* – im verstunken altmodischen Hotel Elisabeth.

Über Aussee nach Grundlsee: wo die *Goslar*, bei der ersten Frau Olden, wohnhaft. Verschiedene Aufenthalte, bis es in einer Wirtschaft was zu essen gibt. Gosmaus sehr aufgekratzt, drollig und hysterisch. – Übernachtet in einem Wirtshaus, »Schraml«, mit Brian – Toni in einem »Touristenzimmer.« – Gestern: an diesem herrlichen Grundlsee. Spaziergang; Bad. Nettes und gutes Lunch bei der Olden; (ein sehr süsser kleiner Wiener Bub dabei – namens Klaus.) – Unterhaltung mit der O. über psychoanalytische Gegenstände.

Nachmittags: bei der Eugenie *Schwarzwald* – in ihrem schön gelegenen Erholungsheim (wo ich aber – der Geselligkeit wegen – keinesfalls wohnen möchte.) Viele Menschen (Amerikaner, Dänen u.s.w.) und Hunde. Die Schw. sehr in Form, gar zu aktiv und ganz prächtig. – Rückfahrt – mit Aufenthalt in der Konditorei Zauner, Ischl (*viele* Kuchen) und dem Wirtshaus Zum Weissen Rössl, in Mondsee. – Hübscher Ausflug gewesen.

□ Abends: Festspielhaus, mit E – Brian (wieder en grande toilette): »*Don Giovanni*«, Bruno Walter; Giannini als Donna Anna. – Frank-Bruno, Frau Walter u.s.w. gesprochen. Kuzi – beim Dirigieren in grosser Form – sieht beim Verneigen beängstigend schlecht aus. – – – Im »Bazar«; im neu eröffneten Casino, dort Franks und Polgars, sehr in Fahrt (während E Ärger mit einem Croupier hat.) – Noch im »Savoy« und im »Fiacre.« – Hier noch der Beginn eines ernsten Gespräches mit Brian über das Problem: Toni.

29.VII. _____ F.'s Geburtstag. Telegramm an ihn. – Briefe an Mielein; Fleischmann; Karten an Alice; Garrit – den halb-Vergessenen.

Lunch, mit E, bei Frau Stefan Zweig; das schöne Haus am Kapuzinerberg. Marina Schaljapina – very goodlooking –; Charles Valéry (fils de Paul; 19 ans; très intelligent et bien sympathique.) Deutsch-französisch-englische Konversation. Nach Tisch: eine Redactrice vom »Interessanten Journal.« – Ein *klein* bisschen am spleenigen Spleen-Aufsatz gearbeitet –

zwischen den Geselligkeiten. Nachmittags: grosser Tisch im »Bazar«: die Massary – ganz schön und sphinxhaft aussehend –, Liesl Frank, alter Männe Valentin u.s.w.

Abends: mit E, in »*Cosi fan tutte*« (Waltersche Karten.) Sehr reizende Aufführung – mit Jerger und der äusserst schönen und geglückten Novotná. – Essen, mit E und dem Walter Bösch, in der »Traube.« – Brian – Toni dazu. Bei »Mosers«, zwei boys dazu, Hans und Max (?) – »Fiacre.« – Hier noch etwas weitergetrunken; Grammophon und getanzt…

– – – Zwischen allen Rummel: immer *schwere* Attacken von Traurigkeit. Vor dem Einschlafen hole ich immer die Todes-Vorstellung herbei. Wer wird da an meinem Lager sitzen? Niemand? – Ich denke eine Wort-Reihenfolge:
»Aber ein Engel wird sich meiner erbarmen.«

2.*VIII.* ––––––––– Regen. Alle schlafen noch. Ich kann nicht so lange. Erbrochenes im Badezimmer. – Ich denke an all die parties, die ich mitgemacht habe… Die Verlorenen Gesichter… Goslar hat hier übernachtet. Vormittags und zum Lunch hier. Nach Tisch mit ihr und E, Toni weg. »Bazar«; diese Betty mit ihrem Richard, (Brian-Freunde.) – – Ausgedehnter Tee, mit E, bei Walters, Kuzi, Muzi, Lotte, Gretel. Walters Sorge um einen Kriegsausbruch, anlässlich der spanischen Evènements (unwahrscheinlich.) Politik; Klatsch. – – In den »Österreichischen Hof.« Brian, Betty u.s.w. Marina Schaljapina; werde ihrem Vater vorgestellt. Abendessen mit ihr, E, Gosmaus, im »Ziegenstadl.« Marina, schönes, sonderbares Ding. Konfus, unsicher, schwach, reizvoll. Vaterkomplex. Im Auto, ein bisschen sanfter Flirt mit ihr. Lotte – Grete abgeholt. Mit ihnen (und E): Extra-Nacht-Vorstellung neuen Metro-Goldwyn-Filmes: »König der Frauen.« (Das Leben Ziegfelds.) Viel zu lang – Epos der Revue –, zu viel Prunk-Kostüme; und ich so müde. – Viele Bekannte, Leonhard Frank, Eleonora Mendelssohn, die Bagiers, Siegfried Trebitsch u.s.w. – Schon wieder 2 Uhr.

3.VIII. _____ □ Abends: mit E, im *»Faust.«* (Karten von Reinhardt.) Etwas revuehaft; aber unleugbar: die äusserst geschickte Ausnützung des Raumes. Schwacher Mephisto. Wessely, sehr ergreifendes Gretchen. Balser, redlicher und gescheiter – niemals faszinierender Faust. – – In der Pause: Unterhaltung mit *Reinhardt.* (Überraschend: er sagt, es sieht nicht hoffnungslos in Europa aus. Merken Sie es nicht? –: Wir werden bald überall den Kommunismus haben. – Reinhardt!!) – Dann mit Bagiers. (Er spricht über den »Tod in Venedig«-Film, mit Forster und Bergner.)
Nach dem Theater: Brian, Toni, Betty, *David Herbert* u.s.w. Erst bei »Mosers«; der Maxl dabei (der mir doch wahrscheinlich ein Hemd gestohlen hat.) Dann »Savoy.« – Mit dem David H. hierher. Grammophon u.s.w. □

7.VIII. _____ *[Küsnacht/Zürich]. Vorgestern:* in Salzburg. Bei einem komischen, energischen, misstrauischen, vergnügten Arzt – Dr. Hofer –, zwei Ampullen Eu. bekommen (und genommen.) – Ziemlich bewegter Abschied von Brian-dear. – Mit E zur Bahn. – Die *vielen* Zeitschriften und Zeitungen unterwegs. (»Tage-Buch«, »Bühne« u.s.w.) – Hier: an der Bahn – Golo und der kleine *Fleischmann* aus *Proseč* – der plötzlich eingetroffen, um mich zum tschechischen Staatsbürger zu machen. *Gestern:* grosser tschechischer Tag. Die ganze Zeit mit dem Fleischmann – rührender, naiver Mensch. Mit ihm, Mielein und Golo, um den durch-fliegenden Abgeordneten Kozák (dem ich eigentlich alles zu danken habe) zu begrüssen. □ Grossen Essay von Golo (für die »Internationale Literatur«) angefangen: »Wissenschaft, Philosophie und Marxismus.« Über den Marxismus in der französischen Wissenschaft. Sehr interessant. Immer sein etwas barocker, komplizierter, zuweilen schwerfällig-schalkhafter Stil. (Hegelsche Schule – mit einem Einschlag von melancholischer Selbstironie. Sehr sympathisch.) – – Telephon mit Miro – Giehse, Sils Baselgia. (Das Gastspiel in Leopoldskron. Amerika-Reise u.s.w.)

10.VIII. _____ Post: die Närrin »Raja«; Agent Leigh – New York, ablehnend: Ich werde aber wahrscheinlich *trotzdem* fahren. In der Stadt, mit Mielein: Amerikanisches Consulat, das mit dem Visum scheint ohne weiteres zu klappen. Zeitungen. Es sieht *finster* aus. Wenn diese Hunde von spanischen Generälen siegen, ist *alles* hin…

Gelesen: eine alte Novelle von Heinrich »Das Herz.« Strandbad, mit Mielein – Golo. Später noch einmal im Ort, allein; bei Dr. Schulthess. »Besorgung.« – Notizen zu dem Bücher-Aufsatz, für die »Internationale Literatur.« – Beim Abendessen, Unterhaltung z.B. über Napoleon III. und Napoleon I. (Seine enorme *Vitalität*. Das Beben seiner Oberlippe. Das Genie als *physiologisches* Phänomen. Die Stellung der zeitgenössischen Intellektuellen zu ihm. Madame de Staëls Entsetzen …) – Telephon mit E – Salzburg. – Genommen. – Sehr euphorisch-angeregt. Noch etwas weiter gearbeitet, an dem Bücher-Aufsatz. (Über »Der arme Verschwender.«) – Gelesen, in den Novellen von Heinrich: »Alt«; »Gretchen.« (Sehr glänzende Geschichte. »Untertan«-Studie. Funkelnd vor Bosheit.)

Starkes Gewitter. Rauschender Regen, Blitz und Donnerschlag. – 1/2 2 Uhr. *Wenig* geschlafen.

11.VIII. _____ Post: Miro; F. u.s.w. – In der Stadt, mit Mielein. Holländisches Consulat (Pass-Verlängerung); Holland-Amerika-Linie: Kabinen für den »Statendam« belegt, nun soll es also wirklich sein, es ist doch recht schön und aufregend. – Bei Beidlers vorbeigefahren, einen weissen kleinen Angora-Kater abgeholt. – Brief an E. – Der *lächerliche* Fragebogen, zur Einreise in die U.S.A. (»Können Sie lesen? Sind Sie Polygamist? Wollen Sie den Präsidenten ermorden?«) □

13.VIII. _____ □ Die Italiener und Deutschen liefern, mit zynischer Ruhe, weiter Flugzeuge nach Spanien. Es ist *grauenvoll*.

Abends, mit Golo im Kino, »Der Spion des Kaisers«, mit Gustaf und seiner Hoppe, *ungewöhnlich* grosser Quatsch aus den Befreiungskriegen, auch der G.G. recht monoton und matt. »Paris Soir« (mit Cocteau-Reisebrief.) – Marie Bashkirtseff.

16.VIII. _____ Im Garten. Wundervolles Wetter – spätsommerlichen, fast schon herbstlichen Charakters. Leichter Nebel über dem See.

Geräumt, geordnet – Briefe, Bücher u.s.w. – Etwas Korrespondenz erledigt. (Die Raja u.s.w.) Nach dem Essen, Grammophon, Schuberts Unvollendete. – Unterhaltung mit Mielein, über Carla, die Umstände ihres Todes u.s.w. – Lesen: H.M. »Schauspielerin« (das Stück): sentimentalerer Wedekind. Rührt mich trotzdem. So ein Stück tragischer Familiengeschichte....–»Wie der Ernst des Lebens schmutzig ist!« – (Das Problem Kunst – Wirklichkeit; Spiel – Leben u.s.w. Variante des Tonio Kröger-Problems Seele – Leben.)

☐ Gelesen, in *Hofmannsthals* Essays. (Über Peter Altenberg, oder über Grillparzer, oder über Ludwig v. Hofmann.) Wunderbar, wie die Berührung mit *jedem* bedeutenden Gegenstand ihn, im bedeutendsten Sinne, anregt! Was für eine komplexe, unendlich reiche, klingende, erfüllte geistige Welt!! – Grösste Bewunderung.

– – – – –

Ich konnte nicht schlafen (trotz etwas Phanodorm.) Jäh mit Angstzuständen aufgewacht. Vorher viel gehustet. – Gedanken. Gefühl meines Schicksals. Nein, ich KANN, ich *darf* nicht lange leben. Ich bin ZU mächtig angezogen von der anderen Seite – das muss seinen Sinn haben. Aber natürlich soll ich, erst noch, etwas Schönes, Rührendes schreiben. – Auch steht zwischen mir und dem dunklen Tal der Verheissung – immer noch, immer noch, immer – die Schwester.

20.VIII. _____ *[Amsterdam].* ☐ Mein nächster Roman. Grosse Komposition aus Emigranten-Schicksalen: »Die Verfolgten«, oder so. Laufen nebeneinander her, jedoch durch irgendeine Klammer miteinander verbunden. In vielen Städten: Paris, London, Prag, New York, Hollywood, Zürich, Amsterdam, Palma, Florenz, Nice, Sanary u.s.w. Salzburg. Wolfgang. E. Treuberg. Sundheimer. Junger Prolet. Brentano. Regler. F. Ferdinand Lion. Kommunisten. Katholiken. Gründung einer neuen Partei. Pass-Schwierigkeiten. Geldnot. Sexualnot. Der Hass. Die Hoffnung. Das Heimweh. Kriegsangst (und Hoffnung…) Politik: Saar; Spanien, Olympiade. Verbindung zu Illegalen im Reich. Melancholie. Les sans-patrie…. Das werde ich können.

24.VIII. _____ Vormittags, bei Staub. In höchstem Leichtsinn zwei Anzüge bestellt: Smoking und Strassenkleid. F. und Landauer dort getroffen. Auf der Fremdenpolizei: Lächerlichkeit, wegen Medi – Bibis nicht angemeldetem hiesigen Aufenthalt. – Briefe geschrieben an: Golo, Hatvany-Lazi, Goldstein, Zarek. – Genommen (1.) Dieses *abscheuliche* Bedürfnis ist wieder da. Es ist sonderbar: nach diesen grossen Unterbrechungen. Früher durfte ich mir mehr leisten. Amerika wird die beste Entwöhnung sein. – Korrekturen, »Mephisto.« – Abends: mit dem *Ödön Horváth* – ganz netter Mensch. Mit ihm, F., Landauer; erst hier, dann »Américain.« – Mit F. zurück; genommen. Lebhafte Unterhaltung, vor allem Verlags- und Vertragsdinge. Später Landauer dazu. Ich noch, in meinem Zimmer, allein mit ihm. Seine Sorgen über Mops….

25.VIII. _____ Zeitungen. Deutschlands Proteste gegen Moskau – Madrid. Was hat das zu bedeuten?? Paar Stunden später, die prompte Antwort: nämlich die Einführung der 2jährigen Dienstzeit. – Den ganzen Tag ziemlich faul gewesen – weil ich gerne »Zeug« gehabt hätte. □

28.VIII. _____ □ Unterhaltung, z. B. über den Schrecken des antitrotzkistischen Prozesses in Moskau. Die sich aufdrängende, bittere Parallele zum deutschen 30. Juni; die verheerende

Wirkung nach aussen; die innenpolitischen Gründe, die Stalin zu diesem schlimmen Akt genötigt haben können...

Den ganzen Tag über etwas genommen – was ich zu büssen haben werde.

– – – Die angenehme, kleine Klassiker-Bibliothek, hier im Zimmer. Lese jeden Abend noch ein wenig in irgendetwas Gutem, gestern Prosa von Heine (»Geschichte der Philosophie in Deutschland«); heute Eckermann – Goethe: mit Freude.

29.VIII. _____ Heiratsanzeige von Elisabeth Plaut – Leo Meeter. – – – Gearbeitet, an der Novelle. – Bei Tisch, mit F. und Landauer, Unterhaltung z. B. über die Assimiliertheit der regierenden Häuser, an die Länder, welche sie regieren: der englische, deutsche, holländische, schwedische Typus – trotz der Gemischtheit des aristokratischen Blutes. Argument gegen Rassentheorie. – – *Eckermann* – Goethe. Die schön geordnete geistige Fülle und Vielfalt. Bemerkungen über das Römische Recht – das »gleich einer untertauchenden Ente, sich zwar von Zeit zu Zeit verbirgt, aber nie ganz verloren geht, und immer wieder einmal lebendig hervortritt.« – G. zitiert Guizot: »Die Germanen brachten uns die Idee der persönlichen Freiheit, welche diesem Volk vor allem eigen war.‹ – Ist das nicht sehr artig, und hat er nicht vollkommen recht, und ist nicht diese Idee noch bis auf den heutigen Tag unter uns wirksam?« (!) Grosser Aufsatz von Schwarzschild, über den »Gestapomann Trotzki«: ohne Frage sehr wichtig. – – Brief von der Simon – die mich *heiraten* (!) will: des Passes wegen.

☐ Brief von Golo: ungeheuer erbittert gegen Stalin-Russland. Der »Thun«-Vorrat zu Ende...

4.IX. _____ *Besuch von Feist.*
Genommen. – Den Bücher-Aufsatz, endlich, fertig. – Korrekturen. – Gescheiter Aufsatz von Schwarzschild: »Fast ein Kreuzzug«: über den deutschen anti-bolschewistischen Schwindel. – Lauter unglückliche Ereignisse in der Politik: Spanien, der

Fall von Irun; der Fall Titulescus (deutsche Intrige!); die Nachwirkungen des schlimmen Moskauer Prozesses. – – – Gestern abend: wieder ein sündhaftes Vergnügen an den Versen von Gottfried Benn. Diese Himmel, die so tödlich sind... Sie passen, in einer gewissen Hinsicht, gar zu gut zu meinem inneren Zustand...

10.IX. _____ Post: Telegramm von Brian (etwas sinnlos); Briefe von Rudolf Levy, Werner Türk u.s.w. Korrekturen. – Lunch mit Nebel. Auch nachmittags viel mit ihm. (Den Maler *Beckmann* getroffen –: Höchst begabter, aber nicht netter Mann.) – Abends: den N. an die Bahn gebracht (Berliner Zug ...); er ist sentimental und traurig, ganz üsis.
☐ Betrieb in der Stadt (Kinder, Aufzüge u.s.w.): wegen der Prinzessin-Verlobung. Beginn des Nürnberger Parteitages.

11.IX. _____ ☐ Abends, zusammen bei *Jushny*, im »Blauen Vogel«, *trauriger* Eindruck, *dicke* Staubschicht, Motto: 20 Jahre Emigration... (Er selber immer noch mit Resten von Charme.) – Im »Trianon«; Kesten dazu – nett, lebhaft und aggressiv. – Amstel-Hotel; *Kleinigkeit* genommen (vorher *starke* Abstinenz.) – – Der Nürnberger Parteitag – der Ekel. Hitlers, Rosenbergs und Goebbels exzessiv antisemitische, ganz *toll* antirussische Reden.

13.IX. _____ ☐ Gewisse Neigung, in den eigenen älteren Büchern zu blättern: »*Rundherum*«, sehr frech, sehr privat, von einer unbekümmerten Oberflächlichkeit, aber sehr ehrlich, sehr persönlich, wahrscheinlich ganz unterhaltend. – »*Vor dem Leben*«, diese kindliche Talentprobe. Oft sehr ungeschickt, oft sehr manieriert (Peinlichkeiten!!); aber von einer gewissen Intensität, sehr unverwechselbar: kein so übler Anfang...
Deprimiert wegen der zu starken Süchtigkeit. Abstinenz, sowie ich aussetze. Dieses »Spiel mit dem Feuer« dauert schon gar zu lange...

15.IX. _____ Braver Brief von Bernhard Citron. – – Rilke.

»O verloren, plötzlich, o verloren!
Göttliche umarmen schnell.
Leben wand sich, Schicksal ward geboren.
Und im Innern weint ein Quell.«

– – – Gedichte sind mir doch die liebste geistige Nahrung.
(Lieber als die Musik – lieber als die Prosa.) *Wie kommt es da,
dass ich selber keine machen kann?*?
– – Brief an André Gide (wegen Tschaikowsky-Übersetzung.) –
Bisschen gearbeitet (Novelle.) □

17.IX. _____ Brief an den Willi Bredel. – Telephon mit E –
die nach England voraus-fliegt. Kommt hier noch vorbei. –
Kleine Änderungen im Umbruch. – Grösster Rummel in der
Stadt wegen Anwesenheit der Königlichen Familie. Auch die
deutschen jüdischen Emigranten eilen hin, um die Vorbeifahrt
zu sehen. – – Lunch mit F. – Landauer. – Brief an Werner
Türk. –

RILKE. – – – »Denn das Schöne ist nichts als des Schrecklichen
Anfang, den wir noch grade ertragen.«
– – »Ein jeder Engel ist schrecklich.«
.... »so singe(n) die Liebenden; lange noch nicht unsterblich
genug ist ihr berühmtes Gefühl.«

– – – Brief an Hans Flesch (= Vincent Brun.) – Besuch von
Henk: (mit Begleitung des Wilhelmus-Liedes von der Strasse.)
Er ist sehr lieb und zärtlich, klaut jedoch Krawatten, sowie ich
aus dem Zimmer gehe. – Mit F. und Landauer, Visite bei
Straubs, in ihrer neuen (ziemlich kleinbürgerlichen) Wohnung. Amerikanische Grammophonplatten: rien d'extraordi-
naire. – Nach dem Abendessen, eine Stunde im Café mit
Kesten; ganz gute Unterhaltung, z.B. über die Grösse Schillers
und den *reisserischen* Einschlag in seinen Stücken. – – Lange
mit F. Den »Mephisto« auf kleine Verbesserungen durchge-

gangen. Dabei genommen. Amicalement. – 3 Uhr. – – Meine
alte – unveröffentlichte – Sanary-Novelle »*Schmerz eines Sommers*« wiedergelesen. Berührt mich merkwürdig. Vielleicht
würde es sich lohnen, sie zu bearbeiten…

18.IX. _____ ☐ *An Bord der »Statendam«, abends.* Mit dem
Friedrich nach Rotterdam gefahren. Zum Schiff (welches
ziemlich grossartig ist) und wieder zurück in die Stadt; dort
zusammen gegessen. Wieder zum Schiff. ABSCHIED. Gebe
Gott, dass ich ihn gesund wiedersehe. Ich habe sonst nicht mehr
viele Freunde. – Gedankenvoll und etwas traurig. Was kommt
nun? Oh, Leben –: was für ein schweres, rätselhaftes Ding… .
Ziemlich stark genommen –: wahrscheinlich (hoffentlich) zum
letzten Mal – für eine längere Weile.
Rilke. – »Tage-Buch.«

19.IX. _____ Bis 12 Uhr geschlafen. – Das Schiff liegt ein
paar Stunden in der Nähe von *Boulogne.* Französisches Boot
kommt an.
Mehrere Briefe geschrieben; (an Mielein, Friedrich, Mops, die
Giehse u.s.w.) Gelesen: den Anfang des neuen Huxley »Eyeless
in Gaza.« (Macht mir – weil schwieriges Englisch – etwas
Mühe.) *Nietzsche,* »Fröhliche Wissenschaft.« Die fulminante
Vorrede zur 2. Auflage. – Die Verse teilweise bedenklich; aber
auch hier einige Herrlichkeiten. (»Ja, ich weiss, woher ich
stamme…«) – – Das Primat des Physiologischen: wie viel ist
hier antizipiert… Entzücken über Sätze wie diesen: »Die
gemeine Natur ist dadurch ausgezeichnet, dass sie ihren Vorteil
unverrückt im Auge behält und dass dies Denken an Zweck
und Vorteil selbst stärker als die stärksten Triebe an ihr ist: sich
durch seine Triebe nicht zu unzweckmässigen Handlungen
verleiten lassen – das ist ihre Weisheit und ihr Selbstgefühl.
Im Vergleich mit ihr ist die höhere Natur die *unvernünftigere.*«
– – Weiter gelesen: im »Wort«: recht gescheiten und über-
sichtlichen Aufsatz von Marcuse über *Grabbe.* Dadurch an-

geregt, ihm – dem Marcuse – eine Karte geschrieben. – Andere
Karten (Eva H.; Bubi K.) – Cocktails, bei Musik. – – Notizen.
(Roman?) – Während des Abendessens trifft E ein (von South-
ampton in einem Frachtboot herübergebracht.) – Erzählt, über
ihren Wyston u.s.w. Abends mit ihr an der Bar. – Noch gelesen,
im Speyer (»Zweite Liebe«): hübscheste Unterhaltungslitera-
tur – mit *kleinen* dichterischen Einfällen.

20.IX. _____ Furchtbar dumpf ist es in meiner Kabine.
(Innen-Kabine.) – Sonntag. Regnerisches, dunkles Wetter. –
Die Zeit um eine Stunde verstellt. – Katholischer Gottesdienst
im Salon.
– – – Nein: Nietzsche hat das Christentum nicht »zertrümmert.«
Die grösste Gefahr des Christentums ist heute, dass es sich
gegen den sozialen Fortschritt stellt und die offizielle Religion
der »gehobenen Stände« bleibt. – Ernsthafte Bedrohungen des
Christentums: durch Nazitum (Rassismus) und Kommunis-
mus (materialistische Philosophie): Beides also *gar* nicht im
Sinn des »Antichrist« ... – – –
Lektüre: »Fröhliche Wissenschaft.« – Huxley »Eyeless in Ga-
za.« (Das Spielen mit dem Zeit-Problem und den Mysterien der
Erinnerung. Immer der Proustsche Einfluss. Dabei grosses
Schimpfen auf Proust.) Speyer. Ziemlich unterhaltend. Aber
gar zu provokant frivol in den sozialen Dingen. – Etwas
gekritzelt (mit Bleistift, im Liegestuhl): an dieser Novelle.
(»Liebesgeschichte.«)
Mittags im Schwimmbad. (Sportsgeräte u.s.w.) Abends Kino,
»Unter zwei Flaggen«, mit der sehr netten Colbert.
Unterhaltungen mit E.
Keine Bekanntschaften. Äusserst stumpfsinniges Publikum.

23.IX. _____ Frühstück im Bett (wie gestern.) Paar Notizen.
– Nachts war es sehr bewegt; jetzt etwas besser. Schöne Be-
leuchtung über dem – immer noch unruhigen – Meer. – Besuch
von der Amerikanerin, Boie. – »Fröhliche Wissenschaft.« –

Huxley. – Unterhaltungen mit E, z. B. über W. E. Süskind – wie er einem so schnell und leicht entglitten ist; über erotische Typen (die »Schmaläugigen.«)

»Fröhliche Wissenschaft«: mit grösster intellektueller Spannung. Der Moralkritiker als »Prophet einer Verdüsterung und Sonnenfinsternis, deren Glühen es wahrscheinlich noch nicht auf Erden gegeben hat…« Das Geständnis, dass auch seine Moral metaphysisch verankert – wie die christliche, wie Plato's –: wie *jede* Moral.

Moral als Passion – als brennendstes, *persönlichstes* Problem. ☐

24.IX. —————— Ruhigeres Meer, aber sehr nebelig und kalt. – Angefangen zu lesen: »Génitrix«, von Mauriac. – Jeden Tag etwas »Fröhliche Wissenschaft.« – – Einen Aufsatz *»Überfahrt«* (für die »Pariser Tageszeitung«) aufgesetzt. – Nachmittags: beim Masseur. (Ganz gute Massage, mais trop sérieux.) – –
– – *»Fröhliche Wissenschaft.«* – »Zum alten Problem: ›was ist deutsch?‹.« Über die Zusammenhangslosigkeit zwischen der deutschen Nation und ihren grossen Denkern. (Leibniz. Kant. Goethe. Schopenhauer.) – Die Reformation als »der Bauernaufstand des Geistes.« (!) – – »Lieder des Prinzen Vogelfrei.« –
– – – Abends: lange Unterhaltungen mit E über »jene Zeit, die längst vergangen ist…« – besonders über Pamela (von der ich denke, dass sie heute sehr arm und unglücklich ist.) – Was bedeutet diese Anhänglichkeit ans Entglittene? Wohl im Grunde: dass man genug hat…

25.IX. —————— ☐ Abends, mit Leuten. Erst mit dem Professor Bonn und dem Wiener intellektuellen Ehepaar (ganz nette Frau): mit diesen die drollige Stierkampf-Parodie angesehen. (Sehr kindisch, ganz lustig: aber man darf nicht an das dabei denken, was nun in Spanien geschieht…) Dann, mit Herrn Stamm; dem etwas langweiligen Deutschen, der im Haag lebt; einer versnobten Engländerin, Miss Reider, oder so. Stamm ist merkwürdig: Frankfurter Geschäftsmann mit skurrilen Zügen, war schon mal wahnsinnig, wird es wohl wieder sein. – Viele andere Menschen beobachtet; z.B. den mexikanischen Waffenschieber (rote Krawatte zum Smoking), der die wohlhabende deutsche Jüdin verführt –: u.s.w. (Unser verwöhnter »Juden-Prinz« vom Nebentisch.) – – – Vorm Einschlafen: etwas Mauriac; etwas Rilke.

27.IX. _____ *New York, Hotel Bedford.* Die *Ankunft* – mit all ihren Schwierigkeiten und Umständlichkeiten, frühem Aufstehen u.s.w.

Schlechte Nachrichten von Annemarie – die sehr krank in Washington liegt. Abgeholt von Mrs. Brandes-Bralans (der Agentin – die recht wacker wirkt) und Michael Logan, von Annemarie geschickt: Tänzer; sehr sympathisch; auch intelligent. – Briefe von Blanche Knopf u.s.w. Unklarheit darüber, in welchem Hotel wir bleiben. – E muss sofort nach Washington abfahren. – Lunch mit Herrn Riess (in einem netten schwedischen Restaurant): Journalist – wie es scheint: ziemlich grossen Stils (Korrespondent des »Paris Soir« u.s.w.) Unterhaltung, z.B., über Cocteau, die Hearst-Presse, Roosevelts Chancen, Georg Bernhard, Annemarie u.s.w. Wiedersehen mit dem *Broadway,* der Park-Avenue u.s.w. – An F. geschrieben – z.B. wegen der plötzlich eingetretenen Gulden-Abwertung. – Sehr abgespannt; schlafen wollen, aber zu nervös.

Notizen: z.B. zum Thema »My father and his work« – welches die Agentin (leider) von mir verlangt.

Der Abend: zusammen mit *Michael.* Gegangen – Broadway u.s.w. (Das rote Licht des Himmels.) – Abendessen bei Toni; (französischer Stil.) – Überflüssiger Besuch bei einer Tante namens Jäckel (reaktionäre und schlecht erzogene Person. Kam von den Olympischen Spielen.) – Mehrere Whiskies, hier in der Bar. Riess dazu: temperamentvoll, ganz amüsant, sehr typisch »journalistisch.«

Michael reste la nuit chez moi. Tendresse.

29.IX. _____ Michael muss ganz früh aufstehen, – und reist ab. Ich schlafe bisschen weiter. Durchgeschaut langen Artikel von Riess über das Thema: »wie man amerikanischer Präsident wird.« – – Viele Telephonate (z.B. mit Mr. Huebsch, Mrs. Muschenheim, Colston Leigh u.s.w.) Einige Briefe (z.B. an Charell.) – Wieder Ärger im Hotel, wegen der *miserablen* Bedienung. Jetzt – endlich – halbwegs etabliert im meinem »Single.« Lunch mit E und Riess, im »Algonquin«. Unterhaltung z.B. über Karl Kraus: Riess verteidigt und überschätzt ihn – wie Viele, die ganz in der – journalistischen – Sphäre leben, die K.K. so gehasst und so – überschätzt hat. □

4.X. _____ □ New York. Die Wolkenkratzer gegen den dunstig-blauen Frühabend-Himmel. – – Anrufe von Tonio; Charell. Mit Billy Wilder in der Hotel-Bar (Hollywood-Gespräche.) – Mit E; Kino. »If I had a million«, mit sehr hübschen Einfällen (Laughton; Gary Cooper u.s.w.) – »Emperor Jones«: merkwürdiger, etwas wirrer Neger-Film. – Hier noch lange mit Riess (bis ½ 3 Uhr.) Theater (Erinnerungen an Münchener und Berliner Aufführungen.) Literatur (Schnitzler, Wedekind, Zauberer u.s.w.) –

7.X. _____ Besuch von Gumpert. – Viele Telephonate. – Besuch auf »Harper's Bazaar« (wegen der Weihnachts-Novelle): George Davis und Mrs. Kaufmann. – Im Radio-Studio: erst 2 Proben, dann »Aufführung« des infantilen Sketches: »Little moments with big people.« Äusserst grotesk. Junge Schauspieler, Zauberer – Mielein darstellend u.s.w. Mr. Allan, Mr. Christian, der Maler Weimer. □

8.X. _____ Eine schrecklich schlaffe, erschlaffende Luft. – TELEPHON. Verabredungen. – –
– – – Ich frage mich aber, fast zu jeder Stunde des Tages, ob DER TOD, den ich so sehr von Herzen ersehne, nicht bald die Güte haben wird, mich gnädig an sich zu nehmen. – – –

– – Laut mehrere *Gottfried Benn*-Gedichte gelesen. Welch tiefer, schlimmer, berauschender Ton! – –
– – – Besprechung mit der Ruth Norden (wegen Übersetzungen.) – Briefchen an den Hans Rameau. – – »New York Times.« Politik: Radek, als »Trotzkist«, verhaftet. – Gömbös gestorben. – Duell zwischen Fey und Starhemberg? – Am wichtigsten: das russische Ultimatum in Sachen Spanien. – –
Besuche: Walter *Schönstedt;* (ganz braver Berliner proletarischer Typ; muss früher reizvoll gewesen sein.) – Gerhart *Seger.* (Begegnen sich einen Moment in meinem Zimmer, können sich nicht *ausstehen.*) – Gearbeitet: eine Art von kleiner »Selbstanzeige« (oder Lebensabriss), für die Presse. – Abends: Mrs. Brandes hier – in Begleitung eines unbekannten älteren Onkels –; längere geschäftliche Besprechung.
Zu Konni (ins Shelton-Hotel.) Wiedersehen. Er ist sehr lieb und ziemlich unverändert. Herzliches Gespräch über Vergangenes und Gegenwärtiges. – Hier noch lang mit ihm, E und dem Riess. ½ 3 Uhr. Froh über das Wiedersehen mit Konni. –
– – *Novalis.* »Die Philosophie ist eigentlich Heimweh, ein Trieb, überall zu Hause zu sein.« – »Leben ist der Anfang des Todes. Das Leben ist um des Todes Willen. Der Tod ist Endigung und Anfang zugleich.«

10.X. _____ Gearbeitet, am deutsch-französischen Vortrag. Besuch von *Michael.* Den ganzen Tag – ab Mittag – mit ihm zusammen.
Nachmittags: die Tolnay; Gumpert. – Abends: Lautrup. Essen, zu viert (Michael, E), in nettem japanischen Restaurant. – In eine »Burlesque«-Show am Broadway: sehr grotesk, sehr obscön. Ausstellung von Busen jeder Form und jeden Formats. – Nächtlicher Besuch bei Miss Helen Deutsch. Dort *Kurt Weill* und Lotte Lenya getroffen. Ganz gut unterhalten. – Ein schöner Chirico an der Wand: zwei Pferde mit grossen Mähnen; Meer und antike Säulen als Hintergrund.
– Michael reste la nuit.

13.X. _____ ☐ Down-town gefahren: hin im Bus, zurück Subway. Besuch bei Mr. Tracy, von »Current History.« Alter Mann. Zeitschrift scheint nicht übel. Will Artikel über Holland. – – Beethovens »Mondscheinsonate«: aus dem Radio, bei einem Barber, vom Strassenlärm unterbrochen. ☐

19.X. _____ ☐ Abends: nach *Long Island* – Cedarhurst. Mein erster englischer Vortrag: »Is a friendship between France and Germany possible?« – Im Taxi gefahren, mit E, Mildred Boie, Riess und Gumpert. – Der Vortrag – im »Bet El-Temple« –: *enorm* anstrengend. Publikum sehr unruhig bei allen literarischen (also allen guten Stellen.) Nachher völlig gerädert. Wäre der »Diskussion« (idiotische Fragen!) nicht gewachsen gewesen. Riess rettet Situation, indem er Diskussion übernimmt. (»Mr. Mann wants to say…«) – Hier noch Whisky mit E, Miro und den anderen. Erhole mich *langsam.*

23.X. _____ ☐ Empfang bei Mrs. Guggenheim: »to meet Ernst Toller.« Nicht sehr eindrucksvoll. Alter Herr sammelt (erpresst) Geld für antifascistische Liga. Unterhaltung mit einem Mädchen, das vor Urzeiten in Darmstadt »Anja u. Esther« gespielt hat. – Christiane Toller-Grautoff u.s.w. ☐

24.X. _____ ☐ Mit E – Michael, zu einer party »in honor of Mr. Ernst Toller.« Viele Menschen – fast alle Namen vergessen. Redakteure, Schriftsteller, Unterhaltung mit Nathan Asch u.s.w. – Abends: Kino, mit Michael: »Dodsworth«, ziemlich starker, ziemlich lebensnaher Film. Michael reste la nuit.

26.X. _____ »Harper's Bazaar.« Diese Mrs. Kaufmann mag die Weihnachtsnovelle nicht – und lehnt sie ab. Ziemlich ärgerlich und deprimiert. – Kleines Lunch (Drugstore), mit Rolf Nürnberg, Frau Ilse Riess und ihrem sehr niedlichen kleinen Michael. »Tage-Buch.« Recht schöner, trauriger Aufsatz von Joseph Roth (»Statt eines Artikels.«) ☐

27.X. _____ Post: Einladungen; Knopf (Ablehnung des
»Mephisto« ....lauter Jammerbotschaften...)

☐ Gelesen: in der Novelle »*Sterben*« von Schnitzler; sehr schön,
sehr rührend – und nur umso rührender durch die dünne
Staubschicht, die über ihr liegt (wie über alten Photographi-
en.) – – Aufsatz »New York, abends« fertig gemacht und
weggeschickt. – Cocktail bei Mrs. Brodsky (Philosophin mit
komischer Frisur.) Verschiedene Menschen, z. B. der tschechische Consul, ein Redakteur von den »Times« u.s.w. – Anruf von
Billy – Ezard Hobbings' wife. – – *Abends:* Dinner des PEN-Club,
im Algonquin-Hotel. Nicht sehr ergiebig. Trauriges Versagen
= nervöser Zusammenbruch der einführenden Rednerin: liebenswürdige Greisin, Miss Thomas – meine Tischdame. Muss
abgeben. – Toller spricht zu lang und zu pathetisch. Ich ganz
kurz. – Schwedische, jugoslawische Redner. Bericht über die
verfehlte vorige Zusammenkunft in Buenos Aires. – Unterhaltung mit Canby, Nathan, einer Dame, die in Shangai lebt u.s.w.
Frau Ammers-Küller, Amsterdam: beleidigt, weil sie nicht
genug gefeiert wird.

Kurz ins Hotel zurück. Mit der Satow, Riess, Nürnberg, Gumpert in der Bar. – Noch eine Gesellgkeit: bei *Sinclair Lewis* im
Plaza-Hotel (zur Feier der Premiere von »It can't happen
here.«) Dorothy Thompson u.s.w. Unterhaltung hauptsächlich
mit Emil *Ludwig* (der einen etwas wirren, sonderbaren, aber
nicht unangenehmen Eindruck macht), und mit dem Tänzer
Jooss.

»Ist er ein Hiesiger? Nein, aus beiden
Reichen erwuchs seine weite Natur.
Kundiger böge die Zweige der Weiden,
wer die Wurzeln der Weiden erfuhr.«

Sonette an Orpheus.

28.X. _____ Gearbeitet: »Synopsis« eines Artikels für die
»Times«: »Goebbels, Johst und die deutsche Literatur.« Erst

deutsch; dann, mit Annemarie zusammen, englisch. – Brief an Gide. – Nachmittags: mit E – Eröffnung der Chirico-Ausstellung bei Levy. *Schöne* Dinge. – Chirico gesprochen. Andere Leute. Colin u.s.w. – Cocktail bei Wescott. (Ein reizvoller Mensch. Etwas Typus Aminoff – René.) Menschen. Amerikanische Literatur. Unterhaltung, z. B., über André Gide.

Abends: den Lautrup im Hotel getroffen. Mit ihm zu *George Grosz* (im Zug.) Glänzendes Abendessen. Aber ein unheimlicher Gast: Max Morgenstern – totkrank, und immer davon sprechend. (Das Gesicht des Gezeichneten...) – Nach Tisch noch andere Leute – ziemlich spiessige Deutsche. Unterhaltung wird immer wieder politisch – obwohl dies, wegen Grosz' wunderlich-paradoxer Gesinnung, vermieden werden sollte. – Rückfahrt mit Lautrup und dem armen Morgenstern (– arm, nicht weil er sterben muss, sondern weil er *ungern* stirbt.)

30.X. _____ ☐ Mit E (die mit Maurice Wertheim gegessen hatte) und Miro: *Ernst Toller*-Vortrag, im »Mekka-Temple«: »Hat Hitler seine Versprechen gehalten?« *Viel* zu lang; ziemlich platt, politisch oft recht geschickt. Vor ihm: Waldo Frank; nach ihm: Professor Dana. – Neben der Christiane Toller gesessen. – *Empfang*, bei Rosamond *Pinchot*. Sehr hübsches Haus; noch einmal sehr viel Leute. Unterhaltung meistens mit Eleonora Mendelssohn – die ganz ulkig und rührend. (Gross aufgemacht: mit Reiherfedern, falschen Wimpern u.s.w.)

31.X. _____ Telephone: Konni, Prof. Dana u.s.w. – Dieser kleine rumänische Matrose hat nicht angerufen. Wie *dumm!* Wie SCHADE!! – Brief an Bubi K. (und ein paar Zeilen an seine arme Schwester Ruth – die in einem Berliner Gefängnis sitzt.) – Lunch mit Georges Dobò. Erst noch eine Amerikanerin – vom »Institut zum Studium des Selbstmordes« (!) – dabei. – Mit Georges ins Shelton-Hotel. Zeigt mir Photos aus Indochina, und erzählt mir von seinem Leben dort. – Kurz mit Curt Bois

(bei E); er ist *sehr* komisch. – Whiskies mit Rita Reil (Übersetzerin von »Flucht in d.N.«) Hysterische arme Person.

☐ *»Sterben«*, von Schnitzler, zu Ende. Eine schöne, wehmüti-
ge, gescheite Geschichte. Das *gute* europäische Niveau der
guten Neunziger Jahre…

4.XI. _____ Wirre Träume, über Ampullen und über Jun-
gens…
Roosevelts triumphale Wiederwahl.

☐ Mit E – Miro, Cocktail bei Mr. Charles Studin: »to meet« Mr.
Sherwood Anderson. Mit ein paar gleichgültigen Leuten gesprochen (unter ihnen Sherwood Anderson.) – Essen im »L'Ai-
glon.« – Kino: »The Thin Man«, mit Powell, teilweise ganz
lustig und originell (das versoffene Detektiv-Ehepaar.) – Bei
»Toni's« (der »Jockey« von N.Y.) Die dicke Sängerin, immer
wieder ziemlich aufregend.
Gelesen: Novelle von Schnitzler, »Der Ehrentag«, vorzüglich.

5.XI. _____ ☐ Nur auf 3 parties. 1.) Cocktail bei Selden
Rodman (mit Miro.) 2.) Dinner-party bei Huebsch, mit E. H.'s
sind sehr üsise Menschen. Eine holländisch-amerikanische
Familie, Tass oder so. (Mutter erzählt mir bei Tisch über ihre
verstorbene Tochter.) – Andere Leute. Ganz nett. 3.) Nachtpar-
ty, bei Miss Reinhardt, mit Prof. Harry Dana. Der Bruder der
Miss R. – ein reizvoller und sonderlicher Mensch, Zauber-
künstler gewesen, zaubert verblüffend – und kindlich eifrig –
mit Karten und Bechern.
Gelesen, in »Joseph in Ägypten« – der heute, mit Widmung von
Z., eingetroffen. Der schöne Schluss, Peteprês peinlichste
Feierstunde.

7.XI. _____ ☐ Langer Brief von Mielein; Einladungen
u.s.w. – Telephone: Konni; Harry Dana u.s.w. – Geschrieben:
Mielein geantwortet; an »Herald Tribune.« (Ich will etwas über
den »Joseph« dichten…) – Lunch mit Miro. –

– Rilkes herrliches Gedicht: »An den Engel.«

»....Engel, klag ich, klag ich?
Doch wie wäre denn die Klage mein?
Ach, ich schreie, mit zwei Hölzern schlag ich,
und ich meine nicht, gehört zu sein.«

– – – Gelesen, im »Joseph.« Notizen darüber. □

8.XI. _____ »– – rien n'est meilleur à l'âme que de faire une
âme moins triste!« – – –
Dunkler Sonntag, scheussliches Wetter. Konni zum Lunch da,
und bis nachmittags 5 Uhr. Lange Unterhaltungen, über
unanständige Nachtlokale, die Zukunft Deutschlands und
Europas, den Gifthandel in N.Y. – u.s.w. Gearbeitet: Anfang
des Vortrages »Haben die deutschen Intellektuellen versagt?«
Besuch bei Gumpert – der krank ist.
Besuch von Jean Rouvier, bei Miro.
Besuch von Denby, bei E. (Begabt, hager, grau an den Schläfen
und ziemlich närrisch.) –
Abends: mit Toller (und E.) Essen; Kino – ein recht aufregender
»Thriller«, »The Black Legion« –; in einem unanständigen
kleinen »Parisian Dancing« (die Leute lassen sich beim Tan-
zen einen abreiben); in einer Konditorei. – Hier noch bei Miro.
E's Geburtstag fängt an.

9.XI. _____ Emery, un Italien, qui vient comme nettoyeur
de nos chambres. Grand flirt. Peut-être – *peut-être* c'est le
commencement d'un grand amour...
Der ganze Tag – E's Geburtstag – ziemlich im Zeichen dieses
Emery. An ihn gedacht. Ihn gegen Abend getroffen. Mit ihm
geredet. – – –
– – – Gearbeitet: an diesem Intellektuellen-Vortrag. – Kleiner
Aufbau für E. Abends mit ihr, Miro (der es nicht sehr gut geht),
Gumpert. Grammophon. (»J'aime ses grands yeux...«) – Spä-
ter noch bei Riess. – Gelesen: »Tage-Buch.«

10.XI. _____ Plötzlich besorgt wegen *Friedrich* – der überhaupt nichts von sich hören lässt. –
– – Vormittags-Visite bei der Brandes. Ziemlich lange geschäftliche Unterhaltung. – Zurück durch den Central-Park gegangen. Gefallenes Laub; sehr schöne klare Luft; Blick auf die
Gebirgs-Landschaft von Wolkenkratzern. (St. Moritz-Hotel
u.s.w.) ☐

11.XI. _____ ☐ Nachmittags: den Vortrag durchkorrigiert.
Besuch von Meister Levy. Tonio dazu. Mit diesem, und E:
Cocktails bei Alice Delamar – reiche Frau, Lesbierin ihres
Zeichens – wie man hört –, schöne Wohnung, süsse kleine
Hunde, und noch ein paar Gäste. – Essen mit Miro. Ruth Ford
dazu.
– Abends: *mein Vortrag,* im »Deutsch-jüdischen Club«, 91.
Str. – : »Haben die deutschen Intellektuellen versagt?« Grosse
Annehmlichkeit, *deutsch* reden zu dürfen. Vortrag, ganz wir-
kungsvoll und verklatscht. Erfolgreich. Nettes und intelligen-
tes Publikum. – Nachher mit *vielen* Juden gesessen. Die
Brandes dabei; Leute vom Anti-Nazi-Untermeyer-Comité. –
Einige kaufen sogar Bücher von mir. Merkwürdigerweise 2
besondere Liebhaber des »Frommen Tanzes.« – E mit Riess,
Ilse Riess und Rolf Nürnberg. Mit ihnen zurück. (Subway.)

14.XI. _____ ☐ Nachmittags: – mit E – Miro – bei *Thomas
Wolfe* – gesprächiger, sprudelnder, freundlicher Riese. Cock-
tail bei *Charell.* Tschelitscheff dabei (le peintre russe.) Zum
Essen geblieben – mit Levy, Götz und seiner Ruth Ford. – Ch.
ganz munter und angeregt. – Übertragung eines Akts »Weisses
Rössl« durchs Radio. – Sehen Ch.'s Bilder an (die selbstgemal-
ten.) – Den *Konni* getroffen (allein.) In zwei Lokalen mit ihm.
Getrunken, gesprochen. Conversation amicale.

17.XI. _____ *New York.* Post: Karte von Stefan Zweig; Heinz
Liepmann; Mielein (zum Geburtstag; nett.) – Lunch mit Toller,

in einem japanischen Restaurant, ganz gemütlich. – Besprechung bei der Ann Watkins – über einen ev. Vertrag (über alles.) – Geschrieben, an Friedrich, an den Stez u.s.w. – Gelesen: Huxley. – Brief vom Onkel Heinrich. – Auf Emery am Astor gewartet. Er kommt nicht. WARUM NICHT? – *Sehr* traurig.

☐ Bei »Georges« vorbei – wo es geschlossen ist. – Noch in ein paar Kneipen. Unterhaltung mit einem Burschen von der Army. Es kommt aber nicht »dazu«: ich laufe vorzeitig weg.

TODTRAURIG. Dieses der letzte Abend meines dritten Jahrzehnts. Morgen bin ich dreissig. Ich *bete* zu Gott – den es geben *muss* –, mit *aller* Inbrunst: dass es nicht mehr lange dauert.

18.XI. _____ 30 Jahre alt. – Buch mit Widmung: Geschenk von Mildred. Ihr gedankt. Andere Briefe, an Miss Huber – Sweet Brid-College u.s.w. – Viele Telephone: Tonio, Valeska Gert, Eugene MacCown, die Brandes, Riess u.s.w. Gearbeitet: Notizen zu einem Chanson, und am Aufsatz über Goebbels u. die deutsche Lit. – Lunch mit Miro – E, bei Longchamps. – Whisky mit der Rita Reil – von der ich etwas zu bekommen hoffte, was ich nicht bekam. – – Cocktail mit Prof. Potter, und ein paar anderen Universitäts-Leuten, im »Town Hall Club.« Zu einer Conférence aufgefordert worden. – Zu *Tonio* – in sein Zimmerchen voll bayrischer Andenken. Whiskies. Isa dazu. Zusammen in den *Hamlet:* mit Gielgud. Erster englischer Hamlet, den ich gesehen. Nicht besonders aufnahmefähig, durch zu viel Whisky. Trotzdem einige starke Eindrücke von Gielgud. Im übrigen, Inszenierung miserabel. (Lilian Gish – matt als Ophelia. Der König ein Scandal.) .... Hasenbraten bei Loncho, 14. Street. Alles ziemlich *teuer.*

19.XI. _____ ☐ Deutsche Zeitungen. Enthusiasmus über G.G.'s neueste Inscenierung (»entfesseltes Theater« u.s.w.) EKEL.

Notizen. – »Das Wort«, Heft 5. – Drin gelesen, z. B. Ernst Bloch

»zur Methodik der Nazis.« Dem Bredel geschrieben. – Gelesen: *Huxley* (mit Notizen.) –

Abends: mit *Emery*. In 2 Lokalen gesessen, dazwischen gegangen. Gibt mir ein Photo. Beratung über die Zukunft; liegt alles sehr kompliziert, wegen seines Vaters u.s.w. Ich *glaube*, ich habe ihn gern genug – *könnte* ihn gern genug haben –, um viel für ihn zu riskieren ... □

23.XI. _____ Michael. Er reist wieder ab. – Besuch von einem *enorm* unglücklichen Münchener Juden, Herrn Güldenstein. – Beunruhigende Zeitungslektüre. – Etwas bei Riess. *Très triste*. Triste au fond de mon coeur.

– Besuch von der Pardoe – die eine Übersetzung für mich gemacht hat. Telephone mit Konni, Slochower u.s.w. – Gelesen, »Eyeless in Gaza« zu Ende. Sehr beeindruckt – bei allen Einwänden. Notizen darüber. –

– Whiskies. – Diese Traurigkeit, diese Depression ist wie ein physischer Schmerz. *Das tut weh*. Ich möchte STERBEN.

»Dunkler kann es nicht werden
als in dieser Stunde, die sinkt,
mit allen Lasten der Erden
in fremder Nacht ertrinkt...«

– – Durch *lähmende* Melancholie unfähig zum Arbeiten. Nur Notizen. □

24.XI. _____ Ossietzky hat den Friedens-Nobel-Preis: *eine* gute Nachricht.

Briefchen von Thomas Wolfe. – Gearbeitet, an einem Aufsatz über »Europäische Maler in Amerika.« – Lunch mit Herrn Koppell. Dann noch bei ihm, im »Barbizon-Plaza«: schreibt Brief an Friedrich, wegen hiesiger Vertriebsmöglichkeiten der Querido-Bücher. Dazwischen bei Toller; an Christianes Bett gesessen. Schöner Blick von ihrem Appartement. Abendessen – mit E – bei Robert Nathan's.

26.XI. _____ *»Thanksgiving day«*. Telephone: Konni, Walter Schönstedt u.s.w. – Gearbeitet: den Vortrag für die sozialistische Veranstaltung heute nachmittag. Grosses Turkey-Essen im Hotel, mit E., Theres, Magnus, Goslar, Gumpert.

Nachmittags: *Vortrag*, für den deutschen sozial demokratischen Verein (»Volkszeitung.«) Abgeholt im Auto, von Leuten namens Lyrik. Mitfahrend: Theres, die Goslar, der Tenor, der im Programm auftritt – Steinerle? – nebst Frau. Die ganze Veranstaltung ziemlich kleinbürgerlich-komisch. (Orchester; Tenor; Männerchor.) – Der Vortrag vielleicht nicht ganz ohne Wirkung: anständig vorgebracht und anständig abgefasst.

Abends: Essen mit Magnus und Miro. Dann: mit der – etwas niedergeschlagenen – Goslar und Magnus, halbe Stunde in der Apollo-Burlesque-Show. Unglaublich obscön; ganz komisch.

– – – Gelesen: im Roman-Manuskript von Walter Schönstedt. Sehr primitiv, aber nicht ohne Talent.

28.XI. _____

»Brenne, liebender Tag – Um die Schläfen wie Schaum.
Der Gestaltende neigt – Zu den Gestalten sich gern.« Klabund.

– Gearbeitet: den Aufsatz über die europäischen Maler in Amerika zu Ende; ist, scheint mir, ganz gut. – Telephone: Rudolf Levy u.s.w. – Lunch, allein, im »President.« – – Drei neue Bücher von André Gide: »Retour de l'U.R.S.S.« »Nouvelles Pages de Journal.« »Geneviève.«

Besuch von Bob Reinhardt – der wieder sehr nett ist und wieder *sehr* schön zaubert (mit Karten, Papieren, Gummibändern u.s.w.) – – Essen mit Konni, Magnus, Miro, Goslar.

– »Parties«: mit E, bei Kunstmaler Kaufmann (ein Rheinländer.) Mehrere ganz brave Leute (etwa Vollmers); keine ganz schlechten Bilder an der Wand. – Magnus und die Geschwister Reinhardt in russischem Lokal getroffen. (Dort auch Tschelitscheff begrüsst.) Party bei Helen Deutsch: mit Leslie Howard – der sehr sympathisch ist –, Kurt Weill, Clifford Odets – den ich

erst nicht erkenne und der stets etwas streng ist –, Emil Ludwig –
der sehr komisch den Gerhart Hauptmann nachmacht – u.s.w.
½ 3 Uhr.

30.XI. —————— *Angsttraum* über eine Verhaftung in Deutsch-
land. (In den Münchner Kammerspielen ertappt.)
Langer Brief von Dana: Absage (aber nett abgefasst.) – Besuch
von Herrn Genossen Löwe (»Der Arbeiter«, komm. Zeitung.)
Will Artikel. – Riess. – Unterhaltung mit dem Hubertus *Löwen-
stein.* Er redet viel; sagt, unter anderem, man sollte eigentlich
nach Spanien gehen, am grossen Bürgerkrieg teilnehmen.
Man sollte es *wirklich.* Ich empfinde bitter die Sinnlosigkeit des
Lebens, welches ich führe.
☐ Nach sehr heftiger Depression, mich doch wieder zum
Ausgehen u.s.w. entschlossen. Nach längerem Hinundher:
Essen mit Ruth Ford, Annemarie, E, Magnus – in kleinem
mexikanischen Restaurant. Bei Wyren's. Den kleinen Jonny
getroffen. Dazwischen mit Eddy, Bobby und zwei englischen
Gesellschafts-Tanten gesessen. (Diese Tanten, mit denen man
nur sitzt, weil sie »so« sind: so wie man jetzt oft mit Juden oder
Emigranten sitzen muss, nur weil sie welche sind.) – – –

3.XII. —————— E's Sorgen und Aufregungen. (Eröffnungs-
Vorbereitungen.) – Lunch mit dem – ganz charmanten, etwas zu
versoffenen – Charly Fry, bei Grillon.
Nachmittags: *Vortrag,* im Sarah-Lawrence-College, Bronx-
ville. Thema: Europa, im Jahr 1936. Halb improvisiert; nur
Notizen gemacht. Ging leidlich. Freundliches Auditorium:
grössten Teils Studentinnen, ein paar Lehrer. (Horace Grego-
ry; eine Germanistin – besondere Liebhaberin des »Frommen
Tanzes« –, ein Franzose u.s.w.) – Rückfahrt im Wagen. – Hier:
Latouche u.s.w. Ein recht ulkiger, sehr femininer Schauspie-
ler, der seine Scherze vormacht. – Abendessen mit Giehse,
Magnus und dem Löwenstein.
Zauberer ist ausgebürgert.

Gelesen: »Tage-Buch.« – Geschrieben: an Harry Dana; an Friedrich. – Netter Brief von Fränze Herzfeld über »Mephisto.« – Später: mit E und Riess zu »Toni«; dort die (prächtige) Vicky Baum getroffen. Rolf Nürnberg und Ilse Riess dazu. (Etwas hysterische Streitigkeiten zwischen Riess, Nürnberg, Ilse.) Zusammen zum 6-Tage-Rennen, Madison-Square-Garden. Immer ganz reizvolle Atmosphäre; aber nicht so gut wie in Berlin. – 3 Uhr.
Artikel über Z.'s Ausbürgerung in den »Times.« (Auch meiner Erwähnung getan.)

6.XII. _____ Michael. – Die ungeheuer *schweren* Sonntags- »Times.« – Notizen. (Gide.)
Lunch mit *Toller,* Christiane, Michael, E, Magnus, noch einem Amerikaner –, sehr schlecht, in einem Chicken-Restaurant. – Hier: Latouche. – Mit ihm, E, Magnus, Giehse: aufs Land (im Zug); Tee bei den Säkulas (Sonja, Mama, der sehr ungarische Papa;) *George Grosz* mit Frau; wieder ziemlich absurde kunsttheoretische und politische Unterhaltungen mit ihm. – – Abends: mit E, Michael, Rolf Nürnberg im Tanzlokal von *Valeska Gert;* teilweise höchst grässlich; teilweise, immer noch, stark; (Baby; Tod; Diseuse.) In der Pause bei ihr hinten. – Denby u.s.w. getroffen. Hier noch mit Nürnberg, dem Löwenstein in der Bar. – Michael bleibt.

10.XII. _____ Abdankung des Königs von England –: wirklich nur wegen dieser Mrs. Simpson? Sonderbare und – ich weiss nicht warum – irgendwie sehr beunruhigende Affäre.
– – – Post: Johannes R. Becher (über »Mephisto« u.s.w.) – Aufruf zur Bildung einer deutschen Volksfront (unterschrieben.)
☐ Abends: im Theater, allein: »It can't happen here« (Sinclair Lewis.) *Viel* schwächer als der Roman, sehr vereinfacht und zusammengezogen, aber immer noch mit starken Stellen.
In der Bar, mit E, Gumpert, Löwenstein. – Schnitzler, »Frau Berta Garlan.« – – Es ist der Pirandello verstorben.

12.XII. _____ ☐ Abgeholt vom Walter Schönstedt. Mit ihm und Giehse nach *Newark:* »Deutsches Arbeiterfest.« Sehr volles Haus; sympathisches Publikum – Sammlung für Spanien; die »Internationale« u.s.w. Aber bestürzt über das kleinbürgerlich-spiessige-miserable Niveau der Darbietungen. (Scheussliche Musik; dilettantisches Cabaret u.s.w.) Mein *Vortrag* fällt aus dem Rahmen. Wird mit einer gewissen Achtung, aber nicht sehr warm aufgenommen. Gefühl der Fremdheit.

Hin und zurück mit Schönstedt im Wagen. – »Frau Berta Garlan« zu Ende. In der Welt dieses Dichter-Arztes gibt es nichts nichts nichts – ausser Tod und Geschlecht.

13.XII. _____ Telephon mit Michael – New Haven. – Brief an den Citron – Budapest. – Besuch bei Rolf Nürnberg, im Ritz-Carlton: wegen Geld. (Scheint nicht aussichtslos.) – Aufbruch zum *»Deutschen Tag«* (Bronx), vom Hotel aus: mit Schönstedt, Toller, Löwenstein, Prof. Lips – und ziemlich vielen anderen. – Recht eindrucksvolles Meeting: etwa 5000 Deutsche – in zwei Sälen. Die Reden, nicht alle so eindrucksvoll. Am stärksten: der Prinz (überraschender Weise.) Die meisten zu lang (Prof. Goldschmid, der ziemlich fatale Kurt Rosenfeld u.s.w.) Als ich drankam: Publikum schon ganz ermüdet und unruhig. Dabei war meine *kleine* Rede ganz drollig. Wirkte im unteren, kleineren Saal besser. – Rückfahrt mit Löwenstein und der Giehse. – – Von der Marta Dreiblatt interviewt (Pfeffermühlen-Publicity.) – – Abendessen, sehr ausführlich und viel zu teuer, in sehr gutem Restaurant »La Pomme Soufflée«, mit Toller, Ruth Ford, Sidney Kaufmann, Miro, Theres, einem Mädchen Geneviève. – Hier, noch mal, mit dem Prinzen.

19.XII. _____ ☐ Kino: »As you like it«, mit der Bergner. Nicht gut. Unfug der Shakespeare-Filme im allgemeinen. Bergner zu alt und affig.

– Mick nach Washington (bis Montag.)

– Notizen. (Plötzlich sehr starke und rührende Erinnerung an *Offis* Haus und Garten. Will es in den Roman nehmen – in den ich so viel nehmen will.) –

24.XII. _____ Post: Toller, norwegischer Journalist, Weihnachtskarten u.s.w. Mein Aufsatz »Discipline for German writers« in der »*Nation*.« – Mit Michael; mit E. – Briefe, an Rolf Nürnberg, Toni Altmann. – Besorgungen mit Mick (Brentano. Picasso-Buch für Miro gekauft.) – Besuch von Selden Rodman, der mir (sehr schlechte) Übersetzung des Artikels über Z.'s »politische Entwicklung« bringt. – Bei Rita Reil – die ihren Farmer-Gatten zu Besuch hat; ganz verändert, verklärt und recht rührend ist.

Abends: Kleine Weihnachtsfeier, in E's Zimmer, mit Christbäumchen, kleinen Geschenken, heissem Hühnerbraten aus dem Delicatessengeschäft, Champagner, Grammophon u.s.w. Mit E, Theres, Miro, Magnus; später der Prinz dazu. – Mit Magnus noch weg, Telegramme aufgeben (an Eltern, Urgreise, Franks, Friedrich u.s.w.) – Flirt mit Magnus – der besoffen, schwermütig, sonderbar und letzten Endes unzugänglich.

Telegramm von Friedrich. – Brief von Sarita Halpern. (!)

Nur alarmierende Nachrichten aus Europa. Interveniert Hitler in Spanien?

27.XII. _____ Ziemlich heftiger Streit mit E – die mir hart und ungerecht [zu] sein [scheint]. (Im Zusammenhang mit Michael – der nicht zu einer Probe kommen kann.) Traurig darüber. – – – Und den ganzen Tag traurig. – Ganz wenig nur; immer noch fiebrig. – Besuch von Selden. – Bei Rita Reil. – Besuch vom Prinzen, Miro u.s.w. – Briefe an Sarita u.s.w. – Verschiedenes gelesen, z. B. in der Reportage über die Burlesque-Show, von Riess.

Abends: der komplizierte, seltsame und enorm taktlose Scherz von Riess mit dem Kriegsausbruch: Fingiertes Telegramm des »Paris Soir«; Attentat gegen Hitler von russischen Juden;

mobilisation génerale –: alles ganz geschickt und glaubhaft arrangiert. Nürnberg sekundiert. Stundenlang grosse Spannung. Bis es aufkommt. – Ziemlich toll.

1937

Jahr der Entscheidung?
Welcher?

4.I. _____ □ Gelesen: in der Artikel-Serie vom Riess, über die Burlesque; (von einer *nicht* sehr hochwertigen Gewandtheit;) »Geneviève«, ein schwaches Opus des Meisters; (wie die ganze Serie wohl sein mattestes Produkt. Natürlich gibt es auch Reize, selbst hier…) – Besuch von Frl. Dr. Emerson, zu später Stunde. Gibt mir eine Kleinigkeit…
– Ganz amüsant: diese Prinzessinnen-Hochzeit im Haag, und die aus ihr resultierenden Zankereien mit dem Dritten Reich. –
– In Spanien ist *tatsächlich* Krieg, zwischen Nazis und Loyalisten; zwischen Fascisten und Antifascisten…
Briefe zerrissen. – »Geneviève« zu Ende. Die Bemerkung darüber, vorhin, war ungerecht und unangebracht: es ist ein sehr liebenswertes kleines Kunstwerk.«…tous ces fils mystérieux et fragiles tissés secrètement de cœur à cœur…« – *Rilke*, Duineser Elegien; Nachgelassenes.

5.I. _____ Telephone, z.B. die Brandes, Christiane Toller, Kurt Rosenfeld u.s.w. – Brief vom »Deutsch-amerikanischen Kulturverband.« – Bei Feakins, im Bureau; Lunch mit ihm in seinem Club. *Den Vertrag für die Lecture-Tour, nächsten Herbst, unterschrieben.* Das blöde Benehmen des Riess – im Zusammenhang mit dem unsinnigen Kriegsscherz von neulich. Besprechung und halbe »Versöhnung« mit ihm und Nürnberg. – Michael. Essen mit ihm (er, im Frack), Miro, Barbara und einem Engländer (?) bei Longchamps. – Die *»Peppermill«-Premiere.* Fort excitant. Erster Teil *etwas* zäh; 2. Teil starker Beifall. – Viele Bekannte, unter ihnen Raimund Hofmannsthal und Gottfried Reinhardt. – Nachher: Fest bei Spiphy, sehr lieb und üsis arrangiert. Unten, bei »Tonis«, weiter getrunken. Dann noch in einem italienischen Restaurant. – Die ersten Kritiken; »Times«, sehr matt. Ach, diese Presse-Schufte! – 5 Uhr. Mit Michael im selben Bett geschlafen.

6.I. _____ □ Die sehr gemeine und blöde Presse über die
»Mühle.« Schlimm. – Bei E. – Besprechung mit Fles in der Bar. –
Mit Riess. – Abendessen mit Miro, in der Oyster-Bar, Grand
Central. Thema, natürlich: das Mühlen-Fiasko.
Dieser ekelhafte Raimund gestern im Lift, als der Gottfried R.
dabei war: »Reinhardt, Hofmannsthal und Mann!« –: *ganz*
höhnisch. Sein Hass-Komplex gegen mich. Infantil – bösar-
tig. – – Später: mit Gumpert, auf der Generalprobe des *»Eternal
Road«*, im Manhattan-Opera-House. Reinhardt – sehr weiss-
haarig – und die Thimig – sehr gouvernantenhaft – kurz
gesprochen. Francesco, Kommer u.s.w. – Nach langem Warten
den ersten Akt gesehen: kolossale national-jüdische Ausstat-
tungs-Oper…

7.I. _____ Telephone, ungezählt. – Und den ganzen Tag
Verabredungen: Koppell; Lunch, und mit ihm zum alten
Rimsdijk. – Bei der Watkins. – Mit E, von Gerhart Seger
abgeholt, und zum Tee zu ihm nach Long Island. Seine Frau;
ein jüdisches Ehepaar, Zacharias. – Im Barbizon-Plaza, mit
Selden und der Christiane Toller – die immer ganz arm und
rührend ist. – Besuch von Walter Schönstedt. – Bei Miro. – – –
Meine *sehr* heftigen GELDSORGEN. □

10.I. _____ *An Bord der »Lafayette.«* Gestern, in New York:
Abreisetag. Komplizierte Abwicklung der Geld-Angelegen-
heiten: mit Miro auf der French Line; bei der Brandes. – Lunch
mit Eugene MacCown und dem Löwenstein. Bei der Emerson-
Ärztin: Rezept. – Grosses Packen. – Abschiedsvisiten: Rita Reil
(bettlägerig –: schon wieder gestürzt.) Riess. Gumpert. Im
»Chanin«: Latouche, Schloss, Rooney u.s.w. E. – Abendessen
mit Miro. Mit ihr zum Schiff. (Zwischenfälle: Kofferschlüssel
vergessen; Mappe unters trottoir roulant gekommen –: weshalb
dieses Heft so beschädigt.) – Hier getroffen: Eugene (etwas
besoffen und sehr unglücklich), Hans Augustin, Colin, Fles,
Riess. Später E, mit Theres, Magnus, Goslar. E's Tränen…

... Unendliches Gefühl von Mitleid, Zärtlichkeit, und der unabänderlichen Gebundenheit meines Lebens an das ihre.... Genommen (Dilaudid): gestern nacht und heute, ziemlich viel. Faul und dösig. Trotzdem: verschiedene Notizen (Roman); grossen konfessionellen Brief an E angefangen; alles Mögliche gelesen. Denkschrift über die Affäre Georg Bernhard – Poljakoff; im »Wort« (Kersten über Kleist – recht platt marxistisch.) – »Oscar Wilde discovers America« angefangen: scheint sehr amüsant und instruktiv (Geschenk von Kommer.) –

Das Schiff ist sehr leer. Meine Kabine angenehm und geräumig.

11.1. _____ *Kurt Kersten,* in seinem Kleist-Essay: »Von Potsdam hätte er sich lösen können, mit der Philosophie der schwachen, unreifen, preussischen Bourgeoisie« (Kant!!) »wurde er nicht fertig.« – »...wählte Kleist den Tod, ein Opfer Potsdams und Kants...« *Georg Lukacs,* »Der Niedergang des bürgerlichen Realismus.« – Die Menschen Huysmans »maskierte Philister«...»...die solipsistische Konzeption des in der unmenschlichen Gesellschaft hoffnungslos vereinsamten Menschen...« (Sehr ironisch-polemisch gesagt.) – »Bei Ibsen, der infolge der verspäteten kapitalistischen Entwicklung Norwegens...« Strindberg, Nietzsche, Joyce: lauter traurige Exempel für den jämmerlichen Mangel an gesellschaftlichem Wissen und Empfinden bei den Autoren der »niedergehenden Bourgeoisie.« – Ach, diese Schulmeister! Ach, diese Marxisten!! – – – – Im Zusammenhang mit diesen Dingen, Notizen für den Roman – in den ich so viel hineinpacken will.

Im Kino: »Taras Bulba«, mit Harry Baur – der wieder einige sehr grossartige Momente hat. (Möchte ihn *so* gern als Tschaikowsky sehen.) Ein besonders schöner Junge. Im übrigen *etwas* zäh. – – Nach dem Diner, auf dem Deck, Bekanntschaft eines 17jährigen kleinen Engländers, der Matrose war; jetzt III. Klasse um die Erde reist. Ganz niedlich und zutraulich. Lektüre des Wilde-Buches macht Spass. Brief an E geht,

Tagebuch-artig, weiter. – – Dilaudid-Vorrat zu Ende; schnell gegangen! –

12.I. —————— Abends: Besuch bei dem kleinen Engländer (»déporté«) in der III. Klasse.
Schiffsarzt gibt mir ein kümmerlich Ampüllchen Pantopon. Lange nicht einschlafen können.

14.I. —————— Sturm, sehr hohe Wellen, alles in der Cabine rutscht und fällt. Fast unmöglich zu schreiben. Nachts beinah nicht geschlafen. Dafür tags. – Gefühl von Verlassenheit und Trauer. – Gelesen: Nietzsche »Morgenröte.« Die verblüffenden Prophetien im »Nachlass.« Notizen. – Ziemlich aufregender Film: »After the Thin Man«, mit Powell. (Merkwürdig, dieser neue Typus des grossen Detektivs: versoffen, nonchalant, zynisch, mondän.)
Gelesen: in einem Roman »Délivrance«, par Louise Weiss: ziemlich sentimental und wehleidig. – Rilke. Letzte Gedichte. (Wie hier die Manieriertheit und Präzision in eine fast hölderlinhafte Dunkelheit und heilige Wirrnis umschlagen...) –
– Ich sollte alles Mögliche wieder-lesen – und lesen –: Rousseau; Augustinus; Gogol; »Krieg und Frieden.« –
– Besuch vom Schiffsarzt. Pantopon. – Anhaltender hoher Wellengang. Gefährlicher Anprall der Wellen an mein Kabinenfenster.

16.I. —————— Wieder ganzen Vormittag verschlafen. Briefe und Karten. (Z. B. den grossen Brief an E zu Ende; ausführlich und ernsthaft an die Giehse u.s.w.)
Englischer Film, »Living dangerously«, matt. – Ruhigere See. – Muss jetzt – vorm Einschlafen oder so – merkwürdig oft an Deutschland denken; an München oder an Berlin. Dabei eigentlich kein »Heimweh.« (Wonach denn wohl auch?? Alles vollgeschissen.) Arzt-Besuch. La piqûre. Lektüre: »O.W. discovers America.«

17.I. _____ Den ganzen Morgen Gedicht-Fragmente wie Melodien im Kopf: Benn, Trakl, Hofmannsthal, George... Benn gelesen.
– Ankunft in *Plymouth*. Die englische Küste. Europäische Zeitungen. (Nichts Gutes. Göring in Rom. Franco vor Madrid.) –
Notizen. (Wilde.)
Mein französisches Visum ist abgelaufen. Sehr fatal. – Weitere Notizen (Roman.) – Abends: Unterhaltung mit Lazareff, seinem Kollegen und einer Dame (Leserin der »Sammlung«); dann: beim »Commissaire« des Schiffes, wegen des Visums. Netter Mensch, Verehrer des Zauberers – mit dessen Bild im Zimmer. – Letzter Besuch vom Onkel Doktor.
Rilke. Die grossen Gedichte »Alkestis.« »Geburt der Venus.« »Eros«:

»O verloren, plötzlich, o verloren!
Göttliche umarmen schnell.
Leben wand sich, Schicksal ward geboren.
Und im Innern weint ein Quell.« – –

– – – Dieses nicht-einschlafen-Können! – Merkwürdig, das Pantopon: erst anregend; dann umso tieferer Schlaf...

18.I. _____ *Paris, Hotel des Saints Pères.* An Bord: um 6 Uhr auf. Die Zeremonien der Landung –: alles glatt gegangen. Reise, im Spezialzug, hierher.
Telephone. Pneumatiques. – Lunch, bei Carboni, mit *André Gide* und Jef Last. Sehr interessant. Gide über sein »Zerwürfnis« mit den Kommunisten. Last über spanische Eindrücke. Im Bain St. Honoré. Pierre – routinierte alte Liebe.
□ Auf der French Line, wegen meiner zerissenen Mappe. – Bei Ostertag, »Pont de l'Europe«; ziemlich ausführlich. Zauberers »Briefwechsel« mit dem Dekan der Universität gelesen. – Bei *Cocteau*, Hotel de Castille: sehr nett, sehr verzweifelt. Kein Geld, Marcel Khil krank u.s.w. Gibt mir sein neues Buch, »Mon

premier Voyage.« – Abends: mit Stoisi Sternheim in den »Deux Magots.« Gemütlich. – Ferngespräche mit F. – Amsterdam und mit Mielein – Zürich.
Froh, Paris und seine ganze grosse Schönheit wieder zu haben.

20.I. _____ Überfüllter Tag.
Besuch des Photographen Stein. – Bei *Marc Allegret.* (Wegen Verfilmung der »Symphonie.«) Dazwischen, nebenan, bei *Gide.* Dort: Jef Last; Herbart. Bekomme neues Material über die Kommunisten-Affäre. Will drüber schreiben.
Lunch mit Werner von Alvensleben; (mehr intelligent als sympathisch.) Grosse Beratung über die New Yorker »Akademie.« (Anlass zur Skepsis.)
Auf der »Tagebuch«-Redaktion. Die Simon; Bornstein; Walter *Mehring.* Mit ihm ins Café. Erzählt mir Schreckliches über »Pariser Tageszeitung«, Caro, diesen Drach u.s.w.
Den Bibi bei »Weber« getroffen. Abendessen mit Pierre (aus dem Bain St. Honoré), im Restaurant Belge. Mit ihm ins Hotel zurück. Sehr hübsch, aber ziemlich mühsam, wegen vorangegangenem Nehmen. – Besuch von Jack. Bringt mir seine grossen Radierungen, für sein Buch, mit. Eindrucksvoll. – Anruf aus Amsterdam: F. und – Nebel! – Bei alledem ständig unter H[eroin]-Wirkung…

24.I. _____ *Amsterdam, Pension Hirsch.* Letzter Tag in Paris: Lunch bei der *Riess;* Unterhaltung hauptsächlich über Gottfried Benn, – in dessen neuem Gedichtband ich blättere. – Kurt *Caro,* im Café. – Bei Ostertag; Ruth Landshoff-Yorck. getroffen. – Bei Schwarzschild, im Hotel Power. Bei Ripper, im »Quai Voltaire.« – Essen mit Kesten und Walter Mehring. Bibi dazu. Von ihm zum Zug gebracht. (Er, sehr liebevoll, sehr siebzehnjährig.)
Hier: Friedrich; Nebel; Landauer. Das unveränderte, *alte* Amsterdam… kommt mir vor, als sei ich nie weggewesen… Viel Zeit vertan, mit Nebel u.s.w. Ziemlich stark genommen.

(H.-Vorrat.) – Etwas Korrespondenz. – Im Verlag. »Mephisto«-Kritiken u.s.w. – Geistig durchaus beschäftigt durch den »Fall Gide.« Lese fast nur ihn Betreffendes. (»Commune«; Claude Naville u.s.w.) Notizen. Bereite Aufsatz vor. □

28.I. —————— Vorgestern abend: mit dem Tänzer Ludowsky – eine ganz brave, arme Ballett-Ratte –, im Kino: »San Francisco«, das Erdbeben, sehr aufregend gemacht. Im »Américain«: den Schauspieler de Meester, den Pianisten Engel (*alte* »Jokkey«-Zeit) getroffen. – Bei F. (der etwas krank ist): Fräulein Fronknecht, die »Braut«…
Gestern abend: F., Landauer, Hirsch meinen *»Streit um André Gide«* vorgelesen (an dem ich die beiden letzten Tage gearbeitet.) Eine nicht unwichtige Sache. Kann meinen Bruch mit Kommunisten zur Folge haben. Ist aber notwendig, unvermeidlich. Will es noch mal überarbeiten. □

29.I. —————— Ganz drolliger Brief von Rolf Nürnberg – Berlin (z.B. auch Gustaf und seine Reaktion auf »Mephisto« betreffend.)
Arbeit: Rilke-Aufsatz.
– Das quälend Undurchsichtige, Trübe, tief Verdächtige des Moskauer *Radek*-Prozesses. WIE kommen diese »Geständnisse« zu Stande??? – Überraschende Ankunft von Hans *Aminoff.* Ihn im »Américain« getroffen – mit seinem boy-friend Holgar, der *nur* schwedisch spricht. – Komplizierter Abend: Abendessen bei Ludwig Berger, im Amstel-Hotel. Halbe Stunde ins Theater Carré (während Berger Walter Rilla von der Bahn abholt): die Comedian Harmonists, ganz nett. – Mit F., zu Film-Leuten, Meyers; dort Berger und Rilla (der sich in Deutschland ganz brav zu halten scheint.) – Hans + boyfriend in der »Réserve« wiedergetroffen. Mit ihnen zu einer party bei Joop van Hulzen, mit Yvonne George, Min van Twist u.s.w. Ziemlich peinlich und missglückt.

30.I. _____ Früh auf. Mit Berger und Rilla zu den Film-Studios: Vorführung von Bergers *»Pygmalion«*-Film. (Sauber gemacht; de Meester schrecklich als Higgins.) Hans zum Lunch, hier. Unterhaltung über seinen Jungen, seine Arbeit, seine Zukunft; Amerika, Deutschland; Knut Hamsun, André von Völkersam, Hemingway, die Lagerlöf u.s.w.
Telegramm von *E* – New York.
Hitler plärrt Mikrophon (4. Jahrestag...) Gearbeitet: *»Rilke«* zu Ende; an Schwarzschild geschickt. Ganz guter Essay. – Abends: mit F., im *Concert-Gebouw:* tschechisches Programm, van Beinum dirigiert. Smetana »Moldau« (*so* schön); Dvořak »Aus der neuen Welt« (mit dem grossartigen I. Satz.) Bořkovic, Klavier-Konzert, von jungem Pianisten Firkušný sehr glänzend gespielt. Josef Suk, Serenade für Streichorchester, teilweise ziemlich konventionell. – Aber ein sehr schönes Konzert. □

31.I. _____ □ Zum Abendessen: Cahn-Bieger. (Armer Mensch. Muss jetzt Konserven in Privathäusern verkaufen.) – Mit Landauer; Hans im »Victoria« abgeholt. Wieder etwas gebummelt: Puff-Viertel. (Das alte Hotel Eden geschlossen: merkwürdiger Eindruck.) »Negro-Palace«, am Rembrandt-Plein. Ganz gute Unterhaltung über skandinavische Literatur, (*Strindberg*, der jetzt so sehr Unterschätzte.) – – Notizen (Roman.)

5.II. _____ Zu lang geschlafen – bis gegen 1 Uhr. Gehe ziemlich mit dem Nehmen zurück. Spüre schon wenig angenehme Folgen... (vom Zurückgehen...) Schliesslich, in meiner Not, bei Landauer etwas geklaut.
Im »Tage-Buch«: über den »Sexualwissenschaftler« *Reich*. Die von ihm gewollte Synthese von Psychoanalyse und Marxismus scheint mir sehr zukunftsvoll. (Parallel: die von Kurt Hiller angestrebte Synthese: Nietzsche – Marx.) –
Nachmittags: gearbeitet; abends weiter: zum ersten Mal zu-

sammenhängende Stücke aus dem Emigranten-*Roman*, 20 Mskt.-Seiten.

Angefangen wieder zu lesen: Renés Aufsatz in der »Sammlung«: »An der Wegkreuzung der Liebe, der Dichtung, der Wissenschaft und der Revolution.« Sehr merkwürdig: diese heftige Begegnung von Marxismus und dem träumerischsten Lyrismus...

6.II. _____ Rilke, als Morgen-Lektüre... (mittags um 12.30 h.) – Brief an Golo. – Festliches Sonnabend-Lunch, mit den beiden Freunden; (Hummer-Cocktail.) – Angefangen zu lesen: den neuen Roman von *Brentano*, »Prozess ohne Richter«, teilweise völlig infantil geschrieben, durchaus dilettantisch; dabei doch, auf eine merkwürdige Art, spannend; (Niederschlag der heftigen Spannungen seines Wesens...) – Etwas gearbeitet: Notizen, und ein paar Seiten weiter. – Abends: die Marion Palfi zu Tisch (sie ist mehr bemitleidens- als liebenswert.) – Mit Landauer und Ludowsky: Kino, etwas ganz Erträgliches, mit der Joan Crawford. Kurz in der Schiller-Bar. – Noch ziemlich lange mit Landauer. Unterhaltung z.B. über das jüdische Problem. (Notwendigkeit der Rassenmischungen; Assimilation. Fragen, die mich eigentlich vital *nicht* interessieren oder beschäftigen. Empfinde die eigene Blutsmischung als glückliche Tatsache; keineswegs als »Problem.«) Den Brentano zu Ende. Zum Schluss ist es dann *doch* ein missglücktes Buch. Gegen 4 Uhr – wie jetzt fast jede Nacht.

7.II. _____ Viel zu lang geschlafen – bis nach 1 Uhr. – Lunch mit Landauer. – Ganzen Nachmittag gearbeitet, Roman, 19 Seiten. Es *wird* – vielleicht....

Abends: bei der Ilse Bloch; später F. dazu. Ganz angeregt: grosse Politik. Ist Italien contrerevolutionär? Wird soeben in Moskau die Revolution »liquidiert?« Wie hat man die – fatalen – Geständnisse von den Trotzkisten erreicht? Ist eine »revolutionäre Demokratie« möglich? (Bloch bestreitet; ich bejahe.)

Kann in Deutschland, nach dem »Umsturz«, demokratisch regiert werden?
Hier noch mit F. (und' mit Euco.) Über den Plan seiner Amerika-Reise... Gelesen: Hamsun. Ein recht fataler Altmeister. – 3 Uhr.

9.II. _____ Post: Antonina Luchaire; Honorärchen »Weltbühne.« – Der fünfte Band der *Kafka*-Ausgabe, »Beschreibung eines Kampfes.« Angefangen, darin zu lesen. – *Kafka:* »Solange du nicht zu steigen aufhörst, hören die Stufen nicht auf, unter deinen steigenden Füssen wachsen sie aufwärts.« »Das war ja nur eine Prüfung. Wer die Fragen *nicht* beantwortet, hat die Prüfung bestanden.« (Sinn: Rühre nicht ans Geheimnis!) –
– Sehr aufregender Brief von *E*, aus dem Astor-Hotel: ihr Bruch (definitiv?) mit Maurice W., auf Druck von Th. und M.G. Sehr ausser mir darüber. Ihr geschrieben.
Bei Ludowsky, in seiner Ballett-Schule. Photographen nehmen die Hüpfenden auf. Tee mit L. und zwei Tänzern. Ganz nette Atmosphäre. – Gearbeitet – aber nicht sehr glänzend. Abends: Besuch von Henk.
Noch lang, erst mit Landauer (der gerade »Treffpunkt im Unendlichen« – das gute alte Ding, das so sehr unterschätzt worden ist, und jetzt ab und zu zu Ehren kommt; auch noch mehr zu Ehren kommen *wird;* – gelesen hat, und mir das Netteste darüber sagt;) mit Friedrich, über E, Alicens Bosheiten, den Selbstmord u.s.w. – Hamsun, der böse Alte.
Überdenke, wie mein Leben, als »Erwachsener«, bis jetzt deutlich in 3 Perioden à 4 Jahre sich einteilt:
1.) 1925–1928 incl. (»Vor dem Leben« bis »Rundherum.« Sensation des ersten Auftretens.)
2.) 1929–1932 incl. (»Alexander« bis zum – liegen gebliebenen – Stück »Athen.« Stärkster Widerstand bei der Öffentlichkeit.)
3.) 1933–1936 incl. (Gründung der »Sammlung« bis »Mephi-

sto.« Neue, zugleich schwerere und günstigere Position, durch Emigration.) – – –

11.II. _____ ☐ Die *»Weltbühne«*, mit meinem »Streit um André Gide« (nur wenig gestrichen, und mit *einem* blöden Tippfehler, mea culpa.) Erwiderung von Budzislawski, im Leitartikel.... Im Concert-Gebouw, mit F. (»angezogen«): van Beinum, ein etwas *trockener* Dirigent: Mozart-Symphonie; sehr effektvolles Klavier-Konzert von Saint-Saëns, mit grossartiger Melodie im letzten Satz, von Casadesus, sehr glanzvoll vorgetragen; Symphonie von César Franck – noch spröder als tief.

Lange mit Landauer – F.; dann mit F. allein. Gönne mir jetzt etwas viel mit dem Nehmen. Wehe, wehe, wehe – wenn ich auf das Ende sehe.... .

Brief von la tante Mimi, Prag.

14.II. _____ ☐ Gelesen: im *»Prozessbericht* über die Strafsache des Sowjetfeindlichen Trotzkistischen Zentrums.« (Sowjetamtlich! Wird verschickt!) Ein sehr trübes Mysterium. Wɪᴇ sind diese phantastischen »Selbstbezichtigungen« zu Stande gekommen??? – – – Paar Seiten Kafka.

15.II. _____ ☐ Etwas Kafka, »Beschreibung eines Kampfes.« Notizen. – Hamsun. – Post: *Emery;* Hubertus Löwenstein. Kommunistische Zeitschriften, mit sehr toller und fataler Äusserung Feuchtwangers über den Moskauer Prozess, und Angriff gegen mich (»ein deutscher Schriftsteller-Emigrant...«) – »Thomas Mann's Politics« in »Common Sense« erschienen.

Abends: mit F., im Concert-Gebouw: *Hubermann,* grosser Triumph; etwas mageres Programm – Bach-Konzert; 2 Mozart-Stückchen (Adagio und Rondo); Mendelssohn-Konzert, sehr grossartig hingelegt. – Américain-Bar, mit Frau Irm Ulmer (ganz munteres Malweib; lauter gemeinsame Bekannte) und

F., der völlig zusammenklappt, kein Wort redet. – Erfahre, dass
Lisa Morphisani-Schönebeck gestorben sein soll. So so so.
Schreibe spät noch ein paar Zeilen an Billux. – Gelesen, im
»Wort«, z. B. recht instruktive »Professoren-Porträts« von Bru-
no Altmann: über Baeumler und Hellpach.

17.II. _____ Der Henk *stiehlt* leider so; jetzt mein englisches
Lexikon. Muss diesen Umgang wohl leider aufgeben. – – Briefe
an Goldstein; Rév – Prag. – Nach dem Lunch: auf dem »Comité
voor Joodsche Vluchtelingen«, von Eitje bestellt (zwecks Rat-
schläge für den Roman.) *Erstickende* Ghetto-Atmosphäre:
schauerlich. Schliesslich die unerklärte Scene, mit dem Kerl,
der mich anbrüllt. Verlasse unter Protest das jammervolle
Lokal, ohne Mynheer Eitje gesprochen zu haben. Schreibe hier
sofort 5 Schreibmaschinenseiten langen Brief an ihn, ihm den
Fall darlegend. Und mache Notizen… Niederschmetternder
Eindruck.
Ein »*Rotbuch* über den Moskauer Prozess.« Von L. Sedow,
Trotzkis Sohn. Angefangen, drin zu lesen. Schärfste Anklagen.
Sind sie *alle* – sind sie teilweise wahr?? Telephone: die Palfi;
Frau Walter. – Abendessen mit Landauer. – Bei der Plaut-
Elisabeth und ihrem Meeter. Junger holländischer Jude dabei.
Unterhaltung hauptsächlich über merkwürdige Emigrations-
dinge. Ganz interessant und instruktiv. Notizen. – Noch lange,
erst mit Landauer allein (Unterhaltung z. B. über »erste Liebe«
und erstes Sexualerlebnis), dann Friedrich dazu. (Sein Gram
darüber, dass Z. den »Brief an die Universität Bonn« dem
Oprecht gegeben, anstatt ihm…) – ½ 4 Uhr – wie auch gestern.
Oh, dieses Nehmen. Die Zeit versinkt…

18.II. _____ Illegale Literatur, für Deutschland bestimmt.
Unter allerlei trügerischen Titeln… 4 Seiten Notizen und
Excerpte darüber. – *Kafka*. (In »Beschreibung eines Kampfes«
sind die Visionen noch weicher, lyrischer, gelöster – weniger
exact, dafür vielleicht noch hinreissender –, als in den späteren

108

Dingen.) – Gearbeitet, 6 Seiten. (Auftritt des »jungen Hollän-
ders«: Jef Last...) – Abends: *Walters* abgeholt; kleines Geplauder mit ihnen. Concert-Gebouw (neben Frau Walter gesessen):
Händel, Concerto Grosso. Mahler, Dritte Symphonie. Höchst
problematisches Riesenwerk – man muss sich heute davor
hüten, es zu *unterschätzen*. (Neigung zur Ungerechtigkeit
gegenüber der »Modernität von gestern.«) Dämonische Dinge
im 1. Teil, auch im Scherzo. Aber die »Erlösung« ist keine: das
Adagio singt nicht, lässt kalt... Nachher: Dr. Mengelberg
u.s.w. gesprochen. In der »Américain«-Bar, mit F. und Herrn
Fleck. (Banquier.) Intelligenter, breit interessierter Mensch.
Unterhaltung erst über die Musik; dann politisch. (Liberalis-
mus. Moskauer Prozess u.s.w.) – – – Gelesen: »Tage-Buch«
(z. B. Walter Mehring über Gide und Zauberer.)

22.II. _____ □ Mir das Zeug weggesperrt. (Selbst-pädago-
gisch.) Heftige Abstinenz, nach 15 Stunden. Gegen 4 Uhr
genommen. Erlösung.
»Nach Mitternacht« (Keun) zu Ende gelesen. Entschieden
wirkungsvoll – freilich, teilweise, dank sehr billigen Mitteln.
Schreckliches Bild von Deutschland – dessen Echtheit man
spürt. – Gearbeitet, und einen Teil des bisher Gemachten
korrigiert. Nach dem Abendessen: F. und Landauer *vorgelesen*
– die erste »Feuerprobe« dieses neuen Opus. Nicht ganz übel
verlaufen – eher etwas besser, als ich erwartet. – – Lektüre:
Puschkin »Pique Dame.« Die so sehr vornehme *Konzentration*
dieses alten Novellen-Stils. Kaum Ausschmückungen; kein
Wort zu viel; keine »Schmonzetten«...

25.II. _____ *Küsnacht/Zürich*. Unterwegs reichlich genom-
men. Nachts ein *wenig* geschlafen. Gelesen – neben den
Gazetten – »Die Flaschenpost«, neuer Schickele-Roman (im
Umbruch.) Reiz des Stils. Skeptizismus. Melancholie. Oft
etwas peinliche Sexualität.
Ankunft – etwas verfahren. Niemand an der Bahn, Brief zu spät

gekommen. Schliesslich: Medi, [mit] ihrem »Wunder«-Wagen.

Mielein. Z. – Nicht ganz glücklich. Bin etwas verstimmt, wegen der Zeitschrift, über die man mich nicht unterrichtet. Lions nicht nettes Verhalten.

Leonhard Frank zum Tee hier. – Abends: Eltern – Medi aus (bei Reiffs u.s.w.); ich – allein. Etwas Grammophon-Musik, leichteres Genre (Carmen, Faust, Danse Macabre, Nussknacker u.s.w.) – »Tage-Buch«, mit meinem Rilke- und meinem »Simplicissimus«-Aufsatz. – W.E. Süskinds fauler und schwacher Brief an Mielein. Traurig. – Alte Photos, von Moni in Schublade gelassen: von der »Was Ihr wollt«-Aufführung u.s.w. Wie steigt's da auf…

Brief von Feist. – –

Empfinde wieder sehr stark, und nicht ohne Bitterkeit, Z.'s völlige *Kälte*, mir gegenüber. Ob wohlwollend, ob gereizt (auf eine sehr merkwürdige Art »geniert« durch die Existenz des Sohnes): *niemals* interessiert; *niemals* in einem etwas ernsteren Sinn mit mir beschäftigt. Seine allgemeine Interesselosigkeit an Menschen, hier besonders gesteigert. – Konsequente Linie von der ungeheuer *oberflächlichen* – weil un-interessierten – Schilderung in »Unordnung«, bis zu der Situation: mich in dieser Zeitschriftensache glatt zu *vergessen*. Dieses trifft meine Freunde mit, (im aktuellen Fall: F.) – Verstehe nur zu genau Bruno F.'s *Zorn* über diese tiefe Uninteressiertheit, eigentliche Unnahbarkeit. – Reizende Äusserungen, wie etwa gelegentlich »Flucht i.d.N.« oder »Mephisto« *kein* Gegenbeweis. Schreibt an gänzlich Fremde ebenso reizend. Mischung aus höchst intelligenter, fast gütiger Konzilianz – und Eiseskälte. – Dies alles mir gegenüber besonders akzentuiert. Ich irre mich nicht. – Mir den (bösen) Hamsun wieder vorgenommen. – Noch etwas mit Mielein.

26.II. _____ Brief von Miro. – Schönes Wetter; die liebenswürdige, erfreuliche Landschaft dieser Gegend. – Briefe ge-

schrieben an: Friedrich, Kesten, die Hirsch, »Tagebuch«-
Simon. – Lektüre: etwas Hamsun. – – Nachmittags: gearbeitet,
»Abel in Amsterdam«, 8 Seiten. – 2 kleine Spaziergänge. –
Telephone: Tennenbaum, Brentano, Spiphy (!) – in Sils, bei
Annemarie wohnend. (!) Aufsatz von Golo über Pierre Ber-
taux's Hölderlin-Buch in der N.Z.Z. Wie anständig, wie ge-
scheit! – Das erste Kapitel von Z.'s »Lotte in Weimar« (Schreib-
maschinen-Mskt.) Sehr altfränkisch reizend und rührend.
Spät noch, Telephon mit Miro – Sils.

28.II. ——————— Heftiger Albtraum, gegen 3 Uhr morgens. – – –
Brief von E (an Mielein.) Von Kurt Hiller. (Grosse Komplimente über meinen Gide-Artikel – wie ich sie von vielen Seiten höre.
K.H. findet, ich sei als Kritiker, Polemiker, Essayist viel wichtiger, besser, unentbehrlicher, denn als Erzähler… Stimmt
es? ….)
Eine Plauderei über »Die Harfe« angefangen. – Zum Lunch:
Ferdinand Lion und Giehse. Sage dem Lion viel Wahrheiten –
die er kokett-schelmisch, aber ohne Konsequenzen zu ziehen
hinnimmt. – Gelesen: eine »Faschings-Zeitung« der »Münchener Neuesten Nachrichten«: erstaunlich frech, bitter und
oppositionell. Eine Glosse, für Schwarzschild, darüber angefangen. – – Mit Medi im Urban-Cinéma: »Mr. Deeds goes to
town«, mit Gary Cooper, sehr netter, sympathischer Film,
ungeheuer typisch für die Art der Fortschritts-Tendenzen in
den U.S.A. – Weiter in Schickeles »Flaschenpost.«

1.III. ——————— ☐ Liste der Autoren aufgeschrieben, denen
über die neue Zeitschrift Mitteilung zu machen. – Ein Aufruf
des Thälmann-Comités. – Geschrieben an: Michael (englisch,
ziemlich ausführlich); Nebel, Dr. Herzberg – Pressburg; Ludowsky (Karte mit Affen.) – Mit Medi in die Stadt; den Lion im
»Terrasse« getroffen. Unterhaltung über die Zeitschrift und
ihre Mitarbeiter. (Seine Beeinflussbarkeit als kokette Pose.
Sensibilität ohne Substanz. Totaler Mangel an Gesinnung.

Mangel an einer gesunden Primitivität. Kompliziertheit statt Reichtum.) – Neues Adressen-Büchlein angelegt (amerikanische Adressen) – statt zu arbeiten. – – Abends: bei Brentano. (Politik; Moskau; die neue Zeitschrift; Verleger u.s.w.) – – Gelesen: *Schopenhauer* »Über Schriftstellerei und Stil.« Das müsste *jeder* von unserem »Fach« kennen. Manches scheint genau gegen die Literatur-Industriellen von heute gesagt (Stez, Feuchtwanger u.s.w.)

Sehr nett: »Wie gelehrt wäre nicht mancher, wenn er alles das wüsste, was in seinen eigenen Büchern steht.«

Sehr tief: »Sobald nämlich unser Denken Worte gefunden hat, ist es schon nicht mehr innig, noch im tiefsten Grunde ernst.« – Zitat: »Ihr müsst mich nicht durch Widerspruch verwirren! Sobald man spricht, beginnt man schon zu irren.«

2.III. _____ Weiter mit dem neuen Adressen-Büchlein gespielt. – Gearbeitet, 7 Seiten. (Prof. Abel in Amsterdam.) – Zu Tisch: Lion. Bittet mich, ihm den Mitteilungsbrief an die Autoren (Bruno Frank, Arnold Zweig u.s.w.) aufzusetzen. Ich mache es. Hat sein Groteskes... Nachmittags: mit Mielein – Z., grosser Tee beim tschechoslowakischen Consul: sehr üsis – grossartig aufgezogen, mit ungeheuer viel Brötchen, Gebäck – und Champagner. Unterhaltung mit Oprecht und einem sehr östlichen Journalisten. Eine temperamentvolle alte Senatorin (Frauenrechtlerin); eine Pianistin gibt Debussy zum Besten u.s.w.

Den *Manuel* im »Odéon« getroffen. Essen in italienischem Restaurant, Nähe Bahnhof. – Zu ihm: sein immer wieder ganz stimmungsvolles Zimmer: Grammophon, Jungens-Photographien, alte französische Karrikaturen. (Sehr krass: über die Bagno-Sträflinge. 1908. Heftiger und bitterer empört, als irgendeine kommunistische Propaganda heute.) – Viertelstunde in der »Sports-Bar.« – Rückfahrt im Bus, mit »Pariser Tageszeitung.« – Brief von Friedrich. (Komplikationen dramatischer Art im Haus Queri...) – Mit Gier genommen: nach 7 ½

Stunden Pause. – Gelesen: etwas Schickele; etwas Schopenhauer.

»Der STIL ist die Physiognomie des Geistes. Sie ist untrüglicher als die des Leibes.«

3.III. _____ □ Zum Abendessen: Dr. von Kahler, Giehse; später die Grete Moser. (Bibis fiancée; hübsches Mädchen.) – Vorlesung Zauberers: *»Lotte in Weimar«*, III. Kapitel, Dialog Lotte – Riemer. Die charmante, lustspielhafte Knappheit und Leichtigkeit des Anfangs fehlt. Wieder beladener, beziehungsreicher; Abschweifungen in den essayistischen Stil. Jedoch: die Psychologie des Genius, sehr geistvoll, amüsant, durch die Spiegelung in Riemer… Das Opfer-Motiv… Die autobiographischen Züge des Goethe-Portraits: nur alles ins Hochdämonische, Kolossale gesteigert. – – –
– – – Gelesen: in einem Hofmannsthal-Band. (»Frau ohne Schatten« u.s.w.) Notizen. – Peter Altenberg. – Stark genommen. Malheureusement….

5.III. _____ Brief von Kesten. – Vormittags, in der Stadt; beim tschechoslowakischen Consul. – Spiphy im Hotel abgeholt. Sie zum Essen mit hierher genommen. – Das »Frachtgut« aus Amsterdam; angefangen, die Bücher auszupacken.
□ Geblättert, im II. Jahrgang der »Sammlung.« Gar nicht übel. Ist sehr die Frage, ob »Mass und Wert« wesentlich anders, wesentlich wert-voller wird…. Die ersten Seiten des »Peter Schlemihl.«

6.III. _____ Brief von Herzfeld, Pressburg. – Beim Auspacken des dritten grossen Koffers mit Papieren: Korrespondenz mit W.E. Süskind, aus den ersten Monaten dieser Emigration. Charakteristisch – und traurig. – Briefe von René, aus Davos… Geschrieben an: den Gasser, Schwarzschild, Budzislawski. – Mittags: Ankunft von *Friedrich*, aus Amsterdam kommend. Viel mit ihm. Schöner kleiner Spaziergang; Sonnenunter-

gangs-Himmel über dem See. – Abends: Vorlesung von Z.:
»Lotte«, 2. Kapitel. – Noch lang mit F. – nehmend.... Vorher
(nachmittag), Briefe an E, den Fles, die Weintraub u.s.w.– Brief
von Stefan Zweig; Honorar vom »Wort«, Moskau.

Ideen und Lust zu einem grösseren essayistischen Buch, »Strö-
mungen«: Résümé der deutschen literarischen Tendenzen und
Hervorbringungen seit dem Kriege (unter Berücksichtigung
der Einflüsse von den Älteren her – Wedekind, George, Rilke
u.s.w. – und der Einflüsse aus dem Westen, Russland, den
U.S.A.: Gide, Huxley, die grossen amerikanischen und russischen Reporter u.s.w.) Eine Art von bewegter Literaturge-
schichte. *Das Drama des europäischen Geistes* – gespiegelt in der
jüngsten deutschen Literatur.

– – – Paar Seiten Chamisso, »Schlemihl.«

8.III. —————— Post: Feakins; Annemarie, Ferdinand Lion
u.s.w. – Gearbeitet. Ins Dorf; schönes Wetter.

Zu Tisch: Leonhard Frank, ganz nett. (Sein merkwürdig
parvenuhaftes Luxusbedürfnis.) – Gelesen: »Weltbühne.« Interessanter Aufsatz von Ernst Bloch über den Moskauer Prozess: anti-Schwarzschild. – Weiter gearbeitet (12 Seiten) und
korrigiert. Abends: Zauberer, Mielein, Friedrich, Medi vorgelesen; fast das ganze Abel-Kapitel. Ganz fruchtbare und ermu-
tigende Unterhaltung darüber. (Resultat: ich werde mir diesmal ZEIT lassen; den Roman, wahrscheinlich, noch *nicht*
diesen Herbst herausbringen.) – Noch weiter mit F. gesprochen.

12.III. —————— Gearbeitet; Aufsatz »Wiederbegegnung mit
Knut Hamsun.«

Telephon mit Miro – Sils; ist krank, rät mir ab, zu kommen.

Abends, im »Corso«-Theater mit Medi: Operette mit Max
Hansen, »Axel an der Himmelstür.« Ganz unterhaltend; Hansen recht brillant. (Ein blöder, kitschiger Benatzky-Schlager
rührt mich: »Gebundene Hände – Das ist das Ende...«)

Gelesen: in Peter Altenberg »Vita Ipsa«; Schickele, »Flaschen-post.«

13.III. _____ »*Die Harfe*« in der »Basler Nationalzeitung.« –
Brief von Willi Bredel. – Teile des Hamsun-Aufsatzes neu
geschrieben.
Heute vor vier Jahren – auf den Tag – Deutschland verlassen.
– – Den Hamsun-Aufsatz für Schwarzschild fertig gemacht. –
Brief an Golo. – »Mephisto«-Rezension (von Richard Plaut) in
der »Basler Nationalzeitung.«
Ziemlich heftige Abstinenz: Vorrat zu Ende. Zum alten Dr.
Stahel gegangen: *reizender* alter Herr, hält mir sehr vernünfti-
gen, naiven, richtigen, nutzlosen Vortrag; gibt Rezept. (Ich will
ihm eine »Symphonie Pathétique« schenken...)
☐ Abends: mit Eltern – Medi in die Stadt: Vortrag von Z., im
Konservatorium, für einen jüdischen Verein; beginnend mit ad
hoc verfasster Rede. (Über den Antisemitismus; zivilisatorische
Rolle des Judentums. Über den »Joseph.«) Anschliessend:
Vorlesung des »Damentees« (aus dem III. Band.) – Gut besucht.
Bekannt: Kahler, Beidlers, Tennenbaum, Frau Katzenstein,
Hündchen (ihre ziemlich würdelose Freundlichkeit mir gegenüber...bei allem was gewesen ist...); die *Lasker-Schüler*
(hell-lodernd wahnsinnig; aber ihre kohlschwarzen Augen... haben Gesichte...); Rechtsanwalt Löwenfeld (oder
..stein?) aus München u.s.w. – Nachher Beisammensein im
grossen Kreis, Hotel St. Gotthard. Rabbiner u.s.w. Spiessig,
aber gut gemeint. Zwei enorm ungeschickte Ansprachen.
Mielein muss lachen. – Kahler am Zürichberg abgesetzt. (Ein
netter Mensch.)

14.III. _____ ☐ Zeitungslektüre. (»Basler Nationalzeitung.«) – Die spanischen Ereignisse lassen sich nicht ohne
GRAUEN verfolgen. Die Niederlage der Regierung scheint
sicher: dank den unverschämt öffentlichen Hilfeleistungen
Italiens. Dabei die ekelhafte *Farce* der »Nichteinmischung«...

Notizen über Raketenflug-Experimente. – Durch die Rezension eines Buches über *Ludwig II.* von Bayern – angeregt: eine Ludwig-Novelle zu machen. 6o Seiten lang. Analyse der Romantik. Eros. Rausch und Untergang. Das Ende in Starnberg. Da liessen sich grosse Reize finden... Ausserdem auch Lust, mit E zusammen eine *Komödie* zu schreiben (für New York.) (Während ich das hinschreibe, fällt mir ein, dass vielleicht auch aus dem Ludwig-Stoff etwas Dramatisches für Amerika zu machen wäre...) ☐

15.III. _____ Post: ein Verehrer (Zürich); Hatvany, Feakins, Schlüter. Propaganda-Material von der spanischen Regierung aus Valencia. – Telephon mit Oprecht; (ich will Literatur über den König Ludwig!!) – Gearbeitet: eine Glosse über das grausige »Stürmer«-Bilderbuch »Für Gross und Klein«: aufgesetzt, abgetippt, für Schwarzschild fertig gemacht. – – Lektüre: in *Hebbel's* Tagebüchern; in den Kritiken von *Börne*.
(B. zitiert Fénelon: »J'aime mieux ma famille que moi, ma patrie que ma famille, et l'univers que ma patrie.«)
Notizen: über Börne; über König Ludwig II.; zu einem Vortrag »Hoffnung auf Amerika« (für die C.S.R.) – Abends: in die Stadt; im Autobus zusammen mit einem eher sympathischen Buchhändler aus Kaunas – Litauen, der Z. besucht hatte und vielleicht das Nidden-Haus mieten will. Medi und Giehsin getroffen; mit ihnen in die Tonhalle: Orchester-Probe von Walter; Mozart-Symphonie und Siegfried-Idyll. Sehr interessant, ihn bei der intensiven Arbeit zu beobachten. Er hat die Beredsamkeit eines ausgezeichneten Regisseurs. (»Kecker, meine Herren! Kecker!!«) Das – an sich sehr mässige – Orchester verwandelt sich. – – – Hier noch mit den Eltern, die in der Hansen-Operette waren. (Z. indigniert über das »Köchinnen-Niveau.«) – – Etwas weiter in der »Effi Briest.«

17.III. _____ Brief von der Frau O.M. Graf. – Honorar von der »Basler Nationalztg.« (für die »Harfe.«) – – Geträumt: dass

ich plötzlich gar keine Vorderzähne mehr hätte. Gefühl des nackten, empfindlichen Zahnfleisches. Sehr schrecklich. – –
»Ich, der König«: Biographie von Fritz Linde über *Ludwig* II. Angefangen, zu lesen und exzerpieren – vormittags, nachmittags und nachts. Ausserdem Glasenapps »Leben Wagners.« Der Stoff *reizt* mich...
(Übrigens, Lust zu drei historischen (und hysterischen) Novellen: *»Xanthippe«* unter Benutzung meines Sokrates-Stückes. (Die Alkibiades-Geschichte.) – *»Kinderkreuzzug«* (Stimmung: Wolfgangs Gedicht – –); und – der »Ludwig.« □

19.III. _____ Post: Golo; F., die Picard; eine Freundin vom Willi Herzog (Spirgy): er ist wegen Truppen-Anwerbung für Spanien (d. h. natürlich: für die Regierung) seit 2 Monaten im Gefängnis!!! – – Hier im Zimmer, sehr wirkungsvolle antifascistische Plakate aufgehängt, die aus Valencia als Propaganda-Material verschickt werden.
Gearbeitet: *Antwort an Konrad Heiden* (die Pariser Tageszeitung und Georg Bernhard betreffend.) Mehrfach geschrieben. Den Eltern vorgelesen. Diese Dinge nehmen *viel* zu viel Zeit weg... Etwas weiter über Ludwig II. studiert... In die Stadt. Im »Odéon«, korrigiert, an Bibi und Schwarzschild geschrieben. – Brief von Bibi, mit den Honoraren der »Pariser Tageszeitung« –: endlich!) – Den Dr. *Stössinger* im »Hinteren Stern« getroffen. (Dort auch Emmy Oprecht, Schauspieler Gretler, Erna Hirsch.) Mit ihm, zum Vortragsabend der Else *Lasker-Schüler*. Gedicht, aus dem Palästina-Buch, drei kleine Geschichten. Wunderliche Frau! Diese unentwirrbare Mischung aus echtem dichterischen Wahnsinn und Koketterie... Giehse, den Bühnenmaler Otto u.s.w. gesprochen.

20.III. _____ Ziemlich frecher Brief von Fleischmann-Proseč. – Eine Art von »Versöhnungsbrief« an *Breitbach* geschrieben. – Noch einmal Arbeit mit dem Konrad-Heiden-Artikel: Änderung des Schlusses. –

Nachts geträumt: E hätte eine kleine Buhlschaft mit dem Minister Eden. Ich ertappte sie auf meinem Bett (übrigens angezogen; mehr flirtend als buhlend), in *meinem* Zimmer im Münchener Haus. (Mein Zimmer war aber das, welches in Wirklichkeit Golos ist.) Die spanischen Plakate, die ich seit gestern hier aufgehängt habe, hingen dort an der Wand. Eden sah sehr hübsch und elegant aus. – Ich zog mich verärgert zurück und schimpfte in Eris Zimmer, mit der Giehse zusammen, über den Fall – wie Giehse mit Miro in New York. ☐

21.III. _____ ☐ Erfreuliche Nachrichten in der Morgenzeitung: schwere Niederlage der italienischen Truppen in Spanien; massenhafte Überläufer u.s.w. That's grand!! – Mielein noch berichtet, und über die schönen Neuigkeiten gesprochen. – Gelesen: »Weltbühne.« Interessanter Artikel von Ilya Ehrenburg über »Deutsche in Spanien« – Landsknechte (Nazis) und Kämpfer (antifascistische.) – »Ich, der König.« (Ludwig II.) – In der New Yorker »Nation.« – *Furchtbares* Erbrechen. (weil ich nach dem Nehmen immer noch am Tisch zu schreiben versuche, anstatt mich hinzulegen....)

23.III. _____ Meine armen zerstochenen Beine...Viele Stellen tun *weh*...Und ich habe jetzt doch ziemliche Angst vor dem Aufhören. (»Sie wollen für die Freiheit kämpfen, und machen sich zum Sklaven der Ampulle«: sagt braver Dr. Stahel...)
– Gestern nacht, eine »*Gesamtausgabe*« meiner Werke, etwa für das Jahr 1939 skizziert: 8 Bände à etwa 600 Seiten. Ganz lustig...Wird das je zu Stande kommen?...
Gearbeitet: am Aufsatz »Oscar Wilde entdeckt Amerika.«
☐ Im »Pfauen«: die Giehsin getroffen. Dann, in die Vorstellung, das Stück von der Rieser, »*Turandot dankt ab*«, fünf *lange* Akte, sehr verquatscht, sehr dilettantisch. Zu Anfang ganz bunt und lebendig; die letzten Akte arg langweilig. Gute Aufführung: sehr schön, die Binder; Giehse, prächtige Generalin;

Kalser, Steckel, Horwitz u.s.w. Den beliebten Langhoff *mag* ich nicht sehr. – In der Pause und nach der Vorstellung: Lindtberg, den Otto, die Valeska Hirsch u.s.w. gesprochen. – Die Giehse mit der – recht schönen und lieben – Binder im »Oleander« getroffen. – Letzter Autobus. – Hier noch, Notizen zu einem Aufsatz übers Schauspielhaus (für die Weltbühne.) – Gelesen: *Börne*. (Polemiken gegen Fouqué und E.T.A. Hoffmann. Sehr amüsant.)

25.III. _____ Post: Johannes R. Becher – Moskau; Harald Kurtz – London.
Vormittags: in die Stadt. Tschechoslowakisches Consulat. Den Eid geleistet: immer den Gesetzen der C.S.R. treu zu sein. Nicht ohne Feierlichkeit. Tiefe Blicke in die Augen des Consul, Laška.
Nun bin ich Bürger der Tschechoslowakischen Republik. ☐

26.III. _____ *(Karfreitag.)* Zu wenig getan: nur Briefe – Photograph Stein, Mops und ein langer, prinzipieller an Konrad Heiden –; etwas »Ludwig« exzerpiert. – Nachmittags: mit Mielein – Medi in der Tonhalle: *Johannes-Passion*. Zum ersten Mal gehört. Stärkste Eindrücke von der »Es ist vollbracht« – Alt-Arie und einigen Stellen beim Evangelisten. (»Und weinete bitterlich...«) Längen im 2. Teil (Arien von Sopran und Bariton.) »Matthäus-Passion« reicher an den Dingen *ganz* grossen Formats. (Oder scheint es mir nur so, weil ich sie so sehr viel besser kenne?) – Erb, unübertrefflicher Evangelist (der unglückliche, rührende Zwitter...). Andreae, ein etwas steifer, hausbackener Chef d'Orchestre. – – Wieder mal eine Lästigkeit mit Bibi – der telegraphisch Reisegeld haben will... – Zum Abendessen: Giehse; Kahler; später »die Gret« dazu. Vorlesung von Zauberer: immer noch die grosse Unterhaltung Riemer-Charlotte, mit ungeheuer starken, erregenden Stellen. (Das »elbisch«-Naturhafte, amoralisch-Skeptische in Goethes Genie...) – : manchmal etwas ins rein-Essayistische abgleitend. ☐

27.III. ――――― □ Abends: mit Medi in der Stadt. Im Autobus mit sympathischer Engländerin, schweizerisch verheiratet: Frau Hottinger. Unterhaltung über die Brontës und Rimbaud. (Entdeckung etwas ausgefallener gemeinsamer literarischer Lieben.) – Im Schauspielhaus: *»Die Stützen der Gesellschaft«*, eine *gute* Aufführung, mit Horwitz als Consul, Giehse als Lola, Kalser, Langhoff u.s.w. Das Stück, grosses Format, überraschende Aktualität der moralischen Problematik. Etwas zu konstruiert, etwas *zu* sehr Theater, ein gewisser Sardou-Einschlag. – – – In der Pause mit kleiner Schauspielerin, die ich – Freundin von Walter Mehring – aus Paris kenne. – Nach der Vorstellung: im »Oleander«, mit Giehse, Lindtberg, Valeska Hirsch, dem netten Horwitz, dem etwas tückischen Ginsberg. Notizen zu meinem Schauspielhaus-Artikel (den ich, *trotz* Riesers Rüpelhaftigkeit zu schreiben denke.)
Hier: Bibi, aus Paris eintreffend. Sitzt mit seiner Grete im Esszimmer.
Und genommen.
Voilà 5 autres mois de ma vie compliquée....

31.III. ――――― Brief von E.
Vormittags in der Stadt (Autobus): Tschechisches Consulat; meinen Pass geholt. *Nun hab ich ihn.* (Gilt 5 Jahre!!) –
□ Recht ekelhafter Brief von Breitbach: Antwort und Absage auf meinen versöhnlichen. Ihm sofort wieder geschrieben – ganz gut, scheint mir –: nun wohl zum letzten Mal... Unterhaltung mit Mielein über diesen »Fall«; im Zusammenhang damit: über die neue Zeitschrift (zu der die Initiative und, indirekt, das Geld doch von B[reitbach] kommt;) über Z.'s merkwürdiges und kränkendes Verhalten, mir gegenüber, die Zeitschrift betreffend. Mieleins richtige Bemerkung: Z. sei irritiert durch schreibende Familienmitglieder – mehr durch Heinrich; etwas auch durch mich... Schlimm.
Abends: Gäste: der Consul Laška, Frau Oprecht, das Ehepaar *de Boer*. Ganz nett. Nach Tisch: Konzert in Medis Zimmer.

Madame de Boer (angenehmer Mezzo-Sopran) singt schöne Hugo Wolf-Lieder (Mörike); er geigt virtuos: alte – holländische Tänze (wobei sein ungemein holländisches Aussehen besonders auffällt); den fulminanten »Teufelstriller« (mit erstaunlicher Kreisler-Kadenz.) – Der Consul sehr animiert: »Bitte sähr! Tadellos!«

Gelesen: Etiemble »L'enfant de chœur.«

1.IV. _____ Sehr ausführlichen Brief an Friedrich geschrieben. – Gearbeitet, am »Amerika«-Vortrag. (Zu Ende skizziert.)

Zum Essen, Ferdinand Lion. Vor Tisch, Unterhaltung allein mit ihm. Er horcht mich neugierig aus, über Crevel u.s.w. – Zauberer liest Gedichte von Johannes R. Becher vor (die dieser mir geschickt, damit ich sie weiterleite.) »Das trunkene Sonett«, »Lionardo«, »Bach« u.s.w. Aber Lion will sie nicht: Rücksichten auf antikommunistische Vorurteile. Fatal.

In der Stadt. – Den Ingolf Marcus im »Odéon« getroffen. Es gibt Ärgere. (Schwärmt vom Cocteau-Film »Le Sang d'un Poète«...) – Von ihm Logenplätze für die Operette »Herzen im Schnee«, die er im Stadttheater dirigiert. Mit der Medi hin. Kitsch, grosse Ausstattung, gefällige Musik, scheusslicher fetter *idiotisch* dummer »jeune premier«, ganz netter kleiner Komiker. Etwas vor Schluss weg.

Gelesen: »Tage-Buch.« – Im »Wort«, gescheiten Aufsatz über das Verbot der Kunstkritik in Deutschland, von Ernst Bloch.

5.IV. _____ Briefe: von Friedrich, Schlüter (dem es so *miserabel* geht), mit Beilage von Dr. Klapper. – – Vormittag und frühen Nachmittag: sehr unruhig, zerschlagen und unbrauchbar – weil kein Zeug da. Dann, von Dr. Guldener, ein Euco.-Rezept.... Im Wartezimmer, bei Dr. G., in einer Sports-Illustrierten auf die Photographie eines kleinen Ski-Läufers aus Arosa gestossen. Plötzlich heftig berührt, entzückt, bestürzt. Fast in Tränen ausgebrochen. (Wohl auch infolge

Abstinenz-Nervosität.) Schauer der Traurigkeit und Zärtlich-keit. Begreife so klar wie vorher mein Schicksal – dass ich NIE geliebt werden KANN, wo ich lieben MUSS, und dass ich deshalb den Tod will als die Erlösung. Mir das Bild dieser lachenden Unschuld, Dummheit, Kraft, Schönheit über dem Schreibtisch befestigt. ☐

6.IV. _____ Die »Thun«-Gewöhnung nimmt beunruhi-gende Formen an: gestern 10 Amp. Eu. 0.02 konsumiert; heute morgen 8 Uhr mit heftiger Abstinenz aufgewacht (mangels Pülverchen...) – Um 11 Uhr trifft dann, erlösend, neue Pariser Sendung ein.

☐ Sehr lieber Brief von *Gide*, samt schöner Photographie mit Widmung. – An E geschrieben: Brief den Eltern nach New York mitgegeben. – Abends: bei *Katzenstein*. Wollte seinen Rat über Entwöhnungsmöglichkeiten. Empfiehlt mir doch ein paar Tage Klinik (in Prag).... An die Bahn – *Abreise* der *Eltern*, Richtung: Paris – Le Havre – New York. (Armes liebes Mielein sieht furchtbar abgehetzt, müde, überanstrengt aus. Zu viel auf ihr...) Medi – Bibi, Beidlers, von etwas gellender Herzlichkeit.

9.IV. _____ Vormittags, mit Medi, beim Konsul Laška, »tadellos«, Abschiedsvisite. – Lunch bei den Oprechts: mit *Silone* zusammen. (Wirkt sehr krank; auch ziemlich melancho-lisch.) Unterhaltung meistens politisch: Russland. Silones ra-dikaler Anti-Stalinismus, fast wie bei Brentano, aber trauriger, fundierter, ernster – ganz ohne das manisch-Egozentrische.
Nachmittags, gelesen; (Benn: ganz *ekel*erregende Dinge in den Reden auf George und auf Marinetti). – Zeitungen, grosser Stoss.
Miro zum Abendessen. Später mit ihr zur Bahn: *Eva H.* abgeholt – die aus St. Anton kommt. Mit ihr, Medi – Bibi ins »Appartement«-House, Uto-Quai. (Eva erzählt über russische Reise, über Feuchtwanger u.s.w. *Merkwürdig*, dass sie einfach die Geliebte des garstigen kleinen F. ist...) Später, in der Bar,

Miro, Giehsin, die Binder dazu. Ganz gemütlich. Hier noch, lang mit Theres. Unterhaltung über den Komplex: E, New York, Pfeffermühle, Maurice u.s.w. Aber man redet da natürlich etwas aneinander vorbei... Gelesen, Tagebücher Ludwig II., *sehr* sonderbar. – ½ 4 Uhr.

10.IV. _____ □ Besuch bei *Brentano*, und LEIDER die Affäre: Kahler – erstes Heft der Zeitschrift u.s.w. erwähnt. Daraufhin so *ungeheuerlicher* Erregungs- und Wut-Anfall, von Seiten des B., wie ich einem solchen noch *niemals* beigewohnt. Absolute Tobsucht, mit um-sich-Schlagen u.s.w. Das Gesagte dabei fast nebensächlich – wenngleich auch *phantastisch*. Ganz grausiger und unbeschreiblicher Wahnsinn. – – – Kino, mit Theres: »Amok«, französischer Film, sehr anständiges Niveau; bemerkenswerte Musik von Rathaus. – Gelesen: Zeitungen. Benn, »Expressionismus.« (Notizen.) Ludwig II. – Tagebücher. – Brief an Ferdinand Lion.

13.IV. _____ *Wien, Hotel Imperial.* Der Wiener Wagen überfüllt: lärmende Fussballer-Gesellschaft. Einer von ihnen sehr schön. – Später in den Schlafwagen verzogen (ab Innsbruck): verschwenderisch. – Zu viel genommen. Mehrfach heftig gekotzt.
Lektüre: Gazetten. (»Weltwoche«, mit Manuels niederländischen Impressionen, »Pariser Tageszeitung« u.s.w.) – Ludwig II. –
Wien – merkwürdig zwischen vertraut und fremd. Bei der Ankunft immer wieder auffallend: die Armut der Strassen... Chauffeur will mich beschwindeln; Portier kommt ihm drauf. Chauffeur tut mir leid.
Moni. (Sieht ganz nett aus.) Mit ihr rumgebummelt, paar Besorgungen. Essen bei Sacher: gut; zu teuer. (*Alles* zu teuer; gebe *viel* zu viel aus.) – Wieder ins Hotel. Briefe an Iltis, Herzfeld; Lotte Walter, Sklenka, Telephone – Professor Steinthal u.s.w. – Einiger Betrieb, weil meine Ankunft im »Telegraf«

zu lesen. Anrufe, Briefe (eine Frankfurter Leserin; Hans Rameau; Walter Mehring u.s.w.) Ein Herr vom Presse-Photo-Dienst. (Ob aber mein Portrait hier in der Presse wird erscheinen dürfen??) – Besuch von Siegfried *Trebitsch;* mit ihm hier in der Bar. – Ins »Bristol.« Mit Joseph *Roth* (der recht versoffen und tückisch); *Tschuppik* (dem *Gold*hasen); zwei weiblichen Verwandten von Roth; einer Agentin, Baronin von Scholley. – Ins Burgtheater: *Csokors* preisgekröntes Stück »3. November 1918.« Eindrucksvoll. Übrigens, viel darüber zu sagen – nicht nur Gutes. (Notizen.) – In der Pause Frau Walter, E. A. Rutra getroffen. – Zur »Literatur am Naschmarkt«: zu spät, und ausverkauft. Im Café, mit Zeitungen. Moni dazu. Ins Hotel, genommen... Wieder ins Cabaret. Gesessen mit der Mattern (ein braves Ding), dem Paul Lindberg (auch ein braves Ding), dem Conférencier Gutherz (?). Schliesslich: *Sklenka.* Völlig verändert; dick geworden; entzaubert...Vorbei. »Wie schade, dass alles Schöne vergeht... « Ach, was *habe* ich ausgestanden um den...

– – –

½3 Uhr. Ein langer Tag. – Gelesen, »Neues Wiener Journal«; »Ludwig II.« – ½4 Uhr.

*14.IV.*_____ Zu kurz geschlafen. Morgens Telephone: ein Frauenverein (zwecks – unbezahltem – Vortrag); ein gereizter Schnorrer (angeblich für eine Staatenlose;) Lotte Walter, André Mattoni, Walter Mehring u.s.w. – Post: Hatvany, Ferdinand Lion, Rév u.s.w. – Besuch von einem Interviewer (für den »Tag«); ungarischer Journalist, Trotzkist, in Deutschland 2mal im K.Z. gewesen...

Moni. Mit ihr im Kunsthistorischen *Museum.* Was für eine *herrliche* Galerie! –: wusste ja gar nicht, dass sie *dermassen* herrlich ist. Enorme Eindrücke von den Breughels, den Dürers, Velasquez; zwei Säle deutscher und österreichischer Primitiver (faszinierend!) Tizian. Das satte Flammen-Rot auf 2 Rubens-Portraits...u.s.w. – Ungeheure Fülle des Allerschönsten… Mittagessen mit dem Franz *Horch* (Einladung von ihm.) Nicht üble Unterhaltung, über Theaterstücke, Schauspieler, Amerika u.s.w.

Lotte Walter, im Café Imperial. Geplauder 1 ½ Stunden. Vom Familienklatsch bis zur grossen Politik. Ganz gemütlich. – Brief an Dr. Rév, Prag. – Besprechung mit der Agentin, Baronin Scholley. (Wiener Vortrag; Artikel.) – Abgeholt vom Hans *Rameau.* Gutes Essen mit ihm (eingeladener Weise…) in den »3 Husaren.« (Ernst Deutsch begrüsst.) Conversation assez agréable et amicale. – In die »Literatur am Naschmarkt.« Im fast *unerträglich* heissen und rauchigen Lokal das Programm gesehen, mit Moni und Horch. Einiges sehr Nette. (Z.B. Lindtberg in dem lateinischen Cäsar-Chanson.) Einiges mittelmässig. Einiges recht interessant, aber an der Grenze zum Peinlichen. (Gotisches Märchenspiel vom gestohlenen Mond: pathetisches Kunstgewerbe, sehr anspruchsvoll.) – Nachher mit Walter Mehring (bittere kleine Fledermaus, aber ganz nett.) Lindtberg und der Conférencier Gutherz – kein übler Bursche – noch hier in der Hotel-Bar. Unterhaltung über »Kleinkunstbühnen«; Amerika (seine Bekanntschaft mit Thornton Wilder u.s.w.)

»Ludwig II.«

½ 3 Uhr.

16.IV. _____ *Brünn, Grand Hotel.* Erst gegen 5 zum Schlafen gekommen. Vorher wieder fürchterliches Gekotze. Nun aber muss ich bald einen Strich machen, unter »la chose ellemême«…

Grossen, polemischen Abschiedsbrief an Brentano geschrieben. – Erst um 3 Uhr aus dem Zimmer. Etwas gegangen. Ja, das ist also die Stadt namens Brünn: ich kenne sie nun auch schon ziemlich gut. – Café; Zeitungen; »Weltbühne« – mit meinem Aufsatz über das Züricher-Schauspielhaus. – Ins Hotel zurück. Notizen. Brief an F. angefangen. Im Hotel-Restaurant, allein gegessen. – Abends: mein *Vortrag* – »Hoffnung auf Amerika« –

in der Masaryk-Volkshochschule. Ganz voller Saal (200 Perso-
nen.) Nette Stimmung. Sehr brave »einleitende Worte« von
Oskar Maria Graf; abschliessende von Prof. Iltis. Ich bin beim
Lesen gestört durch Schweissausbrüche (ganz dicke Tropfen) –
teils von wegen Hitze, teils durch Morphinisten-Geschwächt-
heit. Spreche Anfang und Schluss gut; lasse in der Mitte nach.
Anschliessend: Beantwortung meist ziemlich töricht gestellter
Fragen. – Mit Oskar Maria Graf und einem Kreis von – meist
jüdischen und sehr radikalen – jungen Leuten (Redakteure, ein
Ingenieur u.s.w.) – im Café »Museum.« Graf sehr animiert;
erzählt Familiengeschichten: über seine Brüder in Amerika
u.s.w.

17.IV. _____ ☐ Mit Graf und dem Kreis von jungen Leuten
zusammen, in der Wohnung des Ingenieur Erdélyi. Der »Redakteur« Bonde, und 4 oder 5 andere dabei. Kein *besonders*
amüsantes Milieu. Graf, sehr nett und verschmitzt. Liest
Erinnerungen an seine Russland-Reise vor (die er *nicht* veröf-
fentlichen will): Begegnung mit Adam Scharrer im Zug. – Am
Schluss: Debatte mit dem – sehr parteikommunistischen –
Hausherrn über den »Fall Gide.« (Genau jener »Conformis-
mus«, den Gide angreift...) – Genommen. Gelesen. (»Tage-
Buch.«)

18.IV. _____ Telegramm an Bozzi – Paris: ausführlicher
Brief an Kesten.
Gearbeitet, an dem Artikel über Czokors Stück »3. November
1918«, fürs Tage-Buch; aber nicht fertig geworden; eben doch
ziemlich reduzierter Zustand infolge Nehmens: esse wenig und
unregelmässig, es wird mir leicht übel; totale Impotenz; heftige
Müdigkeiten. Dabei ist es natürlich auch *schön*.... (Höre
heute, gesprächsweise, dass der Schauspieler Edthofer – grosser Thun-Esser – in der »Irrenanstalt«; gemeint ist wahrscheinlich: in der *Entwöhnung.* – Es hält *keiner* durch...)
Geselligkeiten, beide halb auf dem Lande: zum Tee bei *Th. Th.*

Heine, der bei den Brüdern Eisler (Architekten) sehr schön und luxuriös wohnt. Grösserer Kreis von Damen und Herren. Besichtigung von Kakteen, bunten kleinen Vögeln u.s.w. Abends: mit *O.M. Graf* und seiner Frau (eben einfach die Schwester des Manfred Georg) bei wohlhabendem, marxistischen Anwalt Stern. Ein israelitischer Kinderarzt (intelligenter Mensch: *liest*!!) mit Frau und Schwester dabei. – Spiele ein wenig den »interessanten Gast«, das Wundertier aus der relativ grossen Welt…
Mit dem Graf stehe ich ganz herzlich und gut.

19.IV. _____ ☐ Essen, mit Graf, in dem guten tschechischen Restaurant, dessen Namen ich mir nicht merken kann. Interessante Unterhaltung. (Die neuen grossen Oppositions-Gruppen in Deutschland: Hoffnungen, Berechnungen, Kampfmethoden. Er ist natürlich viel gescheiter – sehr viel weniger bäurisch-einfältig –, als seine schlaugewählte Pose es verrät.) –
Freundliche Rezension im »Tagesboten« über meinen Vortrag. ☐

21.IV. _____ *[Bratislava, Hotel Carlton].* Morgens, von meinem Fenster aus, beobachtet: die Ankunft des *Präsidenten Beneš* – den man hier zum Ehrendoktor macht. Recht rührend und eindrucksvoll. Grosse Aufzüge: Militär, Mädchen in Landestracht, Buben in roten oder blauen Blusen, mit Käppis, grosse Musik, Glockenläuten u.s.w. Beneš, in offenem blumengeschmückten Wagen, mit Gemahlin: er mit dem Zylinder, sie mit weissen Handschuhen winkend. Sehr monarchisch. Erfreulich: einen Intellektuellen, einen Demokraten in dieser grossen Position zu sehen… ☐

22.IV. _____ *Prag, Hotel Esplanade.* Abreise, vormittags, von Pressburg. Angeredet worden von einer jungen deutschen Jüdin – Fräulein Marx –: einerseits aufdringlich, andererseits ängstlich, mit mir gesehen zu werden. Setzt sich zu mir. Berichtet, dass sie Dichterin und Rezitatorin; dass sie Abende mit mir geben möchte u.s.w. Dummes Ding. – Dann, während der ganzen Fahrt, Unterhaltung mit einem ungarischen Rechtsanwalt und Literaten, Dr. Gràl. – Wenig zum Lesen gekommen; nur Zeitungen und etwas »Weltbühne« (mit meinem Artikel über *Irmgard Keun*.)

Ankunft Prag. An der Bahn: Golo, Mimi, Goschi, Milka. – Nach einiger Hotel-Suche doch wieder hier gelandet. – Mit Golo, während des Auspackens und Rasierens. Conversation fraternelle. Nett. – Mit ihm zum Abendessen bei Mimi – Goschi. Gutes Essen; familiant verklatscht. Zu Fuss zurück. (Über die grosse Brücke; den Wenzelsplatz.) –

23.IV. —————— Et me voilà, de nouveau, dans une autre chambre d'hôtel... Schon fängt eine gewisse »Gemütlichkeit«, durch die Verteilung von Büchern, Photographien u.s.w. an, sich herzustellen. Ein anstrengender LANGER Prager Tag.

Vormittags: mit Golo, bei Melanchtrich: Geld abgehoben (von Z.'s Konto: Juni-Wechsel.) Plauderei mit gehobener Sekretärin. – Essen (mit G.) in wohlfeilem sauberen Restaurant, wo man nicht rauchen darf. – Bei Mimi. Erst, auf sie wartend, telephoniert. Dann mit ihr und dem armen Goschi. – Ins Hotel. Etwas – dringlichste – Korrespondenz. (Friedrich, Bozzi, Kleiber u.s.w.)

Nachmittags und abends unterwegs (von $\frac{1}{2}5$ bis $\frac{1}{2}1$, ohne zu nehmen)

1.) *Budzislawski*, im Café Juliš. 2stündige Unterhaltung. Den ganzen Problem-Komplex der Emigration durchgenommen. (Schwarzschild, Bernhard, Hiller, Bruno Frei u.s.w.)

2.) a.) Bei Dr. *Rév*, Redaktion des »Montag.« Programm des Vortrages. b.) Bei Walter *Tschuppik*. Unterhaltung endigt in einem Interview über Amerika, für sein Blatt.

3.) Bei *Wieland Herzfelde*, mit E.E. Kisch, Ernst Bloch, F. C. Weiskopf, ein Ehepaar Meier; später die [...], aus Brünn, dazu.

(Der wohlhabende 100prozentige Kommunist.) – Grosse politisch-weltanschauliche Debatte, anlässlich der »Prozesse« und der Gide-Broschüre. Letzten Endes ergebnislos – wie die grossen theoretischen Diskussionen dieser Art meistens. (Das Problem des unbedingten *Vertrauens* zum Kreml bei den Linien-Treuen; ich vergleiche es mit der Gläubigkeit der Katholiken, Unfehlbarkeit des Papstes u.s.w. Bloch und Kisch bestreiten. Teilweise interessant. – Kisch sehr kindlich, erregt, pathetisch, ziemlich sympathisch.) – Erfahre auf dem Rückweg von Weiskopf: Bert Brecht lässt nicht zu, dass im »Wort« positive Kritik über »Mephisto« erscheint. Alte Feindschaft rostet nicht...

Post: F. Lion; Brentano (Antwort auf meinen scharfen Abschiedsbrief; relativ milde. Von sanftem, melancholischem Grössenwahn. Vergleicht sich mit Nietzsche, seiner »höllischen Empfindlichkeit« wegen. Wenn es *damit* geschafft wäre...)

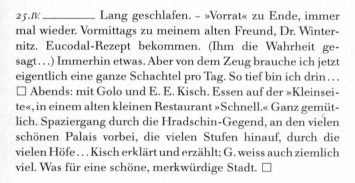

25.IV. _____ Lang geschlafen. – »Vorrat« zu Ende, immer mal wieder. Vormittags zu meinem alten Freund, Dr. Winternitz. Eucodal-Rezept bekommen. (Ihm die Wahrheit gesagt...) Immerhin etwas. Aber von dem Zeug brauche ich jetzt eigentlich eine ganze Schachtel pro Tag. So tief bin ich drin...
□ Abends: mit Golo und E. E. Kisch. Essen auf der »Kleinseite«, in einem alten kleinen Restaurant »Schnell.« Ganz gemütlich. Spaziergang durch die Hradschin-Gegend, an den vielen schönen Palais vorbei, die vielen Stufen hinauf, durch die vielen Höfe... Kisch erklärt und erzählt; G. weiss auch ziemlich viel. Was für eine schöne, merkwürdige Stadt. □

26.IV. _____ *Grauenvoller* Zustand, den ganzen Vormittag, bis nach 4 Uhr; *gar* nichts da, der Arzt nicht zu erreichen... Die Hölle. Diese ekelhafte Mischung aus völliger Schwäche und Erregtheit. Unfähig, *irgendetwas* zu tun. Teils im Bad, teils auf dem Bett. – Ein paar Telephongespräche. (Otokar Fischer,

Weiskopf, Kisch u.s.w.) – Mittags, Golo. Setzt für mich französischen Brief an das Sekretariat des Präsidenten Beneš auf (wegen Audienz...) – Mit G. gegangen. Überraschend Joop van Hulzen mit seiner – Braut! getroffen. – Auf der Redaktion der »Wahrheit.« Auf der Redaktion des »Tagblatt.« Max Brod und etliche andere kurz gesprochen. □

28.IV. _____ □ Bei *Karel Čapek*, in seiner Villa; (noch von Radl begleitet.) *Kein* durchaus sympathischer Eindruck, obwohl er liebenswürdig ist, mir sein Masaryk-Buch mit Widmung schenkt u.s.w. Äussert Gehässigkeiten über die deutsche Emigration – nicht sehr taktvoll. – Halbe Stunde mit Ernst *Bloch* im Café Juliš. (Dies ohne Golo.) – Abends, Theater, Voskoveč und Werich, Revue, »1927 – 37.« Bin nicht mehr sehr aufnahmefähig: müde – und irritiert durch das nicht-Verstehen der Sprache. – – Zeitungen. *Grauenvolle* Nachrichten aus Spanien. »Das Blutbad von Guernica.« Diese Hunde von Fascisten! Und die erbärmliche Schwäche der Demokratien.. Golo in grosser Erregung. Noch spät – und unter Wirkung.. – Notizen zum Thema: »Müsste man an die Front???«

30.IV. _____ □ Telephone: einer, der mir mitteilt, dass »der Präsident« mich am Mittwoch empfangen will...
»Une heure avec« Max Brod, im Café »Palace.« Gespräch, pikanter Weise, hauptsächlich über Rauschgifte und ihre Gefährlichkeit. (Im Zusammenhang mit der Nutte, der Brod hörig ist und über die er den Roman geschrieben hat.) Sehe zum ersten Mal ein Exemplar der tschechischen Ausgabe der »Symphonie Pathétique.« Illustriert; komisch. □

2.V. _____ Vormittags, mich noch mit diesem heiklen Spanien-Artikel geplagt, um ihn dann endgültig aufzugeben – was ein Gefühl von Enttäuschung hinterlässt. – Langer geselliger Tag (mit Golo.) Trambahnfahrt nach Dejvice. Erst bei Ernst Bloch; (seine kränkelnde Frau; kleine Wohnung mit hübschen

alten Möbeln. – Dann, mit Bloch, zum Budzislawski. Seine
Frau und Schwägerin. Tee, Chocoladentorte, Unterhaltung
z. B. über die Umtriebe des Willi Schlamm. □

5.V. _____ Une grande journée.
Vormittags (10 Uhr): die Audienz beim *Präsidenten Beneš.*
Behält mich eine volle Stunde da. Doziert, intelligent und
lebhaft. Fast rein politisch. Abriss der ganzen europäischen
Situation... Mache gesonderte Notizen darüber. – Immerhin
ein Datum: die erste Begegnung mit einem Staatsoberhaupt.
Und, ohne Frage, mit einem der besten...
Anschliessend daran, beim Minister *Spina* – wo Prof. Frankl
schon sitzt. Weniger anregend, aber auch nicht völlig uninter-
essant.
– – – Schöner Spaziergang, mit Golo, auf den Park-Hügeln,
hinter der »Burg.« – – Essen bei Mimi. (Vor Tisch: eine
Wahrsagerin; liest mir aus der Hand; eröffnet mir aber nicht
sonderlich viel...) Eucodal. (Der andere Stoff ausgegangen.)
Korrespondenz (die Scholley, Csokor.) Telephone, Erledigungen. – Abends: der *Vortrag* – »Hoffnung auf Amerika«, zum
4. Mal –, im Radio-Saal. Mittel besucht; immerhin: über 300
Leute. – Sehr sympathisches und gescheites Vorwort von Paul
Eisner. – Besonders gute Stimmung beim Vortrag selbst; sehr
starker Beifall, muss mich 4 Mal zeigen. – Gratulanten-Schar in
der Pause; z. B. Kutenberg, der Grab, Friedrich Torberg,
andere. – Überflüssige Vorträge der braven Kronbauerova und
der Warnholtz aus »Symphonie« und »Mephisto.« Publikum
hat genug; ist müde; geht. (Erfahre, zu meinem SPASS, dass
André Germain (!!) da gewesen ist...) Grosser Tisch im Café
»Electra«: Eisners, Révs, Kronbauers, Mimi, Goschi, Milka
u.s.w. An einer dépandence: Herzfelde, Weiskopf mit Frau,
Steinfeld. – Abrechnung mit Rév. Gibt mir 500 Kč – die mir nicht
einmal zukommen. Nicht glänzend. Trotzdem: geglückter
Abend. Erfolg muss sich indirekt bezahlt machen.

– – – – – –

Dies alles am 5. Mai: dem Todestag *R's*. Vor 5 Jahren.

– – – – – –

Gelesen: in Trebitsch's »Rückkehr zum Ich.«

12.V. —————— *[Wien, »Imperial«].* Gestern, der Vortrag im
Offenbach-Saal (»Hoffnung auf Amerika«, zum fünften Mal):
dürftig besucht; (zu wenig Reklame, zu schönes Wetter, zu spät
in der Saison); aber *sehr* herzliche Aufnahme. – Nachher,
grosser Kreis, in der »Schwemme« des »Imperial«: Genia
Schwarzwald (sehr enthusiastisch), mit einem dänischen jun-
gen Schriftsteller; Sarita – plötzlich wieder aufgetaucht –, mit
ihrer Buhlin, der Tochter des Franz Blei. Der Schriftsteller
Canetti (Autor der »Blendung«) u.s.w. u.s.w.
Vorgestern abend: mit Gretel Walter und Moni in den Kam-
merspielen, »Das Paradies« (Mirabeau), ganz rührendes
Stück; nett gespielt. (Die beiden Kinder.)
Gestern nachmittag: Tee bei Coudenhove-Kalergi: ein mehr
reizvoller, als bedeutender Mensch. Politische Konversation. –
Später, die phantastisch grelle Ida Roland dazu.
Besuch von Walter Mehring. – Der unglückliche kleine Eh-
renfeld. – Autogrammsammler, Schnorrer, Interviews u.s.w. –
Getroffen: Familie Walter; die Polgar; Professor Steinthal,
André Mattoni u.s.w. – Gearbeitet: Artikel über meinen Besuch
bei Beneš. – Korrespondenz. – Sendung aus Paris verzögert sich.
Arge Stunden. Dr. Frischauf rettet mich mit Eucodal-Rezep-
ten.
□ *Kette* der Verabredungen: Sarita. – Der Lyriker Theodor
Kramer (jüdischer Romantiker.) – Ehrenfeld (zerfahren und
unglücklich.) – *Sven Schacht.* (Welch kuriose Wieder-Begeg-
nungen.) In Begleitung seines – 14jährigen Freundes... Moni.
– Abends: mein Vortrag im *»Wiener Kulturverein«* (»Hoffnung
a.A.«, No. 6.) Für den engen Rahmen relativ grosses, *ungemein*
herzliches Publikum. (Zahlt mir. LEIDER nicht...) – Auto-
gramm-Verteilung. – Viel Plaudereien (z.B. mit einem bulgari-
schen Autor, der mir seinen Roman »Wir sind am Balkan

geboren« verehrt.) – Nachher, im grossen Kreis, eine halbe
Stunde im Garten eines serbischen Lokals. – Als Abschluss:
Rendezvous mit *Stefan Zweig* in der »Bristol«-Bar. Die Lavinia
Mazzuchetti dabei; Joseph Roth – völlig in sich zusammenge-
sunken, dabei lauernd: eine *Qual*, mit ihm zusammen zu sein –;
der Journalist Erwin Rieger (?); noch einer. – Stez ungemein
jovial, herzlich und schmeichlerisch.
Todmüde. Quelle journée!

15.V. ——————— *[Budapest, bei Hatvany, Bicsi kapu tér 7].* Briefchen von Kleiber – Basel. Notizen über Čapek – Masaryk, und
weiter gelesen.
Zu Tisch: eine Lazi-Cousine – schwere, bäurisch aussehende,
eifrig Zigaretten rauchende Frau: Autorin; ziemlich intelligent. – Unterhaltung über das rätselvolle Phänomen des *Gedächtnis*. (Das Problem der *Auswahl*. – Die mehrfach gelebten
Leben.) – Nachmittags: den *Otto Zarek* bei Hangli getroffen.
(Verleger-Sorgen; Klatsch u.s.w.) Etwas mit ihm gegangen: zu
Gerbaud; den »Korso« auf und ab… Budapest präsentiert sich
hübsch und frühlingshaft… Gearbeitet: erste Schritte seines
Spanien-Artikels für Fleischmann's Zeitschrift. – Beim Lazi
(wo immer Gäste.)
Abends: den kleinen *Curtiss* (hübsches, etwas blasiertes und
hochnäsiges Kind) im »Hungaria« abgeholt. Essen mit ihm
(gut, ziemlich teuer, mit Zigeuner-Musik); den Citron und
seinen ungarischen Freund getroffen. In einer »Boîte de nuit« –
wo durchaus noch nichts los war; später noch in einem ganz
netten Weingarten in Buda.
»Masaryk.« Und genommen. (Welch ruchlos *unpassende* Zu-
sammenstellung!)

17.V. ——————— Besuch von Dr. Klopstock (in dessen Armen
Franz Kafka gestorben ist…) Unterhaltung und Beratung
wegen der Entwöhnung…
… Reichlich Post: Mielein, Schwarzschild, die Herzfeld, Jo-

hannes R. Becher u.s.w. Bücher (Bruno Frank; Döblin.) – Brief
an Mielein. – Nach Tisch: Auto-Ausflug (chauffiert vom braven, intelligenten Peter), mit dem *Thomas Curtiss*, der dich-
tenden Lazi-Cousine und ihrem Freund. – Besichtigung
irgendwelcher Ruinen alt-ungarischer Königsschlösser; einer
hässlichen Kirche; eines Kirchenschatzes. *Trotzdem* nette
Exkursion –: grâce à Curtiss. Béguin. Bleibe mit ihm
zusammen… Nach wie langer Zeit zum ersten Mal wieder! –
Essen, zusammen, bei Hangli. Auf dem Korso gegangen.
Tendresse.

19. V. _____ Dr. Klopstock. Erzählt mir von Kafka, aus
seiner letzten Zeit; über deutsche Krankenhausverhältnisse. –
Brief an E. – Sendung aus Paris. F. Th. Csokor: an Lazis Lager
mit ihm geschwätzt. (Hat übermorgen hier Premiere seines
»3. November«.)
Lunch mit Loli und Klari (wie täglich) –: gänzlich ohne Appetit. – Unterhaltung mit Loli über Mielein – Z. – Nachmittags:
abgeholt von Citron. Den Dr. Klopstock bei Floris getroffen.
Mit ihm zum Neurologen Dr. Sandor.(?) (Ziemlich *schöner*
Mensch – mit auffallend langen, gebogenen Augenwim-
pern.) Besprechung und Untersuchung. (Reflex-Experimente
u.s.w.) – Das Herz u.s.w. in Ordnung. (Unter starker Wirkung
geschrieben)
Abends, mit *Curtiss*-dear. Ihn im Hotel abgeholt. (Von seinem
Zimmer aus: Telephongespräch mit Bondi Hatvany – dem ich
für den Weekend-Besuch absage.) Essen mit C. und Zarek, in
einem Alt-Buda-Gartenrestaurant. – Spaziergang, den Gel-
lert-Berg hinauf, zur Zitadelle. Der grosse Donau-Blick. Die
erleuchtete Ketten-Brücke (zu Ehren der Anwesenheit des
kleinen Königs von Italien…) – Noch auf der Terrasse des
»Gellert« gesessen. C. kommt mit. Glück und Rätsel einer
neuen Begegnung. Seine Hysterie, Traurigkeit, Intelligenz,
Zärtlichkeit, Sinnlichkeit, sein Lachen, sein Stöhnen; Augen,
Lippen, Blick, Stimme…

27.V. _____ *Sanatorium »Siesta« (Budapest)*. Und nun also soll diese »Entwöhnungskur« starten –: sie wird auch vorübergehen. Das Sanatorium, sehr Krankenhaus-artig. Klopstock, und zwei andere Ärzte. Krankenschwestern, eine speziell für mich. Ein Zimmer mit vergitterten Fenstern... Ich stelle Photos auf: Mops, Wolfgang, Miro (die Leidensgenossen...); E, Mielein; Ricki; Gide. Auch Besuch soll keiner gestattet sein. Heute C. zum letzten Mal, auf 10 Minuten.... Eine recht melancholische Komödie, das Ganze...

Vorgestern abend: mit Th. C., dem Csokor, seinem Übersetzer (ins Ungarische) und dessen Frau, Zarek, im Hangli. Später, mit Zarek allein, in einem tschechischen Bier-Lokal.

La visite nocturne. Les tendresses. – Gestern: Gearbeitet. Den »Ludwig II.« – Aufsatz zu Ende; ihn für die Weltwoche« zurecht gemacht. Brief an Mielein: ihr »alles« gestanden... ☐

28.V. _____ Erträgliche Nacht. Bekomme immer noch eine *Winzigkeit* Heroin (neben anderen Mitteln.) Schwäche. Liege im Bett. Schwitze viel.

☐ Morgens: der Chef der Klinik. Dann der junge Arzt. – Die Schwester erzählt mir Klatsch aus dem Pavillon.

Abends 7 h

Schwäche und Unruhe. Aber alles *relativ* noch erträglich. – Besuch von nicht weniger als 4 Ärzten: der kleine junge, Kàldor (Chef des Sanatoriums); Klopstock (literarisch-philosophisch plaudernd); Dr. Sandor. – Die Schwester behauptet, sie hätte noch nie einen Patienten gehabt, der sich bei dieser »Krankheit« so anständig und ruhig benommen hat wie ich. Meine gute und eigentlich *starke* Natur (für die ich so gar nicht dankbar bin) bewährt sich...

Ich höre die Schreie der Tobenden aus dem »Unruhigenhaus.« Muss an Bangs »Ludwigshöh« denken. Wie treu bin ich meiner alten Liebe zu Bang! Wie treu bin ich überhaupt meinen alten Lieben. (An den »Michael« zu denken, macht micht immer gerührt.)

.... Klopstock fragt mich, *warum* ich eigentlich Morphine genommen habe. Ich antworte einfach: »Weil ich gerne sterben möchte.« (»Todestrieb.«) Alle Menschen, zu denen ich mich hingezogen fühle, und die sich zu mir hingezogen fühlen, möchten (oder wollten...) sterben: Ricki, René, Wolfgang, Gert, Mops, Miro, Friedrich, und jetzt: Thomas Curtiss. (E ist vielleicht die *eine* grosse Ausnahme. Aber wie viel kostet es sie? Wer weiss, wie viel es sie kostet?....)

– Wolfgang sagte: »Ich sage Eucodal – und meine das Nichts, den Weltuntergang...«

Wie werde ich nun weiterleben, *ohne* diesen gefährlichen Trost? Werde ich den lieben Th. C. genug lieben? – Ich bete darum, dass ich ihn genug lieben kann... Es gehört so viel Kraft dazu, *sehr* zu lieben. Ich fürchte die Anfechtungen der Müdigkeit. Und er – liebt ja selber den TOD mehr als mich.
......

29. V. _____ Sehr unruhige Nacht, trotz schwerer Schlafmittel. – Morgens lang-anhaltender Weinkrampf. Ein Vergnügen ist DAS nicht.

»Entbehren sollst du, sollst entbehren.«

– – Müder und stiller Tag. Nur ein paar Gedichte gelesen. (Politzer u.s.w.) – Kleine Visite von Klopstock. – Post: Golo. Hans Flesch u.s.w. – Paar Zeilen an Lazi (Lolis Bruder ist gestorben.) – Die Schwester klatscht und erzählt: von ihrer missglückten Ehe u.s.w. (Überall Unglück...) –

2. VI. _____ 2 Tage völlig verschlafen. Immer noch *so* matt. Kann kaum gehen. Kaum lesen. Besuche von Klopstock; dem kleinen Doktor u.s.w. Zeitungen. *Alles* gelogen. Ein Glück, dass ich es nicht [...]

Curtiss – Bringt Rosen.

Post. E. u.s.w. (E kommt.)

3.VI. —————— Unheimlich, das Vergehen der Zeit.

Immer noch sehr schwach; kann, immer noch, kaum schreiben. Lesen.

Täglicher Besuch von Curtiss-darling.

Einmal Loli, einmal Citron da.

Gefühl der Mattigkeit. Je m'en fous.

Post, aber nichts Gescheites.

Unheimlich leerer Kopf.

Der tägliche Besuch von C.-dear.

Lektüre wenig: »Tage-Buch«, Zeitungen u.s.w.

4.VI. —————— Immer noch sehr matt.

Aber ich versuche, ohne Privatschwester auszukommen. Versuche auch, zu schreiben. (z.B. an Gide.)

– Sehr heftig geträumt, dass E sich bei der Ankunft in Europa durch *Schläfen* und Herz geschossen, und dass ich nun auch sterben dürfe.

5.VI. —————— Versuch, wieder zu arbeiten: Kleinen Artikel über »Frauenschicksale« und Notizen über Ludwig II.

Nähere Bekanntschaft mit dem Sanatorium; der Garten u.s.w.

Der tägliche – so sehr tröstliche Besuch – von *Curtiss.* – Besuch von Klopstock, den Ärzten.

Post: Telegramm vom Bruno Frank, F. Nebel. Briefe von Miro u.s.w. Immer noch *sehr* müde und zerschlagen.

...Angefangen, »Krieg und Frieden« zu lesen (oder *wieder*-zulesen?) Ich weiss nicht mehr genau, ob ich es als kleiner Junge einmal gelesen habe; es scheint mir aber fast so.

6.VI. —————— Sehr gut geschlafen – mit 1 ½ Veronal. (Und das erste Mal ohne Schwester.)

Diese Ärzte sind *Narren:* gestern besuchte mich wieder dieser Sandór (?): so fein, so überlegen, so *blöd.* (Katzenstein und Klopstock noch die beiden Besten; aber beide mehr Literaten, als Ärzte.) –

8.VI. —————— Es geht mir nicht schlecht. Immer noch, enorm ermüdbar. Die Atmosphäre dieses Talmi-Zauberbergs agaciert mich. Ich soll aber noch ein paar Tage bleiben. (Klopstock und alle wollen es.) Curtiss, grosser Trost. Grosses Glück. Und sehr froh, dass E in Europa.

9.VI. ——————

»Denn aus Nichts hat mich beschieden
In sein All der Herr des Lichts.
Und das Nichts in mir sucht Frieden
Immer wieder nur – im Nichts.«
(Werfel.)

»Die feste Abgegrenztheit der menschlichen Körper ist schauerlich.« Kafka. Sehr tief. Sehr charakteristisch. »Manches Buch wirkt wie ein Schlüssel zu fremden Sälen des eigenen Schlosses.« (Notizen über Lektüre. Goethe, Hebbel u.s.w.) Dieser Erlösungsschrei – das religiöse Genie par excellence unter den Modernen: »Wo finde ich Rettung?« ....
....
Andere Lektüre: Weltsch »Wagnis der Mitte.« Theodor Kramer, Gedichte. Becher, Novellen. Alles nicht überwältigend. Nur bei Werfel – »Traum und Erwachen« – immer wieder herrliche Funde...
Im Garten gelegen. – In ein neues Zimmer gezogen – welches angeblich schöner sein soll –, mit Hilfe des guten Klopstock.
– – Aphorismus von *Kafka* über den Tod. »Nach dem Tod eines Menschen tritt selbst auf Erden hinsichtlich des Toten für eine Zeitspanne eine besondere, wohltuende Stille ein, ein irdisches Fieber hat aufgehört, ein Sterben sieht man nicht mehr fortgesetzt, ein Irrtum scheint beseitigt....« Wie *enorm* unglücklich er war! Aber unglücklich schon bis zu dem Grade, wo die Kategorien sich vertauschen und aus der Klage ein Jubel wird.... Klopstock erzählt von seiner *Elegance.* Ähnlichkeit mit Nietzsche – der noch in seiner »paralytischen Nacht« höflich,

wohlerzogen, elegant blieb... *Literarisch* bewundere ich die ganz kurzen Stücke am meisten. Bei den langen – »Prozess« u.s.w. – hat man immer das Gefühl, sie könnten ins Endlose wachsen. Es sind recht eigentlich riesenhafte *Fragmente*. Die kurzen Stücke – wie »Der Kübelreiter« – fangen in 2 Seiten eine Unendlichkeit ein.

☐ *Atheismus.* Warum kommt er mir nur immer so lächerlich *naiv* vor? Es sind 3 Stufen: der (naive) Deismus; der materialistische Atheismus; die höhere Gläubigkeit. (*Nicht* »Pantheismus.« Ungeheuer kompliziert. Auf eine sehr schwer zu schildernde Art glaube ich ja an Den *persönlichen* Gott – nicht an den Gott in Baum und Strauch, von dem Faust etwas primitiv zu seinem Gretchen spricht: »Wie *hast* du's mit der Religion?«)
– – – – – Curtiss, zum Abendessen. (Aber er isst nichts.) Immer Trost und Glück. Seine Verzweiflung und seine Lustigkeit. Die Typen-Ähnlichkeit mit René frappiert mich oft.

10.VI. _____ *Zauberer* spricht, im Zusammenhang mit Morphine, von der »vie facile.« »Du hast viele deiner Freunde dran zu Grunde gehen sehen – wahrscheinlich ohne sie recht achten zu können.« *Achte* ich die nicht, die den TOD wollen? Fragt sich nur, wie verzweifelt sie waren, und was sie mit diesem fürchterlich aufgetragenen Leben vorher angefangen. – Den Tod wollen: nicht verächtlich sondern weise. Das Leben ist sehr grosse Scheisse. Vielleicht, alles in allem, nur ein »Mistake« (wie Curtiss sagt.) – Irrtum. Frevel. Missverständnis. Abirrung. (Aber gibt es einen besseren Zustand??) ☐

12.VI. _____ Der Gedanke an *C.* – für den ich eigentlich immer noch keinen Namen habe. Der ewige Zweifel, ob ich ihn GENUG werde lieben können. (Man liebt NIE genug.)
☐ Furchtbare Niedergeschlagenheit, weil Klopstock mir sagt, dass ich noch eine Woche hierbleiben muss. Heftige Depression und Nervosität. – Getröstet durch die Güte und den Reiz von Curtiss. ☐

13.VI. —————— *Ernest Renan* – das wirklich bezaubernde Vorwort zu den »Feuilles Détachées« (auf das mich Hatvany hinweist.) – Diese sublime, schalkhafte Frömmigkeit, bei dieser – in einem so langen inneren Vorgang zu Stande gekommenen – Skepsis.

»L'amour est aussi éternel que la religion. *L'amour est la meilleure preuve de Dieu* (!); c'est notre lieu ombilical avec la nature, *notre vraie communion avec l'infini.*« (Fast schon Mereschkowsky!) L'amour....»Oui, un acte religieux, un moment sacré où l'homme s'élève au-dessus de son habituelle médiocrité, voit ses facultés de jouissance et de sympathie exaltée à leur comble.....« Dieser alte Franzose – : erzogen von »Frauen und Priestern«; (und er sagt selber, dass *das* sein Wesen bestimmt.) – – – –

Und *Verlaine.* »Il faut m'aimer.« ☐

14.VI. —————— ☐ *Verlaine* – als eine Art von Morgengebet. Diese christliche Klage um die Schlechtigkeit des Körpers – (nachdem er alle Wonnen des Leibes, früher, besungen hat): »Triste corps! Combien faible et combien puni!«

Wenn ich nicht WIRKLICH bald sterbe, werde ich wahrscheinlich katholisch werden. Die letzte Zuflucht – : mit Vorbehalten.

16.VI. —————— ☐ Weiter sehr glücklich mit *C.* – : glücklicher, als ich es eigentlich noch für möglich gehalten hätte....

18.VI. —————— ☐ Bin wieder ganz gesund. Nur der Schlaf ist noch nicht ganz in Ordnung. (Kann, trotz schwerer Mittel, nur viel zu wenig schlafen.) – Merkwürdig: die Geschichte so einer *Entwöhnung* (das heisst doch nur: ein gefährliches Glück loswerden) – : wie die Geschichte einer Lungenentzündung.

.....Unübersichtlichkeit der politischen Lage. Vielleicht ist sie gar nicht SO schlimm. Stärke der Demokratien. ABER SPANIEN ...

19.VI. —————— □ Zum Abendessen, mit *C.*, bei Klopstocks –
die auch sehr lieb zu mir. Ich lese meinen Kafka-Artikel vor:
einer meiner besseren Aufsätze – scheint mir (und freut mich.)

20.VI. —————— Immer zu kurze Nächte, zu wenig Schlaf.
.....

Alle »radikalen«, besonders die sehr jungen Menschen, sind
davon überzeugt dass: die Welt *entweder* völlig zu verbessern –
durch eine soziale Reform ins Paradies zu verwandeln – sei;
oder dass die Welt eine Hölle, zu zerstören, aufzuheben,
jedenfalls total abzulehnen sei.
Alle reiferen Menschen wissen, dass die Welt zwar sehr
schlecht, unendlich traurig und wahrscheinlich auch *niemals*
völlig zu verändern ist; Dass wir aber trotzdem alles dazutun
müssen, sie relativ etwas erträglicher zu machen.
Daher unser politischer Einsatz.
.....

C. rät mir, ich solle ein »Leben« Herman Bangs schreiben.
Habe grosse Lust dazu. Müsste nach Kopenhagen.
......

22.VI. —————— *Wien, »Imperial«.* Die Abreise von Budapest.
Packen, ein Interviewer, plötzlicher Besuch von Zarek, Durch-
einander. Dann, die Abschiede, an der Bahn, Klopstocks,
Zarek, alles etwas aufregend, auch rührend, auch peinlich.
(Besonders mit K.'s, den lieben Leuten. Sie in Tränen.)
Die Reise mit *C.* Glück, mit ihm zu sein. □

29.VI. —————— *[Sils Baselgia].* Stilles Leben. Leider ziemlich
schlimmes und kaltes Wetter. Leben mit *C.*, E und Giehse.
Heute Ankunft von Annemarie. Arbeit am »Ludwig.« (Zunächst die letzte Scene – Elisabeth an der Leiche – geschrieben.)
Ab und zu nach St. Moritz. Einmal Kino. – Ab und zu Anfechtungen von Schwermut. Gefühl der Hoffnungslosigkeit – auch
meine Arbeit, auch *C.* betreffend. Denke aber doch, bis auf

Weiteres – mit grosser Kraftanspannung – durchhalten zu können.

4.VII. ──────────
– – – –

»Wo alles sich durch Glück beweist
und tauscht den Blick und tauscht die Ringe
im Weingeruch, im Rausch der Dinge,
dienst du dem Gegenglück, dem Geist.«
(BENN.)

– – – – –

Das Wetter schön. Die Landschaft oft unbeschreiblich. Grosse Spaziergänge: Fextal; vom Maloja nach Sils; Bernina-Häuser. – Arbeit: »*Ludwig.*« Geht – für meine Verhältnisse – langsam, aber nicht unerfreulich weiter.
Lektüre: durcheinander. Viel Gedichte. (Rilke; Benn – : immer die Gleichen.) Hofmannsthal-Prosa. – Joyce »Dubliners« (eine kleine Geschichte.) – Im Roman-Mskt. von Vincent Brun »Addio Robinson.«
Die Tage zu fünft. (E, Miro, Giehse, *C.*) – Grammophon. Mahlzeiten. Vorlesen. Gehen. □

7.VII. ────────── □ Von einer Morphium-Spritze geträumt.
– – – – –

Abreise von *C.* nach der Steiermark – wo er den Filmregisseur Pabst sehen will –, morgens um 6 Uhr. Die erste Trennung seit wir uns kennen; (abgesehen von den ersten vier »Siesta«-Tagen.) –
– – – – –

Briefe an Kesten, die Hatvanys, Rudolf Leonhard u.s.w. – Von: Politzer, Zarek, Blanche Knopf u.s.w.
– – – –

Immer: *Gedichte*, als Stimulans zum Arbeiten. Heute: Werfel; *Baudelaire.*
– – – – –

Rilke, Prosa: ein Fragment, »Die Turnstunde«, ein anderes »Begegnung.« Wenn Kafka irgendwo gelernt hat, dann hier. ☐

8.VII. _____ *Feuchtwangers* »Moskau, 1937.« Nicht sympathisch. Agaçant, mit seinem »Ja ja ja.« Gewiss oberflächlicher als Gide.
_ _ _ _
Schöne Spaziergänge: die Farbe des Sees. Aber: die Baum-Krankheit, hier im Engadin. Würmer, die von Baum zu Baum Fäden spinnen, wie Spinnwebe. Die Nadelbäume werden braun.
_ _ _ _
Abreise von E, nach Salzburg und Ehrwald. Immer diese Abschiede. Zu viele Abschiede. »Das alles gleitet und vorüberrinnt...«
_ _ _ _
»Ludwig II.« Gut gearbeitet. 12 Seiten.

9.VII. _____ ☐ Über das Problem des »Schlüsselromans.« Balzac-Zitat: »La plupart des livres dont le sujet est entièrement fictif, qui ne se rattachent de près ou de loin à aucune réalité, sont mort-né; tandis que ceux qui reposent sur des faits observés, étendus, pris á la vie réelle, obtiennent des honneurs de la longévité.« ☐

10.VII. _____ Den »Ludwig« - *»Vergittertes Fenster«* - im Manuskript fertig. -
– – Miro erzählt eine komische, schwuhle Geschichte aus ihrer Kindheit; mit einer Mathematiklehrerin. Gäbe eine nette Novelle französischen Stils, à la Colette: »Mathematik.«
– – Im Dorf, mit dem Doktor-Hund (den ich an der Leine führen muss.) –
Regen.

17.VII. _____ *[Küsnacht/Zürich].*   Familien-Geselligkeit.
3 Vorlese-Abende: Zauberers grosses, sehr fascinierendes
Riemer-Kapitel. – Ich, vorgestern, Anfang und Schluss des
»Ludwig« vorgelesen. – Golo, Miro, Giehse; Ankunft von Bibi.
Sehr viel Betrieb. – Lektüre: Gide »Retouches.« Die anti-
Stalin-Haltung verschärft. – Arbeit: am »Ludwig« getippt. –
Leichter »Rückfall«: ohne Konsequenzen, hoffe ich.
Anfechtungen der Schwermut, Mutlosigkeit – wie immer.
Schwer, zu leben.
Freue mich aber auf Wiedersehen mit *C.*
Korrespondenz. Überraschende Karte von Erich Ebermayer (!),
mit Komplimenten über den »Tschaikowsky.« – – Grösserer
Geld-Pump bei Tennenbaum.

18.VII. _____ *Paris, Hotel Pont Royal, rue du Bac.* Schlafwa-
genfahrt Zürich-Paris, mit E. Ihre 12 Gepäckstücke. (Für
Amerika.) Der grosse Abschied in Z.: mit 4 Wagen zur Bahn:
Mielein, Miro; ich mit Bibi im »Wunder.«
Hier: Wiedersehen mit *C.* – der vom »Grand Hôtel« hierher
zieht. Mittags: mit *Friedrich.* (Aus Amsterdam angeflogen.)
Abends, zu viert (C., F., E) – Essen am »Rond Point.« – In die
»Exposition.« Halb grossartiger, halb gemeiner Eindruck.
Menschenmassen. □

19.VII. _____ Wiedersehen mit *Mops* – die erschreckend
schlecht aussieht. Erst in einem ziemlich phantastischen kleinen Hotel, wo sie wohnt; später, nachts, im »Select.« – Abends:
Veranstaltung des »Schutzverbandes«, im Rahmen der Ausstellung antifascistischer deutscher Literatur. – Onkel Heinrich, samt seiner Kröger. Französische Ansprache von ihm. –
Leute: Karin Michaelis; Brecht; Piscator; Ilja Ehrenburg; Kolzow; Claire Goll; die Seghers u.s.w. u.s.w. – H.M. den Kommunisten durchaus hörig.

20.VII. —————— Lunch mit E, F. und *Schwarzschild.* Seine extrem anti-kommunistische Haltung erscheint mir noch falscher, als Heinrich's kritiklos sympathisierende. – Schw., im Übrigen, nett, herzlich, gemütlich.

– – –

Kafka: »Den ekel- und hasserfüllten Kopf auf die Brust senken. Gewiss, aber wie, wenn dich jemand am Hals würgt.«
– – – – Kritik von Marcuse über »Mephisto« im »Wort.« Gar nicht ganz dumm. – – – – – Mit E in der »Exposition«: in mehreren Pavillons. Der österreichische, sympathisch. Der russische: gross aufgezogene politische Propaganda. (Stalin-Bilder.) Der deutsche: verblüffend schlecht; kitschig; betont *un*-politisch. – – Bei »Weber«, mit F., Mr. *Huebsch;* Konrad Heiden dazu. (Etwas peinlich: das Problem meines Austrittes aus diesem von ihm gegründeten Schriftsteller-Bund.) – Grosses Abendessen bei »Larue.« (Aber F. arg niedergeschlagen.) – Mit *C.* zum Montmartre. Abschied von F.

21.VII. —————— Trauriger Brief von Klopstock.
Abschied von E. Sie an den Zug nach Le Havre gebracht. Menschenfülle, Aufregung mit dem Gepäck; Traurigkeit.
– Grosse Unterhaltung mit Konrad *Heiden* (in den »Deux Magots«): über die Komplexe: Kommunismus – Konformismus; Georg Bernhard; der »Schriftsteller-Bund«, meine Stellung zu ihm u.s.w. – Wilhelm Uhde dazu. – Mit *Mops,* im »Select.« Noch eine grosse Unterhaltung. – Kleine »Sünde«; *nicht* durch M.'s Schuld, sondern auf mein Drängen. (Töricht.) Der Abend, mit *C.* Diner im »Cochon de Lait.« Kino: »La Grande Illusion« (Renoir.) Gut gemacht, aber monoton und ohne jeden Handlungseinfall. Der eindrucksvolle von *Stroheim* in einer kleineren Rolle. – Auseinandersetzung mit *C.*, wegen des »Rückfalles.«

23.VII. —————— Lunch mit *Schwarzschild.* Seine ungeheuer scharfen – teilweise paradoxalen, teilweise überzeugenden –

Ausbrüche gegen den Kommunismus. (Stalin schlimmer als Hitler u.s.w.) – Nachmittags: Diktat (ein Frl. Schimmel): Kapitel-Anfang aus dem Emigranten-Roman, für die »Internationale Literatur.« – Brief an Klopstock. – Plötzliche Ankunft von *Magnus*. Abends mit ihm, *C.*, Charly Forcht (der immer noch gut aussieht; *etwas* »verdruckt«): Essen bei Michaud; im »Park des Attractives« der Exposition; im »Select« (Mops getroffen); in einem Bordell, rue de Blondel. (Das abscheuliche »Kunststück« der Huren mit dem Geld.) – Etwas betrunken. (Pernod Fils + Bier.) – L'amour.

26.VII. —————— Post: Mielein, Eva H., Miro u.s.w. Mielein geantwortet.
Relativ fleissiger Tag. Vormittags: die kleine Rede für den Abend geschrieben. (Beziehung zum »kulturellen Erbe« u.s.w.) – Nachmittags: Diktat, Frl. Schimmel: »Ludwig.«
Abends: Meine *Vorlesung* in der Buch-Ausstellung des »Schutzverbandes.« (Von Bruno Frei bei Michaud abgeholt – wo mit *C.* gegessen.) – Gut besucht; freundliche Stimmung. – Erst die kleine »Ansprache«; dann die erste Hälfte des Benjamin-Abel-Kapitels. Eingeleitet von Anna Seghers. Nachher, im Café, mit dieser, Frau Kisch, den Golls, Frei, Katz u.s.w. (Alle ein *bisschen* chockiert, weil *C.* bei mir: wohl etwas eindeutig wirkend.) – Später noch, Dôme, Montparnasse. Mit Herbert List gesessen. Francesco Mendelssohn getroffen, wie schon nachmittags. – *Etwas* zu viel Pernod Fils.

28.VII. —————— ☐ Lunch mit *Katz*, und seiner Frau, in einem dänischen Restaurant. Das grosse Thema: Kommunismus…, mit den bekannten Argumenten für und wider. – Besprechung meiner *spanischen Reise.* (!)
Mit *C.*, bei *Cocteau*, Hotel Castille. Grosse Aufregungen und Tragödien, wie immer. (Verhaftung eines Freundes von ihm, eines Boxers, wegen Drogenhandels u.s.w.) Zwei boy-friends: Marcel Khil, und ein neuer, Jean Thomasin. – Nur kurz bei

ihm; trotzdem wieder ziemlich starker Eindruck. (Der Opium-Geruch seines Atems.)

... Strenger und schöner Brief von Onkel Heinrich, diese berühmte »Gruppe« und die »Volksfront« betreffend. Komplizierte Situation, innerlich und äusserlich. Gestern ausführlich an Bruno Frank darüber geschrieben. – – –

... Merkwürdig: E ist jetzt schon wieder in New York, im Bedford.

... Ich wollte, ich stürbe in Spanien. Wenn ich mit C. nicht glücklich sein kann, dann lerne ich diese schwere Kunst überhaupt nicht mehr. □

29.VII. _____ Vormittags: auf dem tschechischen General-Consulat. (Wegen Spanien-Reise. Schwierigkeiten.) – Essen auf Montparnasse. Moment bei Magnus (der einen Jungen bei sich hat.)

Nachmittags: Diktat. Frl. Schimmel (deren Stimme mich ennerviert.) »*Ludwig*« *zu Ende.*

Abends: Essen mit C. – Magnus, bei Michaud. (Vorher: einen Moment bei Katz, in seinem »spanischen Pressebureau« wegen der Reise...)

Zum »Théâtre Antoine«: die letzte Scene des »Macbeth« gesehen (schwach.) Dann »Œdipe«, Cocteau's Adaption. Er spricht vorher – zu einem »Psychologen-Kongress.« Sehr interessantes Experiment. Die Mischung aus antikem und *chinesischem* Stil. Oft etwas gewaltsam, und mit ungenügenden Mitteln ausgeführt. (Schwache junge Schauspieler.) – Nachher Jean einen Moment gesprochen. Seine *gar* zu flüchtige Herzlichkeit. □

30.VII. _____ Die »Ludwig«-Abschrift (»Vergittertes Fenster«) korrigiert. Mir gefällt die traurige Romanze. (Autobiographisches – : hier ebenso stark wie im »Tschaikowsky.« Das Motiv des vergitterten Fensters, Reminiszenz an mein erstes Zimmer in der »Siesta«....)

– Lunch (toujours avec *C.*), im Restaurant des Ungarischen Pavillons, à l'Expo. – Blick in den scheusslichen russischen. Ausführlicher im spanischen: Der zunächst etwas befremdende, beim längeren Hinsehen immer grossartiger werdende *Picasso:* »Guernica.«

– – Kleiner Einkauf. Kleiner Rückfall… ☐

31.VII. _____ Vormittags: auf der »Tage-Buch«-Redaktion. Honorare kassiert. Bei Schwarzschild. Literatur mitgenommen: z.B. ein phantastischer – auf seine groteske Art sogar bewunderungsvoller – Aufsatz über Z. im »Schwarzen Korps«: »Wer *war* Th.M.?«

– Mit *C.*: Lunch (chez Rumpelmeyer.) Bei Ostertag. (Blättern in Büchern.) – Ausführlich Friseur. Langer Brief von Rudolf Leonhard: wieder zum Themen-Komplex »Volksfront« u.s.w. Gelesen: »Tage-Buch.« (Grosser – relativ sachlicher und massvoller – Aufsatz von Schw. gegen Feuchtwanger. Aber: Wie *bedauerlich* ist dies alles!!) – In den »Cahiers du Sud«: grosse Sondernummer über die deutsche Romantik. Scheint sehr interessant und gehaltvoll.

– – Der Karl Tschuppik gestorben. Ein so *charmanter* Mensch. SCHADE. – Abends, mit Mops und *C.*, bei Fouquet's, Champs Elysées.

– Das kleine Buch von der Annette Kolb, über die Salzburger Festspiele.

1.VIII. _____ Lang geschlafen. – Briefe an F.; an Landauer (zum Tod von Tschuppik.) – Gelesen, mit sehr starkem Interesse, im *»Romantisme Allemand«* (Cahiers du Sud.) Notizen. Will Artikel über den schönen Gegenstand machen. ☐

2.VIII. _____ ☐ Mit dem Regisseur Ophüls telephoniert. Katz u.s.w. (Aus der Spanien-Reise wird nichts. Umständlichkeit der Visen-Besorgung.) Spannungen und kleine Kräche mit *C.* Er erscheint mir oft grob, unmanierlich, eigensinnig u.s.w. (Seine schroffe Ablehnung meiner Freunde.) Vielleicht bin ich über-empfindlich. Ein Zusammenleben ist niemals leicht, à la longue. Beide Teile müssen sich Mühe geben. Tendresse, malgré tout.

3.VIII. —————— ☐ Essen mit *Schwarzschild* und *C.*, im »Petit Hongrois.« Später wieder bei »Weber.« Neue anti-kommunistische Ausbrüche Schw.'s. Die *alte*, grosse – zugleich erregende und ermüdende Diskussion. Fesselnd: Schwarzschilds intellektuelles Temperament, seine polemische Verve. Störend: seine fanatische Verranntheit.
– Wieder sehr schön mit *C.* Tendresse. Ich will ihn halten. Will mich an ihn (an ihm) halten.

4.VIII. —————— ☐ Mops-Visite. (Die Tragödie mit dem »Zeug« für 1000 frs., das ihr gestohlen worden ist.) (– Riess am Telephon darüber, wie irrsinnig Gumpert E. liebt. Das Phänomen: mit welcher *Unbedingtheit* alle die sich für sie entscheiden, die ihr überhaupt näher kommen. Es muss mit der Unbedingtheit ihres eigenen Charakters, mit der Stärke, Klarheit, Entschlossenheit ihres eigenen Wesens zusammenhängen –: eine Entschlossenheit, eine Stärke, die aber doch, ohne Frage, *gegen* so viele Anfechtungen… erzwungen, *ertrotzt* werden muss. –)
– Bei *Riess*, im Hotel »Scribe.« *C.* dazu. R.: ganz amüsant, ganz herzlich, auch nett zu *C.* (was mich immer gewinnt.) Aber von einer ans Niederträchtige grenzenden Taktlosigkeit. Bringt es fertig, mich im Laufe einer Stunde 3 oder 4 Mal zu *beleidigen* – vielleicht sogar ohne es sich ganz bewusst zu machen…
Abreise. Hastiges Essen, Gare de Lyon. *C.* herabgestimmt: vielleicht melancholisch über meine Abreise – und weil ich ihn nicht abwarten wollte –; vielleicht nur verdrossen.

5.VIII. —————— *Sanary, Villa Oasis.* Ziemlich qualvolle Reise ohne Schlafwagen. Meistens zu acht im II.-Klasse-Coupé.

Kaum geschlafen. Plauderei mit zwei munteren Französinnen. – Viel, und Vielerlei, über *C.* gedacht. – Gelesen: in Annet-
tens – nicht reizlosen – »Festspieltagen in Salzburg.« – Im
Romantiker-Heft. – »Marianne« u.s.w. –
Hier: *Eva – Billux* an der Station in Bandol. Zuerst etwas mit
ihnen zusammen. – Dann, Villa Oasis: *Brian;* Toni; Eddie; einer
namens Sascha Niederstein. (Anspruchsvolle deutsche Edel-
Tante.) Die vertraute, schlampige Wirtschaft. Weiss noch *nicht*
genau, ob ich hier wohnen bleibe. (*C.'*s wegen.) – Ganzen Tag
im Freien: mit einer Dame, vor der man sich nicht geniert,
Marcelle Conell – diese hatte den Wagen gemietet. Bad und
Lunch auf einer hübschen Halbinsel. (Das *erste* Bad dieses
Sommers!!) Spaziergänge; Felsen und Wald. Sehr schöne
landschaftliche Eindrücke. Brian, sehr lieb und drollig. – Brief
an Bibi. – Abends, zu Hause. Geplauder mit Brian und Eddie.
(Politik und Klatsch.) – *Totmüde.*

9.VIII. _____ □ *»Pension Sinaya«.* Brieftasche mit 500 frs.
(meinen letzten) verloren. Idiotisch. Abendessen mit *Marcuses.*
Fles, der Meier-Graefe, Billux (und *C.*) In grosser Truppe (in
3 Wagen) nach Onioulls. (Die Engländer mit ihrer Marcelle
dabei.) Ein Volksfest. Karussel gefahren. Spät noch nach
Toulon. Krach vor einem Café, mit einem bösen Besoffenen.
Bis 3 Uhr in einem Dancing. Billux bringt uns nach Haus. □

10.VIII. _____ Früh am Strand. Gelesen: im Romantiker-
Heft. (»Marx und die Romantiker« u.s.w.) – Das schöne Ge-
dicht »Spain« von *Auden.* (Denke daran, es zu übersetzen.) – In
einer Anthologie »New Writings.« (»Berliner Tagebuch« von
Isherwood.) – In den Heften »Die Deutsche Revolution« von
Otto *Strasser.* Interessant.
– – – – Anfälle von Traurigkeit. Unsagbar stark. – – – –
Coleridge. Kritische Prosa. –
– Nach Tisch, die Annette Kolb-Rezension für Schwarzschild
geschrieben. – Brief von Friedrich. Beantwortet.

– Immer der grosse Tisch, zur »Apéritif«-Stunde, im Café »Lyon.« – Kleines Geplauder mit dem *alten* Klossowski am Nebentisch.

Abendessen bei *Eva*, mit Billux, Mops, der Meier-Graefe, *C.* – Fast den ganzen *»Ludwig«* vorgelesen (mit Ausnahme eines Stückes aus der Mitte.) Guter Eindruck; *etwas* gestört durch Mopsens krankhaftes Einschlafen.

– Warme Nacht. Grosse Sterne.

11.VIII. _____ – – – – *Geträumt:* ich hätte mir mit ein paar geheimnisvollen Spritzen das Leben nehmen wollen. Es wirkt nicht. Während ich noch zweifle, ob ich leben oder sterben werde, kommt Rilke zu Besuch – und ist eine Frau. – – – □

12.VIII. _____ □ Telegramm von F.: *»Ludwig«* angenommen, erscheint Oktober. Tant mieux. – Zum Tee, mit Mops, bei Marcuse. (Schöner Blick aus dem Fenster seines Studios über den Hafen.) Grosse Russland-Unterhaltung – immer mal wieder. Die Psychologie der »Geständnisse«, in den Prozessen. – Marcuses Stellungnahme etwa in der Mitte zwischen Gide und Feuchtwanger; eher etwas näher bei F. – Abendessen bei Ullmer's mit Mops, *C.* und den Postmas.

– Die grosse »Mappe« von *Jack* genau durchgeschaut und Notizen darüber gemacht. (Soll ein Vorwort schreiben.) – Plötzliche Übelkeit (wohl durch die Hitze, zu schweres Essen, und verkatert von gestern nacht, auch *etwas* genommen): Zweimal heftig gekotzt. – – Im Café, kurz mit Benjamin *Crémieux,* den Luchaire's u.s.w. Dieser Fles benimmt sich wieder idiotisch.

13.VIII. _____ Lektüre: Kracauer »Offenbach.« Ganz geistvoll und unterrichtet; es fehlt aber jeder Tiefgang, jeder *wirkliche* Reiz. – –

– – Nachmittags und abends: wieder grosse party, diesmal bei Eva. Etwa 25 Personen: die Engländer, Kislings, Mimerel,

Mops, die Meier-Graefe, die Marcuse, Sascha Niederstein mit einer Protektorin Lilli Benedikt (und deren Mann), Französinnen (darunter eine ganz liebe Freundin von Mops) u.s.w. – Später, gemeinsames Abendessen – der »intimere Zirkel«: 12 Personen –, in Sanary, »Aux Bons Plats.« Diese Geselligkeit!!

15.VIII. _____ □ Abendessen mit *C.* in *Toulon* (da der »Train Bleu« überfüllt.) – I. Klasse im späteren Nachtzug. Wieder einmal kleiner Streit mit *C.* (wegen seines etwas infantilen Luxusbedürfnis': Schlafwagen, teure Restaurants u.s.w.): Aber er mindert nicht das Gefühl treuer Zärtlichkeit, *Zugehörigkeit*... Etwas gelesen: In Célines »Mea Culpa.« □

16.VIII. _____ *[Paris, Hotel Pont Royal].* Lunch, mit Miro und *Schwarzschild*, Café Marignan, Champs Elysées. Schw. hat Charme, äussert aber wieder ziemlich viel Verranntes, z.B. gegen Heinrich Mann. (»Objektiv: der Protektor alles Bösen. Subjektiv: senil.«) – – Noch einmal in der grossen Ausstellung *Französischer Kunst.* (Mit Miro.) Noch einmal: wunderbar berührt von einigen Poussin-Landschaften. – Géricault. – Erstaunlich geschmacklos, monströs: ein enormer Zeus vom Ingres. – Herrlich, die frühen Tapisserien. – Bei Ostertag, mit *C.* – Brief an Budzislawski. – Reisevorbereitungen: Mir scheint oft, mein halbes Leben vergeht mit ihnen. –

18.VIII. _____ *Küsnacht/Zürich.* Schlafwagenfahrt mit *C.* – Miro. Gestern: grosses Auspacken. – Post: Max Brod, Hatvany, Nebel: Schlüter u.s.w. – Geschrieben: langen Brief an *Heinrich.* (Ich muss ihm meinen Austritt aus der Schwarzschild-Gruppe anbieten: mein Verbleiben dort bekümmert ihn gar zu sehr. Mein Austritt wird den Bruch mit Schw. bedeuten. Eine blödsinnige, *überflüssige* Situation.)
Zu Tisch: Lion, Werner Wolff (der kleine Orientalist.) – Das erste Heft von »*Mass und Wert.*« Drin gelesen. (Z.'s Vor-

wort u.s.w.) Ob es nun so sehr viel besser wird als die »Sammlung«?? – Kleiner Abendspaziergang mit *C*. Es ist so schön, ihn
hier zu haben. – ABER: etwas genommen... Nur tendresse.

20.VIII. _____ Geruhsames Leben, avec Tomski (= *C*.) et la
famille (= Eltern, Golo.) – Vorgestern, Kino (mit Tomski): *»Der
Herrscher«*, nach Hauptmanns »Vor Sonnenuntergang«, mit
Jannings. Dieser: alt geworden, roh und sentimental, sehr
unsympathisch, dabei matt. Der ganze Film: grosse Scheisse.
Gemeine Nazi-Propaganda, und stinklangweilig noch dazu. ☐

21.VIII. _____ Gearbeitet: die alte kleine Geschichte »In der
Fremde« neu zurecht gemacht und neu getippt. – Allerlei
Notizen (Romantiker u.s.w.)
Gelesen: in »Annerl« (Brod.) (Nicht übel: die Psychologie des
komplizierten Naturwesens.) – In Golos Bibliothek geblättert.
(E.T.A. Hoffmann. – Tieck. – Friedells »Kulturgeschichte«
u.s.w.) – Den Anfang eines Essays von *Brentano*: »Das deutsche
Problem und Europa.« (Anti-Foerster.) *Nicht* angenehm, obwohl einiges Ideen-Material enthaltend. Aber: grössenwahn-
sinnig, voll Ressentiments, voll Tücke und Nationalismus.
– Mittags und abends: Besuch von der hässlichen Herz. (»Nürnberger Mittelstandsjüdin.«) – Abendspaziergang mit Tomski. –
Grammophon. (Tristan. Rosenkavalier.) (Denke an die *Feinde*,
die ich mir während der letzten vier Jahre erworben habe:
Breitbach; Bruno v. Salomon; dieser kleine Stern. Rechne jetzt
auch den *Riess* dazu, an den ich *gehässig* denke. Er *mag* mich
nicht, spricht auch Unpassendes über mich. Eifersucht, weil
ich zur Literatur gehöre, er nicht. Andererseits Triumph, weil
er mehr verdient. Ich bin des unverschämten Reporters müde.)

22.VIII. _____ »In der Fremde« für die »Basler« – und ein paar
andere ältere Arbeiten für das Bureau der Scholley zurecht
gemacht. – – Zu Tisch: die *Annette Kolb*. Ist ganz nett zu mir,

trotz meiner – teilweise etwas bissigen – Rezension ihres Salzburg-Büchleins. (Unterhaltung, z. B. über einen »katholischen Gürtelstaat« um Deutschland: Österreich, Bayern, Rheinland, Belgien. Annette sagt: »Ich würde aus dem Grabe hüpfen, um dabei zu sein, wenn das zu Stande kommt.«) – Spaziergang mit Tomski. – Den Essay von Brentano zu Ende gelesen. Manches darin wäre mir nicht uninteressant – wenn ich nicht wüsste, aus was für trüben Quellen das ganze intellektuelle Leben dieses Menschen gespeist wird. – *Friedell,* »Kulturgeschichte.« (Wiener Kongress. Metternich u.s.w.) Notizen. – Abends, Kino, mit Tomski: etwas reichlich Blödes mit Peter Lorre. – – Gut in Form.

23.VIII. _____ ☐ Bei Oprechts. Blättern in Büchern. Plauderei mit der guten Frau… Bei ihr: Frau von Kahler. Diese zeigt mir eine *infame* »Besprechung« aus der »Frontenzeitung« gegen »Mass und Wert.« Dieser tierische Nazi-Stil: überall der gleiche.

Brentano im Autobus getroffen – ihn nicht gegrüsst; krampfhaft weggesehen. Etwas peinlich. Aber besser so. – – Nach dem Abendessen: mit Mielein, Golo, Tomski, dem kleinen Alex Bücher umgeräumt. (Von der unteren Diele auf die obere.) Anschliessend: kleiner Spaziergang im regnerischen Dunkel. Telephone: Katzenstein; Valeska Hirsch; Miro – Michael (Sils.) – – – – Nehme schon wieder ziemlich regelmässig, und *nicht* ganz wenig. Ist das Leichtsinn, physischer Zwang, Selbstzerstörungstrieb, Ersatz de suicide? En tout cas: c'est inquiétant… Gestern ein Telegramm von Klopstock. Ahnt er es? ☐

24.VIII. _____ Langer, schön geschriebener, doppelbodiger, teils verständnisvoller, teils heimlich *höhnischer* Brief von *Heinrich.* (In der Angelegenheit: Schwarzschild-Gruppe.)
Brief an Moni. (Ihr innig zugeraten, ihren Lányi zu heiraten.)
Zu Tisch: *Raoul Auernheimer.* Alte Wiener Schule. – Plaudert wie ein Feuilleton der Neuen Freien Presse. Kopiert ganz

drollig den Hofmannsthal. Meint, die Habsburger seien die einzige Rettung vor einer Gleichschaltung Österreichs. (Ich widerspreche.)

– Lektüre: in den Briefen des alten Fontane. (Urbanität. Skepsis. Menschenfreundlichkeit.) – In den »Kriegsbriefen gefallener Studenten.« Welch andere Welt! Hysterischer Heroismus. Der merkwürdige, beinah wahnsinnige Drang, sich zu *opfern* –: *Wofür??* –

– – – Mich nun doch dazu entschlossen, aus der »Gruppe« Schwarzschild – Heiden u.s.w. wieder auszutreten. In diesem Sinne geschrieben an: Schwarzschild, Heiden, Heinrich u.s.w.

26.VIII. _____ Brief von Michael – Sils Baselgia. An Mops geschrieben. (Piquiert wegen Jack's durchaus ungehörigem Betragen.) – Angefangen am *Romantiker*-Aufsatz zu schreiben. (Aber nur wenig.) – Langer Nachmittag und Abend in der Stadt. Mit Golo, zum Tschechischen Konsulat und von dort, mit einem Herrn Sekretarius, zu einem Schweizer Arzt: zwecks Prüfung, ob ich *militärtauglich* bin. Hat die Einsicht, mich als *untauglich* zu erklären. Gründe: die Bauchnarben, die Lidrandentzündung, schlechter Nervenzustand. – Erleichternd. – Reisebureau Meiss. Überfahrt. Es wird also doch I. Klasse: auf der »Champlain.«

☐ Die Anni *Bernstein* in der Pension »Siesta« abgeholt. (Die nicht un-amüsanten politischen Zeichnungen, die sie jetzt macht.) Essen mit ihr und Zarek bei Bettini, am See. Später mit Z[arek] allein (d.h. natürlich: der *T.* dabei.) Rhapsodiert schwuhl Anekdotisches. – 11 Uhr-Autobus. ☐

28.VIII. _____ Post: netter Brief von Marcel *Brion* (»Cahiers du Sud«); blöder Brief von Fles. – – Zeitungen. Im Augenblick nur 2 Kriege. (China. Spanien.) Das niederträchtige Versagen der Demokratien in beiden Fällen. Die horrible Farce der »Nichtintervention« im Fall Spanien. Inzwischen *rühmen* sich

die Italiener mit provokanter Schamlosigkeit *ihres* Sieges bei
Satander.
_ _ _ _ _

Vormittags, in der Stadt, mit Mielein und Tomski. – Amerikanisches Consulat: das Visum sofort bekommen. Unterhaltung
mit dem Consul über Z.'s »Briefwechsel.« ☐

1.IX. _____ Ziemlich fleissig gewesen, mit dem *Romantiker*-Aufsatz. Ihn, im Manuskript, beinah fertig. Dazwischen
viel Erledigungen und Leute (ausser Tomski-dear and the dear
family – zu der, seit vorgestern abend, auch wieder Medi – Bibi,
aus Italien zurück, gehören.)
Zarek: stark essend; seine reaktionären Neigungen. Seine
Schwärmereien für Gerhart Hauptmann. Immer von wunderbaren Sexualabenteuern berichtend. –
Giehse. – Heute nachmittag: Hans Sahl. (Braver Mensch.
Stottert wieder enorm. Unterhaltung über die bekannten Emi-
grations-Sorgen: hier Schwarzschild – dort Stalin u.s.w.) –
Heute abend: *Stefan Zweig,* im »Odeon«, mit Zarek und
diesem russisch-schweizerischen Autor (Jolosch?) – Zweig ist
merkwürdig: einerseits ohne Frage etwas schwierig und fatal;
andererseits gewinnend, durch Nettigkeit, Charme. (Macht
mich nervös durch beinah schwärmerische Überschätzung
Mussolinis. Sagt dann wieder gescheite und gute Dinge.) Auch
seine völlig zwanglosen Bohème-Manieren sympathisch: da er
doch nun einmal, zur Zeit, der erfolgreichste Autor der *Welt.* –
Auf der Rückfahrt überfährt Golo eine Katze. *Weint* fast vor
Entsetzen. – Liest, gestern abend, Aufsatz über den »deutschen
Historismus« vor (für »Mass und Wert«.) Über Meinecke,
Erich Marcks u.s.w. Interessant. – *Beidler* dabei.
Telephone mit Miro – Michael. (Sils.) Mick will den Winter in
Finnland verbringen. Seine innere Krise. Auch kein leichter
Fall.
Reisevorbereitungen verschiedener Art. Die Abreise morgen
ist ja eigentlich schon wieder die nach Amerika. – Wieder

regelmässiges Nehmen. Was soll ich zu diesem melancholischen Faktum anmerken? – Gestern nacht, trotzdem schön. – Allerlei Lektüre. Romantiker. – Etwas in Grillparzers Autobiographie.

4.IX. _____ *Amsterdam, De Lairesse-Straat 5*. Also: wieder einmal Amsterdam – uralt. Wieder einmal: irgend so ein Zimmerl.

Reise allein (Tomski zunächst nach Paris: Bruder treffen.) – *Die Abschiede:* in Küsnacht, von Golo, Zauberer, Mielein; à la gare, von Medi, Bibi; Tomski (»auf gleich.«) – Die Wiedersehen: Landauer; Friedrich. Dieser etwas absorbiert von allerlei Sorgen und Personen. Gleich bei der Ankunft, zum Lunch: seine beiden kleinen Töchter, Angelika und Beate. Abends: son amie, junge Holländerin, Rini Otte, reizvolles Geschöpf, sehr naiv. – Ich aber, bis nun, eigentlich mehr mit Landauer, als mit F. – Mich in erträglichem Zimmer leidlich eingerichtet. – Starke Nehme-Stimmung. Bin aber sicher, ihr wieder Herr zu werden –: dieses Mal ohne »Siesta.«

Weiss nicht, ob die heftigen Übelkeiten (Durchfall und Erbrechen), von denen ich morgens geplagt, mit dem »Zeug« zusammenhängen, oder mit Obst-essen. (Man spricht von giftigen Pflaumen.) ☐

7.IX. _____ ☐ Fange an, mich nach Tomski zu sehnen. Freue mich darüber! Dass dieses Gefühl noch so frisch, so lebendig in mir. (Man wird manchmal unsicher, wenn man immer zusammen ist. Es ist gut, sich ab und zu ein paar Tage zu trennen.) – Aber ich weiss, dass *er* mich schon viel weniger liebt, als damals, zu Anfang, in Budapest. Wie er mich begrüsste, wenn ich nachmittags ins »Hungaria« zu ihm kam; wie er morgens um 3 Uhr in diesem merkwürdigen Zimmer am Bicsi kapu tér von mir Abschied nahm: diese grosse, schöne Zärtlichkeit ist wohl nicht mehr da. Sehr traurig, es zu bedenken. Wir müssen versuchen, diesen ersten Impetus des Gefühls zu

157

ersetzen durch wirkliche Zusammengehörigkeit, durch die – Treue…

10.IX. —————— ☐ Gestern vormittag: Besuch bei Dr. Rudolf *Mengelberg*, im Concert-Gebouw. Besprechung wegen Onkel Kläuschen Gast-Dirigieren (aus dem hier natürlich nichts wird.) – Politische Konversation. Erzählt von Deutschland; die monströse Kunstausstellung in München u.s.w. – Abends: *Ödön Horváth.* Ein sympathischer dicker Mensch. Skurill, humorvoll, melancholisch. Heute abend wieder mit ihm. Vorher Essen mit *Arnold Zweig.* Er ist *gar* nicht *so* schlimm. Wenigstens intelligent. Freilich amusisch, oberlehrerhaft, selbstgefällig.

Nachmittags: der Bloch diktiert: Romantiker-Aufsatz. Aber ich bin nicht zufrieden mit ihm. Korrektur, »Ludwig.« Liste der Frei- und Rezensionsexemplare. Masse von Widmungen auf Visitenkarten geschrieben. Mühsam.

☐ *Bisschen* verärgert, weil der Friedrich so sehr besetzt, in Anspruch genommen. (Durch Rini, seine Kindchen u.s.w.) Sehe ihn relativ wenig. Bin schliesslich nur seinetwegen hier.

– – Idee zu einem Buch, das ich für Amerika machen könnte (von Landauer.): Eine Art von kulturellem (oder rein literarischem?) »Guide« durch ganz Europa. Portraits, Interviews, Rezensionen. Bestandaufnahme; Überblick. Könnte amüsant sein. Vielleicht mehr. – – – –

13.IX. —————— *(Montag).* ☐ Neue Bedrohlichkeit. Dieser Krieg, von dem man so viel geredet hat, dass man an sein Kommen nicht mehr ernsthaft glaubt: er wird *plötzlich* da sein. (Italiens provokante Unverschämtheit. *Was* alles kann England noch hinnehmen? Hat es schon *zu* viel hingenommen?)

– – – –

14.IX. —————— *Paris, Hotel Pont Royal.* In Amsterdam: ein Lunch mit Alice, im »Américain«; sie kann es natürlich nicht *lassen*, von ihren Tragödien und dramatischen Lebensumständen zu sprechen… Abschieds-Diner mit Friedrich (der Austern auffahren lässt.) – Adieu: Landauer, Horváth, Herr Hirsch. – An der Bahn: Tillmanns, par hasard: Mutter der Madame T. – gutmütig-schwatzhafte alte Amerikanerin – unterwegs nach Paris – New York. – – – Schlafwagen. Die Dunkelheit und die Enge beängstigen mich. Gefühl wie im Grab. (Und Tomski's kapriziöse Aversion gegen Licht. Fordert komplette Dunkelheit.) Zu viel Phanodorm, und auch sonst, genommen. Jetzt (nachmittags) bleierne Müdigkeit.

Frühe Ankunft. Schwer, ein Zimmer zu finden. (Wollten eigentlich nicht ins Pont Royal.) Vergeblich in 6 Hotels. Paris überfüllt.

Viele Erledigungen. – Honorar bei der »Pariser Tageszeitung« geholt; Caro gesprochen. – Essen in der »Reine Pidock.« (?) – Visite bei *Julien Green*. Welch kurioser Mensch! Erst ganz befangen-steif. Lebhafter da vom Schwuhlen die Rede. Aber immer noch – auf eine reizvolle Art – unergiebig. – Seine hübsche kleine Kollektion. (Dali, Tschelitscheff.) – Englische Konversation (weil mit Tomski.)

Hier: Bibi. – Brief an Landauer-Friedrich. – Abends: Essen mit Bibi – Tomski, im »Little Hungaria.« *Schwarzschild* getroffen – der einen *Schatten* umflort, aber doch versöhnlich. Im Theater »Athenée« (à trois): Giraudoux's »*Electre*« (after all.) Das *sehr* reizvolle Stück ist stellenweise *etwas* geschwätzig. Jedoch voller Schönheiten. Man kann heute auf der Bühne kaum etwas noch Hübscheres sehen. – Gute Aufführung. Jouvet, hervorragend als Bettler. Ein schwacher Orest. Auch aus der sehr faszinierenden Klythemnestra-Figur wäre mehr zu machen. – Die Elektra wäre eine Rolle für E.

Mit Bibi – während Tomski mit einem Fremden im Montmarte. (La dernière soirée en Europe… Es ist 2 Uhr, er ist noch nicht da.) – Mit Bibi – der ganz brav, üsis und aufgeregt, eine Flasche mässigen Champagner an den grossen Boulevards. *Und Abschied.*

Es ist der alte *Masaryk* gestorben. »Le dernier des sages«: schreibt der »Paris Soir.«

_ _ _ _

18.IX. _____ *S.S. »Champlain«.* Der 4. Reisetag. Ruhiges Meer. Stark bewegt nur vorgestern: abscheulich sea-sick gewesen. – Stilles Leben, mit *Tomski.* Mit diesem, ach, manchmal die Reibungen: à cause de ça. Meine Nervosität verstärkt sich durch das Bewusstsein, dass er im Grunde recht hat, nur seine »pädagogischen« Methoden oft etwas unzulänglich. (Mir heute das »Zeug« aus der Tasche gestohlen; erst nach langem Kampf herausgegeben...) – Sonst gar keine Menschen – ausser heute eine Miss Scherman, aus der Tourist-Class; (von Franks empfohlen; Tochter des Leiters des »Book of the Month-Clubs.«) – Luxuriöse Mahlzeiten. – Das tägliche Kino, aber noch nichts Besonderes – ausser vielleicht Harry Baur, eindrucksvoll wie immer, in einem Kitschfilm »Paris.« – Abends, das »Symphonie«-Konzert.

Lektüre: Brods »*Annerl*« zu Ende. Es wird nicht schwierig sein, lobend darüber zu schreiben – wenn man verschweigt, dass es sich um einen Autor und um ein Buch *nicht ganz* erster Klasse handelt. – Interessantes Thema, und »liegt« mir. – Korrektur des immer – noch – nicht fertigen Romantiker-Aufsatzes. – –

– – – – Fahre diesmal mit *nicht* sehr günstigen Vorgefühlen nach »drüben.« Fürchte die Geldknappheit, die gleich einsetzen wird. Weiss im Grunde: es wäre wohl klüger, irgendwo in Europa zu sitzen und meinen Roman zu machen.

24.IX. _____ *New York, »The Bedford«.* Heute ziemlich arger Tag, da ich, nach Rücksprache mit E, ihr den Rest des »Zeugs« abgeliefert und noch gar nichts genommen (ausser Helvetin und 2 von diesen neuen, interessanten, von Gumpert propagierten anregenden Tabletten.) Unruhe, Schwitzen u.s.w. Das habe ich mir also, wieder mal, eingebrockt....

Zuletzt, auf dem Schiff: den Romantiker-Aufsatz zu Ende. – Die New Yorker Ankunft (mit Tomski . . .) – E am Pier. – Das alte Bedford. Der alte Gumpert. Sonst gesehen: Hans Rameau (der hier wohnt;) Keiler; (der Sonderling; besucht E; erstes Wiedersehen mit ihr, seitdem er sich so sehr über »Gegenüber von China« geärgert hat.) Konni Katzenellenbogen (gestern abend; lieb.) – Tonio Selwart (besucht und hier; auch ganz lieb.) – Heute vormittag: bei Feakins. Die Tournée sieht so übel nicht aus. – Interviewer und Photographen auf dem Schiff. Photographen hier im Hotel. Heute früh: Interviewer von der »New York-Post.« Sehr blöd. Spricht viel von Pamela. Fragt, welche »Romanze« jetzt in meinem Leben. Ich sage: ein Schweizer Mädchen . . . .

Sehr gut mit Tomski wieder, auf dem Schiff, und hier.

E. –

Brief von Michael. – Riess-Visite. (Seine Befangenheit mir gegenüber.) – Cocktail, bei E, mit der Rita Reil und der Ebba Graetz (Witwe des Paul G.) – Essen mit E – Gumpert, im Zimmer. – Später, Besuch bei Richard *Huelsenbeck*, ziemlich weit draussen. Kleine Gesellschaft: Zeichner Dolbin mit ganz hübscher Frau; der Politiker Cahen; der kleine Hirsch. – – Bisschen mit Tomski – der nach drei Jahren seine Mutter wiedergesehen hat.

2 5.IX. _____ Aufwachen, schweissgebadet und unruhig. Gestern nur *eine* kleine Injektion, nachmittags. Ach . . . . Dabei alles *relativ* erträglich.

Wieder mit einer Injektion den ganzen Tag ausgekommen. Trotzdem einiges getan und erledigt: Brief an Zauberer (mit dem Mskt. des »Romantiker«-Aufsatzes), Brief an Ferdinand Lion. – Lunch mit Saul *Colin*, im »Rain-Bow.« (Der grosse Wolkenkratzer-Blick: eindrucksvoll, immer wieder.) Unterhaltung über Film-Pläne. (Zauberer und mich selbst betreffend) u.s.w. □

27.IX. —————— Schwere Schlafmittel und, nach 24 Stunden Pause, eine Spritze. Ziemlich betäubt. (Daher meine wacklige Handschrift.) – Aber die »Entwöhnung« wird von E (und Gumpert) gut durchgeführt. (Mein Nervensystem beweist wieder seine Widerstandskraft.) – Telephon mit Thomas Wolfe.
Nachmittags: Besuch von der Goslar. – Abends: Eugene Mac-Cown. Essen bei E. Dann, mit ihm und Hans Rameau, »comme ça«-Bummel. Chez George; fermé. Subway nach Brooklyn; ein Matrosenlokal. Subway uptown; ein Lokal »Graces.« Alles in allem, nicht sehr ergiebig. Am Schluss noch etwas allein mit Rameau. (Eine Chocoladentorte wie aus Gips und Gummi. Melancholischer Vergleich mit Wien. Symbol für alles, was hier *nicht* gewachsen, schlecht, künstlich ist.)
Tomski. Très beau.

30.IX. —————— Seit 48 Stunden nicht genommen. *Qualvoll* unruhige Nacht (trotz Luminal, Veronal.) – Durchfall; Glieder-schmerzen; Ruhelosigkeit und Schwäche. Man fragt sich: *Wozu*....? ..... Und nun sieht es grotesker, überflüssiger und widriger Weise auch noch so, als ob ich einen *Bandwurm* hätte. □

1.X. —————— □ Else Lasker-Schüler:

»Die Liebe zu dir ist das Bildnis,
Das man sich von Gott machen darf.«

Werfel. – Rilke u.s.w. – Wilder »Die Frau von Andros.« – Notizen zum Aufsatz über französische Literatur.
Schauerlicher Abend. Zwei Mal sinnlos weggelaufen: erst Gumpert und Tomski in dieses Bordell von einer »P.-Post« (wo ich, *verzweifelt,* einer obscönen Massen-Treiberei beiwohnte; mir ein Bett machen liess; nicht liegen konnte;) dann, noch einmal, vom Restaurant »President«, ins Hotel zurück, um mir das Leben zu nehmen. Tout à fait au bout. Die finsterste Stunde wo man nicht mehr weiterleben KANN. Weinkrampf. Auf dem

Fensterbrett. Der Gedanke an E. und die Vorstellung, ich könnte mir nur ein Bein brechen. Die wohlfeile Rettung durch eine Spritze. – Gumpert, tröstlich· und gescheit. (Liest am Schluss wohl auch etwas Poesie und den Anfang seines Romans vor.) – Tomski. So nett er kann. Ich mute ihm ja auch viel zu. Aber wie KANN er mir helfen? Wie WILL er mir helfen? – Oh, Gram des Da-Seins....
(Dieses aufgeschrieben, 6 Uhr morgens, sehr nüchtern, nach ein paar Stunden Schlaf, mittels Injektion + Veronal.)

2.X. _____ – – – – – Ertrage das Leben mit äusserster Anstrengung. Ungeheure Todessehnsucht. Das tiefe Bedürfnis nach FRIEDEN. O Vater, ists möglich, so nimm diesen Kelch von mir! Doch nicht wie ich will, sondern wie Du willst. – – – – –
– – – – – Gedichte. (Platen.) □

3.X. _____ KRANK (abgesehen von der verfluchten Entwöhnung.) Es ist also wirklich ein Bandwurm. Sehr lächerlich und fatal. Abführ-Kur u.s.w. – Tags in meinem Zimmer. Tomski sehr üsis. □

9.X. _____ Schlafe zu wenig. Geschwächt durch Entwöhnung + Bandwurm-Kur. Nervös. – – – –
Gedichte. (Goethe. Novalis. Rilke.)

10.X. _____ *Enorm* zu arbeiten, teils allein, teils mit Rita. (Probekapitel für dieses Buch. Vorträge: »A Family against a Dictatorship« u.s.w.) Alles zu übersetzen.
Sehr nervös und traurig. *Ungeheurer* Todeswunsch.
....
Konni gestern zum Abendessen. – Miro. E. Gumpert. Tomski.
....
Politische Erregungen. Japan. Kriegsgefahr.
– – – – –

Ganzen Tag gearbeitet. (Sonntag.)

12.X. _____ *Detroit, Hotel Book-Cadillac.* ☐ Die Reise: Speisewagen, Raucher-Wagen, Pullmann-Sleeping. Weiter mit den Vorträgen beschäftigt. Am Schluss, zur Erholung: »Prozess«, Kafka.

Ankunft, Detroit. *Mittags:* Grosses Lunch, in »Hudson's Department Store« (»Book Fair.«) Unzählige Damen, einige Herren kennengelernt – und wieder vergessen. Wiedersehen mit *Joseph Brewer* (Präsident des Meetings.) – Nach dem Lunch: die »lectures.« Meine Mitredner: Berita Harding (Ungarin; in Mexico aufgewachsen; Habsburg-Komplex.) – Stephen Bonsal. (Alter Diplomat und Weltreisender.) – Ein gelähmter Mittelwest-Epiker. –

Mein Speech, leidlich abgelaufen; freundlich aufgenommen – trotz dem Manuskript. – Fragen beantwortet; Autogramme – merkwürdig viele an Kinder.... Mit *Brewer*, und einem Mitarbeiter von ihm, im Hotel zusammen. – Telegramm von E. Ausführlich beantwortet. ☐

14.X. _____ *[Rochester, N.Y., Hotel Powers]. Interview*, am frühen Morgen. Für die »Rochester Times.« Nachmittags erschienen. – Bei Mr. Morrow, Sekretär des »Ad.-Clubs.« Muss Speech stark zusammenstreichen – – – – 12 h: Grosses Männer-Lunch. (»Ad-Club.«) Ich, am Ehrentisch, neben Präsidenten u.s.w. – Männer-Chöre; eine Zirkus-Nummer (!) –: vor meinem Speech: »*A Family against a Dictatorship.*« Dieser halbwegs glimpflich abgelaufen – obwohl ich manchmal ziemlich aus dem Konzept. Anschliessend: Diskussion. Meist ziemlich naive, *nur* politische Fragen... Brief von E. Karte von Tomski. – Mein täglicher »Draht-Bericht.« –

Korrespondenz: an Friedrich, Mielein; an Eugene MacCown. – Etwas in den Strassen von Rochester gegangen, ohne etwas Bemerkenswertes zu entdecken. – Wieder eine halbe Stunde in einem dieser idiotischen Filme. (Die Menschen werden durch diesen DRECK ja fast ebenso sehr verdorben, wie durch den Fascismus....) ☐

17.X. _____ *Richmond, Virginia, Hotel John Marstall.* In *Buffalo,* anstrengender und ziemlich erfolgreicher Tag. – Vormittags, Spaziergang mit Abbott in den Gärten und schön gefärbten Wäldern (Besitz der Familie seiner Frau.) Schlechtes Wetter. – Nach dem Lunch: nach Buffalo, im Wagen. In der »Lockwood Memorial Library« (die A. leitet.) – Empfang für mich im *»German Club.«* (Arrangiert von Professor?) Etwa 30 Studenten. Muss Fragen beantworten (englisch; aus dem Stegreif.) Teils literarisch (Zauberers, Heinrichs, meine Bücher betreffend u.s.w.); teils politisch. Am Schluss etwas mit einem pro-Nazi-gesinnten fellow aneinander geraten, der sich dann als Schweizer, aus St. Gallen, herausstellte. –

Dinner, bei Abbotts Schwiegermutter, mit ein paar Leuten. – Abends: der Vortrag (again: »*A Family*.....«) Besonders nett verlaufen: der erste wirklich erfolgreiche, herzlich aufgenommene Vortrag, den ich, auf englisch, absolviert. Nachher viele Leute (Journalisten; auch Deutsche – einer mit einem Exemplar von »Anja und Esther«!) – Noch einmal bei der Schwiegermama. Nachtzug. ☐

Ankunft 9.30 in Richmond. – Im Zug: Tschuppik. »Ein Sohn aus gutem Hause« zu Ende gelesen. Mit Gerührtheit.

Ein bisschen gegangen. In einem Drug Store – Bar: ganz interessante politische Unterhaltung mit dem Besitzer. (Profascistisch. Pro-Japan; pro-Franco u.s.w. Meint, in 10 Jahren wird die ganze Welt fascistisch sein. Hat vielleicht recht...? – Selbstmord!!!) – – NTB. (»Freie Bahn den Untüchtigen.«)

18.X. _____ Notizen, zu einem Amerika-Artikel fürs NTB. – Brief an Barbara, und andere Kleinigkeiten. – Abgeholt von Mrs. Carrington (Präsidentin des Women-Clubs) und ihrer Schwester. Rundfahrt im Wagen durch *Richmond,* und etwas hinaus. Ein paar schöne Häuser südlichen Stils. (Einfache, sehr würdige Architektur.) Zwei »alte Häuser«, Stein für Stein, aus England herbeigeschafft.(!) – Lunch allein, in einem kleinen Sea-Food-Place (Oysters and Lobster-Cocktails.) Zeitung. – »Sonette an Orpheus.« – Gedanke an Tomski, zärtlich. – Gedanke an E.

Nachmittags: »*Lecture*«, im Women-Club. (»A Family against a Dictatorship«: zum 3. Mal.) Erfreulich herzliche Aufnahme. All die vielen Damen – mindestens 300 – aufrichtig beeindruckt. – Nachher: Tee, mit unzähligen Fragen, Gratulationen u.s.w. – Im Hotel: Interviewt, von einem etwas konfusen Mädchen, vom »Richmond Times-Dispatch.« □

20.X. _____ *New York,* »*The Bedford*«. Kurze, unruhige Nacht im Pullman. – Regnerische Ankunft in N.Y., sehr früh. – Auspacken, Räumen. – »Marienleben.« (Rilke.) Wie schön! Wie *tröstlich!* □

24.X. _____ *Boston,* »*Ritz-Carlton*«. Gelesen: morgens, im Hotel: etwas Franz von Baader. Paar Gedichte. (Hölderlin. Novalis.) – – Im Zug: Sunday-»Times.« (»Buchbeilage« u.s.w.) – In Kafkas Tagebüchern. (Ausserordentlich interessant: die Begegnung mit Rudolf Steiner.) – In Hemingways Roman. (Zu viel über Fischen – gleich zu Anfang!!) –
– Viel Zeit und Lust gehabt, nachzudenken. Erinnerungen. Mein Leben. »Dass alles gleitet und vorrüberrinnt... « – Schöne Farben herbstlicher Wälder.

26.X. _____ *New York,* »*Bedford*«. Viel – *zu* viel – aufzuschreiben. (Und ich bin schrecklich müde.)
Vorgestern (in Boston): Vor dem Vortrag, mit Harry Dana, und zwei jungen Leuten. – Der *Vortrag* (»A Family... «, zum 4. Mal), auf dem »Ford Hall Forum«, vor etwa 1200 Leuten. Nachher eine *Stunde* lang öffentliche Diskussion... Gut abgelaufen. □

28.X. _____ Den Vertrag mit KNIGHT unterzeichnet. – – Abreise von Miro. (Washington, und weitere Tour.)
Riess (bei E.) Etwas netter als sonst. – Telegramme aus Cleveland, mit Aufforderung, dort zu sprechen. – Korrespondenz. –

Luxuriöses Lunch, mit Tomski, bei »Grillon.« Bei Feakins. Mit E – Gumpert. E's neueste Chance: Die »Guild« neu aufzuziehen, für 5000 Dollar im Jahr. GUT. Briefe an Mielein, Michael. Mit E, bei Franks, im »Gladstone.« Gemütlich. Befreundet. (Diskussion über Schwarzschild. Bruno liest langen Brief von Heinrich in diesem Zusammenhang vor. – Sagen mir Beide nette Dinge über »Vergittertes Fenster.«) – Essen in einem schön hochgelegenen Restaurant, »Cremière.« – Hemingway, »To Have and Have not.« Es ist wohl wirklich KEIN gutes Buch.

29.X. _____ □ Mit Gumpert und Reil, im Vortrag von *Ludwig Renn* (21th. Str.) –: von der »American Writers Union« miserabel veranstaltet: leer, stimmungslos, sinnlos. R. spricht schlecht, aber irgendwie eindrucksvoll. (Sein Werdegang – und *Spanien.*) Nehmen ihn nachher mit in die Hotel-Bar. Er ist nicht ohne Charme, nicht ohne Tücken. (Très comme ça. E sagt: »Sächsische Offizierstante.«) – Noch bei Riess – der überarbeitet und, auf seine sonderbare Art, ganz üsis. – – – Tomski.

5.XI. _____ Gearbeitet (»Kapitel.«)
Lunch, in nettem kleinen franz. Restaurant, mit Mr. Warren, von Houghton Mifflin, Boston. (Zivilisierter Mensch.) – Abends: Cocktail bei den Abbotts, in ihrem neuen Haus. (Mit E.) Nicht uninteressante Unterhaltung mit einem jungen amerikanischen Offizier, über China, die deutsche Armee u.s.w.; mit Tschelitscheff u.s.w. – Alleine: Paramount-Kino, der neue Marlene Dietrich-Film, »Angel«: Lubitsch – *trotzdem* recht matt. – Im »Astor« gegessen. Zeitungen. »Nouvelles Littéraires.« (Etwas über Cocteau.) Morgenblätter. Amüsant: die verhinderte Reise des törichten Duke of Windsor…
…. Lieber Brief von Mielein.
Spät: Tomski.

7.XI. ——————— Die Briefe der Mutter *Nietzsche*. Sehr merkwürdig, wie »der Antichrist« von der christlichen Lieben in
persona gepflegt wird, und so am *Leibe* erfährt – was sein
Bewusstsein nicht mehr aufnehmen kann –: wie grässlich
übertrieben sein anti-christliches Pathos war…
……Einiges in Z.'s »Riemer«-Kapitel nach-gelesen.
Ganz gut gearbeitet; (über H.M.; Th.M.; H. Kesten und Annette K.) ☐

12.XI. ——————— Ganz amüsantes Lunch mit Charly Fry, einem
Mädchen und Ted Peckham, der die teuren Gigolos aus guten
englischen Familien an Amerikanerinnen vermietet: ein schö-
ner, verrückter, verwöhnter Bursche.
Arbeit. – Abends: mit E – Gumpert, bei »Longchamps;« dann
Kino. (»A Certain Woman«, mit dem netten Fonda.) – Feier von
Gumperts 40. Geburtstag, bei Riess: E., Rita, Ebba, ich,
Tomski, Riess sagen von E verfasstes Glückwunsch-Gedicht
auf. Champagner-Bowle. Bleibe nachher noch ziemlich lange
bei Riess, der viel zu klagen und zu reden hat. Traurig, auch er.
Tomski, spät und betrunken. ½4 Uhr.

14.XI. ——————— Das grosse Kapitel »Die Kultur im Exil«, in
erster Niederschrift fertig.
Kleiner Ausflug mit Saul *Colin*, zur Washington-Bridge – die
sehr schön, grossartig, silbrig. Colins Anregungen zu einem
Elisabeth-Ludwig-Stück….
Abends: Cocktails mit E, Rita, Ebba, Walter Reil. – Stunde bei
krankem Konni, im »Shelton.« – Lange gelesen: erst in »Mass
und Wert«; dann in »La Vie Romanesque d'Elisabeth d'Au-
triche.« Sehr angetan von dem grossen Stoff. Notizen. Tomski.
Hitzige Unterhaltung über den »Gigolo-König« Peckham –
den er scharf missbilligt. Sehr ausgesprochen *moralischer* Zug
der »jungen Generation.« (Ob vom fascistischen, kommunistischen – oder einem anderen Standort.)…….. ½4 Uhr morgens.

16.XI. _____ Post: Klopstock – sehr rührend, und mit einer schönen Photographie von Kafka (die ich aufstelle.) Weiskopf u.s.w.

Die Exemplare von *»Vergittertes Fenster.«* Sehr hübsch und gut, sie in der Hand zu haben. ☐

18.XI. _____ *31 Jahre alt.*

.... Schrecklich, wirr und plastisch geträumt. Ricki lebte noch; hatte sich nur Jahre lang versteckt. Eva und Billux waren eingeweiht – wir nicht – worüber wir bitter gekränkt. – Eva hob ihren Rock und zeigte ein sehr hässliches *kleines* männliches Glied. – Dann: ein Schnellzug, in dem es eine Bar und mehrere Damen gab, die mich einladen wollten. Der Zug vervielfachte sich, in mehrere Züge, die, wie Korridore, sternartig aufeinander zuliefen. Ich hatte mein Billett verloren – die kleine rote Marke für eine Garderoben-Nummer gehalten –; werde von drei Chinesen verfolgt, die erst sehr höflich und zivil waren, sich dann als grausame Detektive herausstellten – plötzlich auch Uniformen trugen – und mich verhaften wollten. Schreckhaftes Erwachen. ☐

21.XI. _____ Sonntag; stiller Tag. – Briefe an: Félix Bertaux; Hermann Kesten. – Lunch bei E, am Bett. – Spaziergang, zum River. – Gearbeitet: weiter Lektüre und Notizen über französische Dramatiker. – Einen Artikel, »Stimmungen in den U.S.A.«, angefangen. – Kleine Visite von Liesl Frank. – Abends: E – Gumpert aus dem Roman vorgelesen. (»Abel in Amsterdam.«) – Kino (allein): halb infantiler, halb ganz merkwürdiger Film über eine verborgene Wunderstadt in den tibetanischen Bergen. »Utopische Hoffnungen« – verkitscht. (Etwas für Ernst Bloch.)

24.XI. _____ Telephone: Tonio, Ruth Ford, Goslar u.s.w. – Lunch, im alten »Plaza«, bei Mrs. M.G. *Meyer* (»Washington Post«): ganz intelligent, trauliche Person – mit E, Franks, einem alten Herrn namens Dewy –? – (Pädagoge) und *Dorothy Thompson:* immer wieder ein imposantes Stück. (Erzählt von ihrer Zusammenarbeit mit Kortner – »Spell your name!« – u.s.w.) Hohe Politik. Der Misserfolg der Halifax-Visite in Berlin u.s.w. – Mit Franks noch in der netten alten Plaza-Bar. – Zu Fuss zurück. Schönes blass-klares Licht hinter den Wolkenkratzern. Traurig über Tomski, der fast nie vor 3 Uhr nach Hause kommt, den ich zu wenig sehe. – *Allein.*

28.XI. _____ *(Regnerischer Sonntag).* Lunch, mit Gumpert, bei Rolf *Nürnberg.* Angeregt und verklatscht. (Über Kortner, Charell, Walter Benjamin u.s.w.) Lang gelesen: eine Nummer der »B.Z.« (!); zwei Nummern der »Weltbühne.« (Schöner, wohl *zu* zuversichtlicher Aufsatz von Heinrich über die Volksfront; Ernst Bloch; Budzislawski u.s.w.) – Notizen.
Abends: Dinner-party bei *Dorothy Thompson.* Ziemlich »gross.« *Sinclair Lewis* – recht verwüstet –, halb als Gast halb als Hausherr. (Merkwürdigkeit dieser Ehe. Fühlbare Spannungen. Liebe. Format.) – Theater- und Presse-Leute. Comte Roussy de Sale avec Madame. Kortner. Eleonore Mendelssohn (abgemagert.) Rosamond Pinchot (attraktiv.) Franks – u.s.w. u.s.w. Später mit Franks und old Mr. Meyer (»Washington Post«; biederer Onkel), Pilsner-Bier, bei »Reubens.« ...Spät nachts: Auseinandersetzung mit T., der plötzlich auf und davon will, rätselhaft geärgert, verletzt durch den »Geld-Klatsch.« Ich lasse es aber nicht zu.

29.XI. _____ ☐ Abends: mit Gumpert, im exclusiven »Cosmopolitan-Club«, von Carolina Newton eingeladen: Vortrag von Exkanzler *Brüning* »Die Krise der deutschen Konstitution von 1929–32.« Interessant; hörenswert; oft erschütternd. Im Zentrum der Betrachtung: Hindenburg. Manches wird klar; nichts entschuldigt... B.'s persönliche Wirkung: sympathisch, sehr kultiviert, etwas pfäffisch, nicht bedeutend. – Nachher mit Carolina und dem scharfen Dr. Horkheimer.

30.XI. _____ Telephone: Tonio; Colin; Refrigier u.s.w. – Post: Mielein; Regisseur Ophüls; Ferdinand Lion – über den ich mich ärgern muss. Schreibe ihm postwendend, dass ich den Romantiker-Aufsatz von »Mass und Wert« zurückziehe; schikke ihn gleichzeitig ans »Wort.« ☐

2.XII. _____ Detailliert geträumt, der Z. sei gestorben. Erst darüber geweint. ☐

5.XII. _____ Telephon mit Emil Ludwig. – Gearbeitet: den »Germany and the World«-Vortrag fertig gemacht und etwas geübt.
Nachmittags: Cocktail bei *Karin Michaelis* (bez. ihrer Schwester Dahlerup.) Rein skandinavisch. Ziemlich idiotisch. Unterhaltung mit einem fascistischen jungen Dänen, alten Damen u.s.w. (Karin – nett.) – Bei *Emil Ludwig,* im »St. Moritz.« Er wieder ganz interessant und affig. Über Roosevelt, das Weisse Haus u.s.w. – E dazu. Mit ihr und Gumpert, Dinner im hübschen »Hapsburg.« Gumpert – eifersüchtig – sagt, ich sei E's »böser Geist« und »Dämon«, weil ich ihr zu »grossen Partien« rate. (Maurice!)
– – – – Weitergelesen, in »Jugend ohne Gott.« Horváth – ein echtes Talent.....

9.XII. _____ Vergessen, dieses Heft nach *Ithaka* mitzunehmen. Dort den gestrigen Tag, als Gast der *Cornall*-University. – Vormittags, Spaziergang mit dem braven kleinen Rabbi Fischoff, durch die schöne, winterliche Gegend. (Tiefer Schnee.) – Lunch mit mehreren bejahrten Professoren – Gastgeber: Mr. Willcox –: ein Astronom, zwei für englische Literatur u.s.w. – Dinner mit besonders liebem alten Ehepaar: Professor Schmidt (Orientalist) (Schwede.) Schreibt Buch über Sokrates und Christus. Unterhaltung über Sokrates. (Alte Xanthippe – Idee reizt mich wieder.) – Schmidt, der Präsident meines Meetings. Vortrag: »*Germany and the World.*« (Firstnight.) Ganz gut. Lange Diskussion nachher. (»Was macht Gerhart Hauptmann?« »Ist Thälmann noch am Leben?« u.s.w.) – Später noch beim braven Rabbi: Grammophon. (Schubert, »Unvollendete.«) – Zu Ende gelesen: »Jugend ohne Gott.« Stark beeindruckt. Brief an Horváth darüber. – Angefangen zu lesen: »Mice and Men.« (John Steinbeck.)

– – – Aufsatz über Hemingway »To Have and Have Not« zu Ende getippt; an »Basler Nationalzeitung« und »Pariser Tageszeitung« geschickt. – – Moment bei Feakins. – Abends: Grosser Schmaus mit E – Gumpert bei »Janssen.« Die drollige »Tante Else« (Kunsthändlerin aus Berlin) dazu. – Party bei Mrs. *Untermeyer* (mit E): Ludwig *Renn* spricht – zu lang und ziemlich ungeschickt; erst in schlechtem Englisch, dann deutsch – über Spanien u.s.w. für kleine Gesellschaft. (Mrs. Huebsch; Mr. Wiener and Mrs. Wiener, Mr. and Mrs. Jim Rosenberg u.s.w.) Nachher Bowle und Plauderei. Renn bietet mir überraschend »Du« an: weil wir doch so *viele* Interessen gemeinsam hätten; (bedeutungsvoll...) Kurioser Kerl; ganz nett. –

– Tomski.

11.XII. _____ ☐ Reise: Umsteigen in Philadelphia – nach *Westtown* Pa. Eine *Quäker*-Schule (!), *sehr* auf dem Lande. – Miserables Abendessen mit dem Lehrer-Kollegium, alles ziemlich grotesk – dabei brav –, »trinken Sie Milch oder Wasser?«, Zigarette wirkt anstössig, früherer Reichtagsabgeordneter Sollmann als Gast. – *Vortrag*, »A Family against a Dictatorship« –, vor einem Auditorium von Quäker-Lehrern und Halbwüchsigen. Nachher, die Diskussion. Die Kinder stellen, teilweise, ganz nette Fragen (über Reichtagsbrand u.s.w.) – Hastige Abreise. Rückfahrt, wieder via Philadelphia. – Lektüre: »Of Mice and Men.« Entschieden packend. – Mich hier auf Whiskies gestürzt. – Mit Miro, Barbara, E. – Tomski. 3 Uhr.

14.XII. _____ Abreise-Panik. Ziemlich nervös. Telephona-te. Besorgungen. Reisebureau. Packen. Viel Korrespondenz aus Europa: Mops, Mielein, die Reiff, Kesten, F., Hermon Ould u.s.w. – Lunch mit E und Tomski, bei Colin, im »Rain-Bow-Room.« – Abschiede. E. Miro. Gumpert. Das übrige »Bedford.« – Mit Tomski zur Bahn. Noch nicht der eigentliche Abschied von ihm. Aber ich leide schon jetzt unter dem eigentlichen, bevorstehenden.

15.XII. _____ *Durham, North Carolina, »The Washington Duke«.* Pullman-Reise. – Gedankenvoll und oft traurig im Zug. Oh Leben.......
Zu Ende gelesen: »Of Mice and Men.« Ein sehr starkes Buch. – Angefangen: Kisch, »Landung in Australien.«
Hier: zwei Universitäts-Mädchen am Zug. – Ein Hotelzimmer. – Korrespondenz: an Friedrich, Onkel Heinrich, Schwarz-schild, Dorothy Thompson u.s.w. (7 Briefe.) – Lunch, in grossem Kreise, auf dem »Girls-Campus«, mit 2 Professoren, der Präsidentin, mehreren Damen. Unterhaltung z. B. über die Reincarnations-Lehre. – Besichtigung der grossen Universität mit einem Professor White et Madame. (Bibliothek, Kirche u.s.w.; alles recht grossartig.) – Nachmittags: »zwangloses Beisammensein« mit einer literarisch interessierten Studen-tengruppe; etwa 20 Leutchen. Ziemlich steif und langweilig. Ein Halb-Nazi. Politische Diskussion. – Abends: *Vortrag, »Germany and the World«,* in einer Riesenhalle; etwa 500 Leute da. Gut. Herzliche Aufnahme. Nachher viele Komplimente. – Noch 2 Gläser Bier mit einem ganz braven, liberalen Professor für moderne Geschichte.

UND SO WEITER.

20.XII. _____ *Hollywood, Hotel Roosevelt.* Hollywood. 10 Jahre, seit ich nicht hier war. Ich erkenne nur wenig wieder. Die grosse Reise. Erst: von *Durham* nach *Charlottesville* (mit Umsteigen und Stundenlangem Aufenthalt in Greensboro.)

Abendessen in Charlottesville – wo Hubertus Löwenstein *nicht* mehr ist. Weiterreise nach *Chicago* (18 Stunden.) Dort, Tomski im Hotel »Knickerbocker« getroffen. Abends, Abreise im »Rock Island«-Train. Die Fahrt: drei Nächte und zwei Tage. Zug, anständig. Publikum, gleichgültig. – Das *leere* Land. Keine grosse Stadt mehr hinter Kansas City. – Wüste. – Die schöne Veränderung des Lichtes, jenseits der Rocky Mountains. – Lektüre: Stefan Zweig, Essays. (Verhaeren; Rilke; Barbuse u.s.w.) – Das ganz liebe Kinderbuch von Bubi K. »Pedronis muss geholfen werden.« – Kesten »König Philipp von Spanien.« (Eindrucksvoll; *etwas* überflüssig.) – – Immer mit Tomski. ☐

23.*XII.* _____ Telegramme von E; Feakins. Telephone, Twardowski; Antinazi-Liga u.s.w.
Gelesen: »Tage-Buch« – mit freundlicher – aber nicht sehr geistvoller – Rezension über »Vergittertes Fenster.« – Telegramm an Feakins; Brief an Mops. Lunch, mit Tomski, bei *Billy Wilder*, im Paramount-Studio. *Lubitsch* dabei. Ganz eindrucksvoll und amüsant. Die Genia Nikolajewna. Friedrich Hollaender, der sehr von »Mephisto« schwärmt. Im Studio. Bei den Aufnahmen von »Blaubarts 8. Frau«, mit Gary Cooper und Claudette Colbert. Drollig, »les monstres sacrés« in Fleisch und Blut zu sehen ... Notizen darüber (für einen »Hollywood«-Brief.) – Rückweg zu Fuss. – Briefe, an Knight Publishers, Telegramm an E u.s.w.; Notizen; gelesen, Kesten »Philipp«; telephoniert, Frank u.s.w. Abends: Essen mit Tomski im »Little Hungary«; (phantastische Filmjuden am Nebentisch.) – Bei den Amendts. Freundlich Geplauder bis gegen Mitternacht.

24.*XII.* _____ Notizen. (Adressen u.s.w.) – Briefe an Brian, Michael, Miro.
Anruf von *George Cukor*. Schickt seinen Wagen. Holen ihn in seinem prunkvollen Haus in den Hügeln ab. (Süsse junge Hunde im Garten.) – Lunch im »Little Hungary« (zu dritt, mit

Tomski..) Ganz animiert. Sprechen auch über Tomskis Ange-
legenheiten. *Vielleicht* für ihn nützlich. – Mit Cukor, in die
Selznick-Studios. Erst in seinem Bureau; dann in einem Pro-
jektionsraum; (Vorführung neuer Farbfilme und von Probe-
aufnahmen für »Gone with the Wind.«) Dann, auf zwei dieser
Studio-Monstre-Christmas-parties: die erste mit der Katheri-
ne *Hepburn* (kein schlechtes Stück); viele Menschen, darunter
ein ehemals deutscher Schauspieler – Fritz Feld? – und ein
reaktionärer Britischer Journalisten-Lord. – Noch auf einer
zweiten Studioparty. Dann Whiskies hier in der Bar. Ziemlich
besoffen; schrecklich depremiert. Welch ein Weihnachtsabend!! (Der erste in meinem Leben ohne E....)
Später, mit Tomski, ein sinnlos teures Essen in einem Luxus-
restaurant, »Café Le Marne« (?) – zu einer *teuflisch*-abscheu-
lichen party bei der alten Lilli Petschnikoff – die ihrerseits recht
grell und närrisch geworden. Nadja, gutmütig und idiotisch.
Sergej, aggressiv und tückisch. Gloria Crane-Gartz, mich
hassend, enorm ungezogen. Ein abstossender Dr. Rubinstein
aus Berlin; ein nazifreundlicher kleiner Däne....: eine inferna-
lische party. Sehr traurig.

25.XII. _____ Sehr traurig.
Telephone: Buschi, Genia Nikolajewna.
Geschrieben: die ersten 3 Seiten eines Artikels »Wiedersehen
mit Hollywood.« – Briefe und Telegramm von E und Miro. –
Gar zu stiller Weihnachtstag: niemand hat uns eingeladen. Mit
Tomski: Lunch; Spaziergang; Stunde im Kino (»Angel«, Mar-
lene – Lubitsch: mir schon bekannt.) – Langen Brief an E. –
Abends: in dem grossen Walt Disney-Film »Snowwhite.«
Reizvoll – mit Längen. Notizen darüber. – Der nächtliche
Boulevard. Ganz wohlgekleideter junger Mann spricht mich
bettelnd an. Moment in der Bar. Im Nebensaal ein eher
melancholischer Ball.
Kesten »Philipp.«
Tomski. Tendresse.

26.XII. _____ Gearbeitet, den Artikel »Wiedersehen mit Hollywood« zu Ende. – Post: Michael (aus Pekkala), Carolina Newton u.s.w.

Beim Lunch, wieder mal eine Diskussion mit T: über den Staat, die Anarchie, Roosevelt, die amerikanische Verwaltung u.s.w. – Nachmittags: von Amendts abgeholt; zur *Vicky Baum,* nach Santa Monica. Zunächst ein geschäftiger Mr. Rappaport aus San Francisco dort. – Vickys Milieu besonders nett. Hübsches Haus. Der Gatte Lahr, sympathisch; der Sohn Peter, grosser Reiter. Vorführung eines farbigen Familienfilms; eines sehr interessanten Films, von Vicky in Bali aufgenommen. (Die grossen Tänze und Pantomimen.) – Tollers dazu. – Ernst + Christiane. Später *Peter Lorre* – dämonisch – überelegant –, avec Madame. (Unterhaltung über Mexico und Traven.) – Essen mit Tollers, Amendts (Tomski), im ungarischen Restaurant Weiss. Den Clifford Odets und die Luise Rainer nicht erkannt und beleidigt. – Später alle zusammen im Kino: ein *grotesk* schlechter englischer Film mit der Annabella, »Dinner at the Ritz.« – Mit Amendt, noch hier an der Bar.

Kesten »Philipp.«

T ne veut pas.

28.XII. _____ Anrufe: Fritz Lang; Toller. – Gearbeitet, den »Schneewittchen«-Aufsatz zu Ende.

Abgeholt von *Toller.* Lunch mit ihm, mit *Fritz Lang* und Kurt Weill, in der Nähe des »Paramount«-Studios. Lang, politisch sehr lebhaft; intelligent; erfolgreich..... Nachher noch in seinem Bureau. – Rückweg mit Toller zu Fuss. Ziemlich bittere Gespräche über Hollywood. □

31.XII. _____ ..... Der letzte Tag dieses Jahres.

Was hat es gebracht? Als stärkstes Positivum: Tomski.

Die Bitterkeit der zwei Entwöhnungen. (Budapest. New York.) *Zu* viel Reisen. (Zweimal über den Atlantik; hin-und-her in Europa; hin-und-her in den U.S.A.)

Arbeit. »Vergittertes Fenster.« (Das ich ja sehr mag.) Viele
Aufsätze und Vorträge. Material, Bruchstücke und den ganzen
Plan zum nächsten Roman.

_ _ _ _ _ _ _ _ _

Politik: Kriegs-Jahr? Vor-Kriegs-Jahr? – Beides. –
Katastrophal.

Anhang

Nachwort

Die Jahre 1936/37 sind für Klaus Mann eine Phase großer Produktivität. Er beendet den »Mephisto«-Roman, plant und beginnt das große Exil-Epos »Der Vulkan«, schreibt die Novelle »Vergittertes Fenster« und einige seiner besten Essays (über die deutschen Romantiker, über den Streit um André Gide). Daneben gibt es eine rege Vortrags-Tätigkeit in Europa und den USA, politische Debatten, viel Lektüre aus Gegenwart und Vergangenheit, Anlaß für eine Fülle von Anmerkungen, Glossen, Rezensionen. Kein Zweifel, beruflich hat sich Klaus Manns Leben konsolidiert; es ist eine Zeit der Selbstfindung, der Selbstbehauptung als Schriftsteller, auch der öffentlichen Anerkennung; er gehört zu den führenden Intellektuellen der Emigration. Ein Ausweg aus den privaten Nöten zeichnet sich 1937 ab – in Form einer neuen Liebesgeschichte. Und Klaus Mann beginnt, sich in dem Provisorium des Exils einzurichten. In dem Roman »Vulkan« beschreibt er später seine Lebens-Situation und die seiner Leidens-Gefährten während dieser Jahre: »Das Abenteuer hat sich stabilisiert, das Provisorium wird zum Alltag – so sehr zum Alltag, daß viele schon darauf verzichtet haben, sich des abenteuerlichen Anfangs noch zu erinnern oder seinem Ende entgegenzuträumen... Auf die Dauer ist kein Mensch geneigt, alles, was er tut oder läßt, auf eine Zukunft zu beziehen, von der niemand Genaues weiß – weder was den Termin ihres Kommens, noch was irgendwelche andere Details betrifft. Der Alltag versteht keinen Spaß und duldet nicht, daß du ihm mit vagen Wunschträumen ausweichst. Geduldig und wachsam tue deinen Dienst – deinen Lebens-Dienst!« Gerade die letzten beiden Sätze wirken wie eine Maxime, ein Motto, das auch über Klaus Manns Tagebuch dieser Jahre stehen könnte... Die Konzentration auf die Arbeit am »Mephisto« läßt seine Aufzeichnungen aus dem ersten Halbjahr 1936 weniger hektisch erscheinen als sonst; alle Aktivität geht nun in das Buch. Den Titel hat er am 6.1.1936 gefunden – er spricht da ganz selbstverständlich vom »G. G.-Roman«, die Figur von Gustaf Gründgens steht am Anfang noch im Vordergrund, verwandelt sich erst im Laufe der Niederschrift in ein allgemeines Charakterbild, den Typus. Für die Exilzeitschrift »Das Wort« hat Klaus Mann seine Absichten so charakterisiert: »Dieses Buch ist *nicht* gegen einen Bestimmten geschrieben; vielmehr: gegen *den* Karrieristen; gegen *den* deutschen Intellektuellen, der den Geist verkauft und verraten hat. Daß er begabt ist, macht die Sache erst doppelt arg... Kein Roman kann *nur* polemisch konzipiert sein. Das Epische hat seine eigenen Rechte und Gesetze. Ich mußte versuchen, einen *Menschen* aus diesem Typus, diesem Symbol Hendrik Höfgen zu machen – einen Menschen von Fleisch und Blut, mit seinen Schwächen, seinen Lächerlichkeiten, Zartheiten, seinen Aufschwüngen und Niederlagen ... Ich bemühe mich aufzuzeigen, warum der ›mephistophelisch gewordene Kleinbürger‹ zum großen Verräter werden mußte.«

Aus Klaus Manns Tagebuch erfahren wir, welche literarischen Vorbilder ihn dabei beeinflußten, aus dem »Mephisto« mehr als nur einen Schlüsselroman zu machen – Maupassants »Bel ami« zum Beispiel, der einen gesellschaftlichen Aufsteiger von besonderer Skrupellosigkeit und Machtgier zeigt (die »Linie der Karriere« interessiert Klaus Mann hier besonders) oder »Der Untertan« von Heinrich Mann, der ihm die satirische Perspektive auf das deutsche Spießbürgertum eröffnet, oder Proust mit dem Teil »Sodom und Gomorrha« aus seiner »Recherche«, an dem er die »grausame Kälte der Beobachtung« und »bei aller Poesie und Aufgelöstheit: die große Gesellschaftskritik« bewundert.

Hat Klaus Mann die Tonlage, den Stil, die Form gefunden, dann schreibt er mit einer beneidenswerten Geschwindigkeit, manchmal über zehn Seiten am Tag, auch wenn er manchmal

unzufrieden ist oder sich, wie er sagt, »ein gewisser Widerstand gegen das Manuskript bemerkbar macht«. Am 20. Mai 1936 notiert er: »Gestern ... das Manuskript von ›Mephisto. Roman einer Verführung‹ abgeschlossen.« Mehrfach liest er im Familien- und Freundeskreis daraus vor, von Zustimmung und Lob immer eigentlich eher überrascht, als traute er der allgemeinen Begeisterung nicht. Gemessen an der Bedeutung des Buchs für ihn und die Öffentlichkeit, fallen seine Tagebuch-Notizen zum Thema »Mephisto« relativ spärlich aus. Hat er eine gewisse Reserve und Skepsis gegenüber diesem Roman behalten? Am 25. 7. 1936 heißt es: »Ausführlich und lebendig von Gustaf geträumt. (Das schlechte Gewissen!)« und am 5. 4. 1936, noch während der Arbeit, schränkt er ein: »›Mephisto‹ wird ein kaltes und böses Buch. Vielleicht wird es den harten Glanz des Hasses haben. Die ›Symphonie‹ hatte Musik und Melodie ...«
Erst ein Jahr später kommt er wieder auf das Buch zu sprechen, als ihm zugetragen wird, Brecht wolle eine Kritik in der von ihm mitherausgegebenen Zeitschrift »Das Wort« verhindern – »Alte Feindschaft rostet nicht«, kommentiert Klaus Mann launig. Und als dann doch eine Besprechung von Ludwig Marcuse dort erscheint, die einen grundsätzlichen Zwiespalt formuliert (im übrigen aber nicht unfreundlich ist), quittiert Klaus Mann die Einwände mit der zustimmenden Bemerkung: »Gar nicht so dumm« (20. 7. 1937). Marcuse hält ihm vor, er habe das Dokumentarische und Fiktive im »Mephisto« formal nicht in Einklang bringen können oder wollen, also vielleicht ein bißchen gemogelt. Obwohl Klaus Mann behaupte, alle Personen dieses Buches stellten Typen dar und keine Porträts, bescheinigt ihm Marcuse, ein wenig süffisant: »Nur die nicht gelungenen Figuren sind Typen; die gelungenen sind im wesentlichen Porträts ...«
Aber Klaus Mann ist schon längst bei anderen literarischen Plänen, zunächst noch in Form einer vagen Idee: »Denke plötzlich an mein nächstes Buch. Vielleicht wird es mein schönstes. *Ganz* offen, schamlos lyrisch, aufgewühlt, verzwei-

felt – – –« (4.5.1936). Wenige Monate später beginnt das Thema bereits Gestalt anzunehmen: »Mein nächster Roman. Große Komposition aus Emigranten-Schicksalen. ›Die Verfolgten‹, oder so. Laufen nebeneinander her, jedoch durch irgendeine Klammer miteinander verbunden.« Klaus Mann zählt dann die Stationen auf, das Personal, die Befindlichkeiten der Figuren, die Seelenlage zwischen Melancholie und Hoffnungen, um dann erleichtert zu resümieren: »Das werde ich können« (20.8.1936). Es ist ein Stoff, der ihm liegt, hier muß er nicht camouflieren wie im »Mephisto« oder Retuschen machen, hier kann er wieder autobiographisch schreiben, seine aktuelle Situation und die seiner Freunde darstellen. »Der Vulkan« (der erst 1939 erscheint) ist vielleicht deshalb sein schönstes Buch, weil in jeder Person, die dort vorkommt, ein Stück von ihm, ein gewisser Wesenszug sich abbildet: Kikjou, mit seiner Sehnsucht nach dem Katholizismus; Martin, der am Morphium scheitert; Marion, in ihren erotischen Eskapaden; Professor Abel, mit seiner unzerstörbaren Liebe zur europäischen Kultur ...

Auffällig die zeitliche Nähe, ja Parallelität zwischen der Beendigung des »Mephisto« und dem Beginn des »Vulkan« – als sei das folgende Buch die Antwort auf das vorangegangene, in politischer, moralischer, menschlicher Hinsicht. Die Sieger in Deutschland, die Verlierer im Exil, das sind Rollen, die sich, wie Klaus Mann im »Vulkan« zeigt, umkehren; die »Kraft der Schwachen« erweist sich; die verzweifelten Kämpfe, die Niederlagen, auch noch das Scheitern sind glaubwürdige Lebensformen, Teil einer höheren ethischen Qualität. Allein durch ein Festhalten an der Wahrheit irgendwann doch noch rehabilitiert zu werden, an einen solchen moralischen Sieg der Emigration glaubte Klaus Mann in diesen Jahren noch unbeirrbar.

Wie aus dem Tagebuch hervorgeht, schreibt er zunächst die Abel-Kapitel, aus denen er auch vorliest. Dann läßt er das Manuskript liegen. »Der Vulkan« ist sein »work in progress«. Vieles, was in diesen Roman thematisch eingeht, ereignet sich erst jetzt, in diesen Jahren; der Spanische Bürgerkrieg, der das Bedürfnis weckt, nicht nur schreibend und diskutierend, sondern auch handelnd in das politische Geschehen einzugreifen; Klaus Manns USA-Aufenthalte mit ihren strapaziösen, nervtötenden Vortrags-Tourneen; auch private Episoden, wie jene heftige, kurze Liebes-Affäre mit einem Fensterputzer aus einem New Yorker Hotel, der im Tagebuch Emery heißt (9. 11. 1936) und im Roman unter dem Namen »Tullio« wiederkehrt, eine der stärksten, auch offensten erotischen Stellen im »Vulkan«, in Klaus Manns Werk überhaupt: geschildert wird die Emery/Tullio-Liebesgeschichte aus der Perspektive der Frau (Marion).

Mit den Dichtungen Rilkes beschäftigt sich Klaus Mann in diesen beiden Jahren ausführlich; fast leitmotivisch kehren die Rilke-Zitate in seinem Tagebuch wieder. Es ist die Figur, die Allegorie des Engels, die ihn dabei besonders interessiert. Dieser von Rilke immer wieder beschworene Engel übt eine magische Wirkung auf Klaus Mann aus, er trifft ihn in seiner eigenen Grundstimmung: Das Metaphysische und das Erotische, das Diesseitige und Jenseitige, das Androgyne, das mächtig Fordernde und sanft Erlösende – das Wesen des Engels ist eine Mischform, furchterregend *und* zutiefst verführerisch. Und manchmal ist er auch eine narzißtische Transfiguration ...

»Ein jeder Engel ist schrecklich«, diese Zeile aus der ersten Duineser Elegie (notiert bereits am 17. 9. 1936) erklärt auch den gewaltigen Auftritt *seines* Engels im »Vulkan«, der dort, allwissend und die dramaturgischen Fäden verknüpfend, in überdimensionaler Größe erscheint. Klaus Mann hat ihn durchaus modern ausgestattet: der Engel trägt einen metallisch glänzenden Overall und verbreitet einen Duft von »Mandelblüten und sehr feinem Benzin«.

Daß ein Phantasie- oder Wunschbild wie das des Engels für ihn in diesen Jahren so in den Vordergrund tritt, hat, wie aus dem Tagebuch erkennbar wird, etwas mit seiner Sehnsucht und

wachsenden Suche nach religiöser Identität zu tun. Der besondere Reiz des Engels liegt für Klaus Mann darin, daß er zu
beiden Reichen Zugang hat: zum Tod *und* zum Leben. Ein
Aspekt, den er in seinem Rilke-Aufsatz aus dem Jahr 1937
(Tagebuch-Kommentar: »Ganz guter Essay«) hervorhebt: »Da
Rilke, wie Nietzsche, den Menschen ... als etwas nur Vorläufi-
ges, als den *Übergang* zu einem anderen zu erkennen meinte, so
erschuf er sich gewaltigere und mehr vollkommene Brüder und
Gegenspieler des Menschensohnes, er erschuf sich die ›Engel‹,
diese zarteren Verwandten von Nietzsches ›Übermenschen‹,
diese ›Träger eines bis zum Überströmen gefüllten Seins‹,
diese in der irdischen *und* jenseitigen Landschaft Beheimate-
ten, deren zugleich zärtlich sanftes und fürchterliches Flügel-
schlagen durch ... die ›Duineser Elegien‹, wie eine süße und
mächtige Musik geht.«
Das Thema Rilke hinterläßt jedenfalls seine Spuren im Unbe-
wußten: »Geträumt: ich hätte mir mit ein paar geheimnisvollen
Spritzen das Leben nehmen wollen. Es wirkt nicht. Während
ich noch zweifle, ob ich leben oder sterben werde, kommt Rilke
zu Besuch – und ist eine Frau« (11.8.1937).
1937 unterbricht Klaus Mann die Arbeit am »Vulkan« und
schreibt die Novelle »Vergittertes Fenster«, auf deren auto-
biographische Tendenzen er im Tagebuch verweist, am 30.7.
1937. Ein zunächst überraschender Gedanke: Was verbindet
Klaus Manns Schicksal mit dem Ludwigs II.? Zunächst hat
dieses Buch etwas mit Klaus Manns Heimweh nach Bayern zu
tun; aus den Kindheits-Kapiteln des »Wendepunkts« wird eine
enge emotionale Bindung an seine Heimat und ihre Landschaft ersichtlich, das Voralpenland erscheint dort verklärt als
ein Stück konkreter Utopie. Ludwig II. ist der bayerische
Nationalheld und ein Teil dieser Utopie. Klaus Mann war der
erste, der sich bei dieser Figur für den ausweglosen Konflikt
zwischen Phantasie und Wirklichkeit interessierte (wie sehr
viel später erst wieder Visconti oder Syberberg), der das Drama
des verhinderten Künstlers sah. An dieser Figur kann er auch

seine eigenen Selbstmordwünsche abarbeiten, wie er ohnehin gerne an die handelnden Personen seiner Bücher die eigenen Gefährdungen und Bedrohungen delegiert. Klaus Manns Beziehung zu seiner Schwester Erika klingt in der Konstellation Ludwig II. und Elisabeth, der Kaiserin von Österreich, an: sie erleben ein Gefühl der Ebenbürtigkeit, der tiefen Affinität, der existenziellen Verflechtung – es ist der Zwillingstraum von den zwei Hälften, die erst zusammen *eine* Person, eine Ganzheit ergeben ...

Alles, was Klaus Mann in diesen zwei Jahren schreibt, ist der Versuch, den eigenen Standort zu bestimmen, im persönlichen, ästhetischen, politisch-intellektuellen Bereich. Ob er André Gide gegen die Angriffe der Marxisten verteidigt, ob er sich in seinem Aufsatz über die deutschen Romantiker auf seine eigenen Wurzeln besinnt: das Zwischenreich, die Tag- und Nachtseite der Seele, die ins Unendliche wachsende Sehnsucht nach einem fernen, nie erreichbaren Ziel (dabei das wunderbar Subjektive und die modernen Deutungen miteinander verknüpfend) – Schreiben ist für ihn auch ein Akt der Selbstfindung. Spürbar wird das laufend und zunehmend in seinem Tagebuch: die Konturen seiner Person, seines Denkens erscheinen immer deutlicher; Gedankensplitter werden von Exkursen abgelöst, der Text dichter. Obwohl er sich ein ungeheures Arbeitspensum aufbürdet, hat er immer neue Pläne, z.B. den zu einem Groß-Essay über den Übergang der literarischen Tradition in die literarische Moderne, so wie er ihn selbst in den zwanziger und dreißiger Jahren erlebte. Klaus Manns besondere Begabung ist die Zusammenschau: den Augenblick begreifen, synchron beschreiben, ihn gleichzeitig aber auch immer wieder mit der Vergangenheit in Verbindung bringen – das macht Klaus Manns Fähigkeit aus, sich unentwegt zu erinnern; er zieht die eigenen Entwicklungslinien nach, versenkt sich in Zusammenhänge – dieses Tagebuch ist angefüllt mit Resümees und Lebenssummen; man vergißt, daß der Autor erst dreißig ist, zumal er ja oft schon von der noch jüngeren Generation spricht. Auch das Tagebuchschreiben selbst wird einer Bilanz unterzogen: »Mit wie viel Kleinigkeiten, Nichtigkeiten, Sinnlosigkeiten habe ich dieses dumme Heft wieder gefüllt. Ist ihre Summe ein Leben? Alles Wesentliche bleibt hier unausgesprochen. Die Schönheit und die ganze Traurigkeit bleibt unausgesprochen. Ich errate sie später wieder. Die Fakten sind Stichworte für die Erinnerung, kleine Hilfe für das Gedächtnis...« (9.4.1936). Klaus Manns Bedürfnis, sein Leben und das Leben überhaupt in allen Einzelheiten festzuhalten, entspringt einem starken Gefühl für Vergänglichkeit, dem Schmerz darüber. Er selbst spricht ironisch von seiner »Pedanterie«...

Seine Sicherheit, sein Spürsinn im literarischen Urteil: seine Kurz-Kommentare zu seiner Lektüre, sei es Nietzsche, Flaubert (»Bouvard und Pecuchet«), Franz Kafka, sein Vater oder der noch unbekannte Ernst Weiß, bestechen durch die Genauigkeit der Beobachtung; seine Wahrnehmungen treffen immer das Wesentliche. So freundschaftlich, liebevoll oder kritisch kollegial er über andere Autoren auch schreibt, seiner eigenen Arbeit gegenüber formuliert er, ohne Koketterie, Selbstzweifel, dämpft alle Euphorie. Über den entstehenden Emigranten-Roman sagt er bescheiden: »Es wird vielleicht« und nimmt sich vor, sich »Zeit zu lassen«. Und er stellt sich dem Urteil seiner Freunde. Am 28. 2. 1937 notiert er: »K(urt) H(iller) findet, ich sei als Kritiker, Polemiker, Essayist viel wichtiger, besser, unentbehrlicher, denn als Erzähler... Stimmt es?« Klaus Mann beweist auch in diesem Teil seines Tagebuchs seinen politischen Instinkt, seine Weitsicht. Daß der Krieg unvermeidlich kommen wird, daß der Marxismus keine wirkliche Alternative darstellt, daß Europa dem Zerfall entgegengeht, ist ihm klar – als ein so nüchterner Analytiker präsentiert sich einer, der doch von Natur aus eher zum Schwärmer geboren ist. Langsam vollzieht sich der Abschied von Europa, ein erzwungener Abschied für ihn, aus politischen Gründen; es wird für ihn eine zweite, ebenso schmerzhafte Emigration werden, der Weggang aus all den Ländern, in denen er sich so heimisch fühlte, auch im Sinn einer geistigen Heimat. Amerika bekommt ihm nicht. Es ist fremd, verwirrend in seiner hektischen Vitalität, politisch und intellektuell ahnungslos: Europa gegenüber. Tapfer steht Klaus Mann den Härte-Test, die Pflichtübung seiner Vortragsreisen durch. Der aus den europäischen Metropolen Kommende und dort Anerkannte gerät in Amerika in die tiefste Provinz. Etwas beklommen notiert Klaus Mann vor seinem zweiten USA-Aufenthalt am 18.9.1937 ins Tagebuch: »Fahre diesmal mit *nicht* sehr günstigen Vorgefühlen nach ›drüben‹. Fürchte die Geldknappheit, die gleich einsetzen wird. Weiß im Grunde: es wäre klüger, irgendwo in Europa zu sitzen und meinen Roman zu machen.« Die Tagebücher aus den Jahren 1936/37 sind im Ton direkter als die vorangegangenen, es gibt keine Tabu-Themen mehr; die krisenhafte Zuspitzung seines Drogenkonsums und ihre Folgen protokolliert Klaus Mann mit klinisch-sachlichem Blick. Die Entziehungskur, die er in Budapest im Mai und Juni 1937 über sich ergehen läßt, ist eher ein halbherziges Zugeständnis an seine besorgte Umwelt und deswegen auch wirkungslos; es retten ihn auch nicht die Ärzte, sondern eine gleichzeitig beginnende Liebesgeschichte befreit ihn aus seinen Kalamitäten – endlich auch für länger, denn in dieser Beziehung kann er seine erotischen *und* geistigen Ansprüche leben. Weniger verdeckt als bisher sind Klaus Manns Aussagen über den familiären Bereich (»Was für eine *sonderbare* Familie wir sind«). Das betrifft die tiefe Bindung an seine Schwester Erika ebenso wie das Verhältnis zum Vater, über das er sich hier erstmals deutlich äußert. »Empfinde wieder sehr stark und nicht ohne Bitterkeit, Z.'s völlige *Kälte*, mir gegenüber. Ob wohlwollend, ob gereizt (auf eine sehr merkwürdige Art ›geniert‹ durch die Existenz des Sohnes): *niemals* interessiert; *niemals* in einem etwas ernsteren Sinn mit mir beschäftigt. Seine allgemeine Interesselosigkeit an Menschen, hier besonders gesteigert« – sicher eine Schlüssel-Stelle, aufgezeichnet am 25.2.1937. Es zeugt von Klaus Manns Souveränität, von seiner Fähigkeit, Person und Werk des Vaters zu trennen, daß er schon am nächsten Tag freundlich-anerkennende Worte für dessen Roman »Lotte in Weimar« findet. Daß er die Haltung seines Vaters richtig eingeschätzt hat, dafür spricht viel – vor allem Thomas Manns Tagebuch selbst. Unter einigen anderen herablassenden Bemerkungen heißt es dort am 7.6.1937: »Der Junge moralisch und selbstkritisch nicht recht intakt. Verträgt keine Autorität, verscherzt aber das Recht, sie nicht zu ertragen.«

Auch in Klaus Manns Aufzeichnungen gibt es gelegentlich einige recht harte Urteile über Menschen (z.B. über Joseph Roth), auch nahestehende Freunde werden nicht verschont. Nur: er modifiziert, korrigiert diese spontanen Äußerungen auch immer wieder. Klaus Mann stellte einen hohen Anspruch an sich selbst *und* an andere. Bei einem jungen Emigranten, der ihn besucht, vermutet er, dieser sei »vielleicht durch Leiden aus der Form gekommen«. Das war es, was er in seiner Situation und der seiner Schicksalsgefährten als Gefahr sah, und deswegen forderte er von sich und von ihnen um so mehr, sich nicht fallen zu lassen, eben nicht durch Leiden aus der Form zu geraten.

Peter Laemmle

Anmerkungen

1936

Mielein   KMs Mutter Katia Mann geb. Pringsheim, 1883 bis   *1. 1.*
1980
Bernhard Citron   Prager Freund KMs
H. E. Jacob   Heinrich Eduard Jacob, 1889–1967, Schriftsteller
»Bel Ami«   Roman über einen Karrieristen und Verführer von
Guy de Maupassant, 1850–1893
F.   auch »Friedrich«; der Verleger Fritz Helmut Landshoff,
1901–1988; zu dieser Zeit Leiter der deutschsprachigen Abtei-
lung des holländischen Querido Verlages, in dem u. a. von
August 1933 bis August 1935 die von KM herausgegebene
Exil-Zeitschrift »Die Sammlung« erschienen war
Menno ter Braak   1902–1940, holländischer Essayist und Ro-
mancier
Manuel   der Schweizer Publizist Manuel Gasser, 1909–1979,
Mitbegründer und Redakteur der seit 1933 erscheinenden
Wochenzeitung »Die Weltwoche« und später der Zeitschrift
»du«
Offi   KMs Großmutter Hedwig Pringsheim geb. Dohm,
1855–1942
Ofei   KMs Großvater, der Mathematiker Alfred Pringsheim,
1855–1941
Roman   KM arbeitete zu dieser Zeit an »Mephisto. Roman
einer Karriere«, der im November 1936 im Querido Verlag,
Amsterdam, erschien
Tucholsky   der Schriftsteller Kurt Tucholsky, 1890–1935, hat-   *4. 1.*
te sich am 21. Dezember in Schweden mit Gift das Leben
genommen
Stumper   Vortragsveranstalter in Esch

191

(1936) E KMs ältere Schwester, die Schauspielerin, Kinderbuchautorin und Essayistin Erika Mann, 1905–1967; Gründerin und Leiterin des Kabaretts »Die Pfeffermühle«

Miro die Schweizer Schriftstellerin und Industriellentochter Annemarie Schwarzenbach, 1908–1942, seit Ende 1930 eng mit Erika und KM befreundet

Giehse die Schauspielerin Therese Giehse, 1898–1975, Mitglied der »Pfeffermühle«

Gide »Saül« 1898 geschriebenes Drama von André Gide, 1867–1947, dem großen literarischen und geistigen Vorbild KMs

Un peu sec Ü: Ein wenig trocken

Voilà... Ü: Sieh da, ein Meisterwerk

Stendhal 1783–1842, französischer Romancier

Proust Marcel Proust, 1871–1921, französischer Schriftsteller

5. I. Gitta Alpár aus Ungarn gebürtige Schauspielerin und Operettensängerin; ehemalige Frau des Schauspielers Gustav Fröhlich, der in Deutschland blieb

Frontisten Schweizer Variante der Faschisten

»Tage-Buch« kulturpolitische Wochenschrift, herausgegeben von Leopold Schwarzschild, 1899–1950; sie erschien seit 1933 unter dem Titel »Das Neue Tage-Buch« in Paris

Mehring der Schriftsteller und Kabarettist Walter Mehring, 1896–1981

MacDonald James Ramsay MacDonald, 1866–1937, bis 1935 britischer Premierminister, 1935–1937 Lordpräsident des Geheimen Rates

Marlene Dietrich geb. 1901, Filmschauspielerin und Sängerin

Nebel Hans Feist, 1887–1952, ehemaliger Arzt, bedeutender Übersetzer aus dem Italienischen, Englischen und Französischen; den Spitznamen »Nebel« verdankte er seiner verschwommenen Ausdrucksweise

6. I. G.G. Gustaf Gründgens, 1899–1963, Schauspieler, Regisseur, 1934–1945 Intendant des Staatlichen Schauspielhauses

Berlin; 1926–1929 Ehemann Erika Manns, in den zwanziger *(1936)*
Jahren mit KM befreundet
»Nouvelles Nourritures«-Besprechung KMs Rezension von
André Gides Buch »Les Nouvelles Nourritures« erschien am
5. 1. 1936 in der »National-Zeitung«, Basel
Petroleum-Sanktion Präsident Roosevelt forderte erweiterte
Vollmachten, um die Ausfuhr zur Kriegsführung notwendiger
Rohstoffe beschränken zu können
Neumann Alfred Neumann, 1895–1952, Romancier
Bubi K. Oskar Koplowitz, später O. Seidlin, 1911–1984, Lite-
raturwissenschaftler und Schriftsteller
Erzählungen von Miro erst 1989 unter dem Titel »Bei diesem
Regen« erschienen
»Kind dieser Zeit« KMs erste Autobiographie, erschienen
1932 im Transmare Verlag, Berlin
Regler Gustav Regler, 1898–1963, kommunistischer Roman-   *11. 1.*
cier und Essayist
Bauernkrieg-Roman »Die Saat«, erschienen 1936
»Tsch.« KMs Tschaikowsky-Roman »Symphonie Pathétique«,
erschienen im Querido Verlag, Amsterdam 1935
Brentano der romantische Dichter Clemens von Brentano,
1778–1842; Zitat aus Brentanos Gedicht »Der Jäger an den
Hirten«
Trakl der Dichter Georg Trakl, 1887–1914
Hemingway Ernest Hemingway, 1899–1961, amerikanischer
Schriftsteller
»Thun« privatsprachlicher Ausdruck für Opiate
Brian Brian Howard, 1905–1958, englischer Schriftsteller;   *12. 1.*
seit Ende der zwanziger Jahre mit KM befreundet
»Forderung des Tages« Thomas Mann, »Die Forderung des
Tages«, Essayband von 1927
Hanserik KMs Cousin Hans-Erik Pringsheim   *15. 1.*
Medi KMs jüngste Schwester Elisabeth Mann, geb. 1918
Bibi KMs jüngster Bruder, der Musiker und Germanist Mi-
chael Mann, 1919–1977

(1936)   *Alsberg*   der Strafverteidiger Max Alsberg, 1877–1933

       Bermann   Gottfried Bermann Fischer, geb. 1897, Schwieger-
sohn des Verlegers Samuel Fischer und seit 1932 Leiter des
S. Fischer Verlags, dessen in Deutschland verbleibender Teil
ab 1935 von Peter Suhrkamp weitergeführt wurde, während
Bermann Fischer nach Wien ging und dort die Bermann-
Fischer Verlag GmbH gründete. Leopold Schwarzschild hatte
Bermann Fischer in einem Artikel beschuldigt, in Wien mit
Einverständnis des Propagandaministers Goebbels einen »ge-
tarnten Exilverlag« zu gründen

       Zauberer   KMs Vater Thomas Mann, 1875–1955

       N.Z.Z.   die »Neue Zürcher Zeitung«

17. I.   *Bornstein*   Joseph Bornstein, Redakteur des »Neuen Tage-Buch«

18. I.   *Bermann-Ehrenrettung*   in einer Erklärung verteidigten die
Autoren des S. Fischer Verlags Thomas Mann, Hermann
Hesse, 1877–1962, und Annette Kolb, 1870–1967, Bermann
Fischer gegen die Angriffe Schwarzschilds

       Willy Fries   geb. 1907, Schweizer Maler und Holzschneider

       Fallada   der Erzähler Hans Fallada, 1893–1947

       Coudenhove-Kalergi   der Begründer der konservativen Pan-
europa-Bewegung Richard Nikolaus Graf Coudenhove-Kalergi, 1904–1972

19. I.   *Ricki*   Richard Hallgarten, 1905–1932, Maler und Illustrator;
Nachbarskind und Jugendfreund KMs

       Eva   Eva Herrmann, 1901–1978, deutsch-amerikanische
Zeichnerin und Karikaturistin; langjährige Freundin KMs

       Brentano   Bernard von Brentano, 1901–1964, Romancier und
Biograph; das erwähnte Buch ist der 1936 erschienene Roman
»Theodor Chindler«

       Urban   Paul L. Urban, Buchgestalter

       Paul A. Weber   1893–1980, Zeichner und Graphiker

       Kubin   Alfred Kubin, 1877–1959, Zeichner und Schriftsteller

       Reinhardts   *»Sommernachtstraum«*   Shakespeare-Verfilmung
des Regisseurs Max Reinhardt, 1873–1943

       Avec …   Ü: Mit einem Tessiner, in seinem Zimmer

Pariser Tageblatt deutsche Exil-Tageszeitung   *(1936)*

Döblin der Schriftsteller Alfred Döblin, 1878–1957

Wassermann der Romancier Jakob Wassermann, 1873–1934

Georg Bernhard 1875–1944, ehemaliger Chefredakteur der
»Vossischen Zeitung« in Berlin, dann Leiter des »Pariser
Tageblatts«, später der »Pariser Tageszeitung«

Kurt Kläber 1897–1959, kommunistischer Schriftsteller   *20. I.*

Liesl Frank 1903–1979, Frau des Erzählers und Dramatikers
Bruno Frank, 1887–1945; bis 1933 waren die Franks Nachbarn
der Familie Mann im Münchner Herzogpark

König von England nach dem Tode Georg V. wurde Ed-   *21. I.*
ward VIII. englischer König

Verlag Querido Verlag   *22. I.*

Landauer Walter Landauer, 1902–1944, leitete in Amsterdam gemeinsam mit Hermann Kesten die deutsche Abteilung
innerhalb des Verlags Allert de Lange

Uhde – »Kolle« »Der Maler Helmut Kolle«, geschrieben von
dem Kunstkritiker Wilhelm Uhde, 1874–1947; KMs Rezension
erschien am 23. 2. 1936 im »Pariser-Tageblatt«

Toller Ernst Toller, 1893–1939, Dramatiker und Lyriker,
Mitglied der Münchner Räteregierung 1919

Hirsch Rudolf Hirsch, geb. 1905, zu dieser Zeit freier Lektor
für die Verlage Allert de Lange und Querido; nach dem Krieg
u. a. Verlagsleiter bei S. Fischer. Seine Mutter führte die
»Pension Hirsch«, in der KM mehrfach wohnte

Brief an den Zauberer in ihrem Brief vom 19. 1. 1936 fordert
Erika Mann ihren Vater auf, sich eindeutig zur Emigration zu
bekennen; abgedruckt in E. Mann, »Briefe und Antworten«
Bd. I, München 1984

die Rote Freundin von Fritz H. Landshoff

Greta Garbo geb. 1905, schwedische Filmschauspielerin

»Anna Karenina« amerikanischer Spielfilm (1935), Regie:
Clarence Brown

Konrad Merz geb. 1908, Erzähler; KMs Rezension seines   *24. I.*
Buches erschien am 5. 4. 1936 im »Pariser Tageblatt«

(1936) *Onkel Heinrich* Thomas Manns älterer Bruder, der Schriftsteller Heinrich Mann, 1871–1950

25. I. *Brief von Mielein…* die Briefe von und an Katia Mann in Erika
Mann, »Briefe und Antworten« Bd. 1, S. 75–80, München 1984
»Deutsches Lesebuch« der Essay-Band von Heinrich Mann
»Es kommt der Tag. Deutsches Lesebuch«

27. I. *James Simon* 1880–1941(?), Komponist
Korrodi-Artikel Eduard Korrodi, 1885–1955, Literaturkriti-
ker und Feuilletonchef der »Neuen Zürcher Zeitung«, hatte
u. a. geschrieben, es sei hauptsächlich »die Romanindustrie«
aus Deutschland emigriert
Glaeser Ernst Glaeser, 1902–1963, Schriftsteller, 1933 in die
Schweiz gezogen, später Redakteur einer deutschen Wehr-
machtszeitung
Kesser Armin Kesser, geb. 1906, Journalist, Mitschüler KMs
auf der Odenwaldschule 1922/23
Brief von Hermann Hesse abgedruckt in KM, »Briefe und
Antworten«, München 1987, S. 242 f.; dort auch KMs Antwortbrief, S. 243 ff.

28. I. *Höfgen* Hendrik Höfgen, Hauptfigur in KMs Roman »Mephisto«
Wir telegraphieren das Telegramm abgedruckt in KM, »Briefe
und Antworten«, S. 243
Nelson der Kabarett- und Operettenkomponist Rudolf Nelson, 1878–1960, war 1933 über Zürich nach den Niederlanden
emigriert, wo er eine Vielzahl von Revuen produzierte
Pahlen Igor Pahlen, Schauspieler, 1933–1935 Mitglied des
»Pfeffermühlen«-Ensembles

29. I. *Ernst Bloch* 1885–1977, Philosoph; schon seit Mitte der zwan-
ziger Jahre von KM für seine Verbindung materialistischen und
metaphysischen Denkens bewundert
Carl Sternheim 1878–1942, Dramatiker; in »Mephisto« von
KM als Satiriker Theophil Marder portraitiert
Zauberer antwortet Thomas Manns Antwort auf Korrodis
Artikel, mit der er sich erstmals öffentlich gegen die Machtha-

ber in Deutschland wandte, erschien in der »Neuen Zürcher *(1936)*
Zeitung« vom 3. 2. 1936
»Untertan« »Der Untertan«, 1918 erschienener Roman von
Heinrich Mann
Sklenka Hans Sklenka, gest. 1983, österreichischer Schau- *30. I.*
spieler, 1934 und 1935 zeitweilig Mitglied der »Pfeffermühle«
Mengelberg Willem Mengelberg, 1871–1951, Dirigent des
Amsterdamer Concertgebouw-Orchesters von 1895–1945
»Flucht in den Norden« KMs 1934 beim Querido Verlag, *31. I.*
Amsterdam, erschienener Roman wurde 1936 von den Verla-
gen Gollancz, London, und Alfred Knopf, New York, unter dem
Titel »Journey into Freedom« veröffentlicht
Plaut Elisabeth Plaut, geb. 1906, Lehrerin; Schwester des
Schriftstellers und Übersetzers Richard Plaut, später R. Plant,
geb. 1910
Ernst Jünger geb. 1895, Erzähler und Essayist
»Weltbühne« die seit 1934 in Prag erschienene Wochenschrift
»Die Neue Weltbühne«, Exil-Nachfolgerin der von Siegfried
Jacobsohn gegründeten »Weltbühne«
Moni KMs jüngere Schwester Monika Mann, geb. 1910 *4. II.*
Christopher Isherwood 1904–1986, englischer Schriftsteller;
KM seit Anfang der dreißiger Jahre aus Berlin bekannt
Rudolf Leonhard 1899–1953, Lyriker und Dramatiker; Mit-
organisator des Schutzverbandes Deutscher Schriftsteller im
Exil
Kesten Hermann Kesten, geb. 1900, Romancier, Essayist und
Lyriker; er leitete zu dieser Zeit gemeinsam mit Walter Lan-
dauer die deutsche Abteilung des Allert de Lange Verlags
Ilse Bloch Sekretärin
Zauberer geschrieben abgedruckt in KM, »Briefe und Antwor- *5. II.*
ten«, S. 248 f.
Cortot der französische Pianist Alfred Cortot, 1877–1962 *8. II.*
Herman Bang 1857–1912, von KM bewunderter dänischer
Erzähler des literarischen Impressionismus
Il se ... Ü: er »fixt« ebenfalls

197

9. II. **Stefan Zweig** 1881–1964, Schriftsteller, Förderer KMs; sein
(1936) *Brief in »Briefe und Antworten«, S. 249f.*

10. II. **Sternheim** KM las Carl Sternheims Autobiographie »Vorkriegseuropa im Gleichnis meines Lebens«
Wedekind der Schriftsteller Frank Wedekind, 1864–1918

14. II. **Léon Blum** 1872–1950, sozialistischer Politiker, er wurde noch im gleichen Jahr Ministerpräsident der Volksfrontregierung
Action Française nationalistisch-royalistische Gruppe
Bainville Jacques Bainville, 1879–1936, Historiker und führendes Mitglied der Action Française

15. II. **Teddy** der südamerikanische Lyriker Théo de Villeneuve; sein »Poème« erschien in »Die Sammlung« II/1, September 1934
»Son amour…« Ü: »Da ist seine Liebe wie alle Formen des Wassers geworden – und es ist weiter geeilt« (Deutsch von Wolfgang Hellmert)
Wolfgang Wolfgang Hellmert, 1906–1934, Lyriker und Erzähler; der enge Freund KMs hatte sich mit einer Überdosis Morphium das Leben genommen
Denby Edwin Denby, 1903–1983, Tänzer, 1933 zeitweilig Mitglied der »Pfeffermühle«
Lyrik-Anthologie »Anthologie jüngster Lyrik«, Gebr. Enoch Verlag 1927 und 1929, herausgegeben von KM und Willi R. Fehse, 1906–1977, Lyriker und Erzähler
Gert Gertrud Frank, geb. Feiß, seit KMs Aufenthalt in der Odenwaldschule mit ihm befreundet; sie starb im November 1933 an ihrer Morphiumsucht
Mops Thea Sternheim, 1905–1954, Tochter des Dramatikers Carl Sternheim, Freundin KMs
Schlüter Herbert Schlüter, geb. 1906, Schriftsteller und Übersetzer; langjähriger Freund KMs
René René Crevel, 1900–1935, dem Surrealismus nahestehender französischer Autor, seit 1926 mit KM befreundet; er hatte sich im Juni 1935 das Leben genommen

»Nouvelles Littéraires« französische Literaturzeitschrift *19. II.*

Huxley der englische Schriftsteller Aldous Huxley, 1894–1963 *(1936)*

Natonek Hans Natonek, 1892–1963, Schriftsteller, ehemaliger Feuilletonredakteur der »Neuen Leipziger Zeitung«

Golo KMs jüngerer Bruder, der Schriftsteller und Historiker *20. II.* Golo Mann, geb. 1909

j'ai … Ü: »…, ich habe eine Eisenbahn«

»Pygmalion« deutscher Spielfilm (1935), Regie: Erich Engel, mit Jenny Jugo und Gustaf Gründgens

Hans Jacob 1896–1961, jüdischer Schriftsteller und Publizist *21. II.*

»Sodome et Gomorrhe« der vierte Teil des Romanzyklus »Auf der Suche nach der verlorenen Zeit« von Marcel Proust

Stoisi Thea Sternheim, 1883–1971, erste Frau Carl Stern- *23. II.* heims und Mutter von Thea »Mopsa«

Alfred Flechtheim 1878–1937, Kunsthändler in Berlin und London

Ferdinand Hardekopf 1876–1954, bedeutender Übersetzer u. a. der Werke André Gides

Giraudoux Jean Giraudoux, 1882–1944, Dramatiker

»La Guerre …« dt. »Der trojanische Krieg findet nicht statt«

Cocteau Jean Cocteau, 1889–1963, Dichter, Graphiker, Filmregisseur

»Supplement …« dt. »Nachtrag zur Reise von Cook«

Jack Rudolf von Ripper, 1904–1960, Maler, Zeichner und Abenteurer; Lebensgefährte von »Mopsa« Sternheim

Luchaire Antonina Vallentin-Luchaire, 1893–1957, deutsch- *25. II.* sprachige Biographin, Übersetzerin und Publizistin in Paris

Ostertag Ferdinand Ostertag, 1933 emigrierter Berliner Buchhändler

Green Julien Green, geb. 1910, französischer Schriftsteller *27. II.* amerikanischer Herkunft; KM hatte sich schon früh für sein Werk eingesetzt

japanische Affäre nach Parlamentswahlen hatte es einen Putschversuch von Teilen der Armee gegeben, in dessen Folge die militärischen Kreise an Einfluß gewannen

(1936)   *Jürgen Fehling* 1885–1968, Theaterregisseur
         Jean Cassou 1891–1986, Schriftsteller, Kunsthistoriker
         Masereel Frans Masereel, 1889–1972, belgischer Holz-
         schneider und Maler
         Max Ernst 1891–1976, Maler, Graphiker und Plastiker

28. *II.* *»la prochaine ...«* Ü: »der nächste, der letzte«

29. *II.* *Russenpakt* der im Jahr zuvor geschlossene französisch-so-
         wjetische Beistandspakt für den Fall einer Angriffsgefahr
         durch einen europäischen Staat
         Arnold Bauer geb. 1910, Journalist, Biograph und Essayist
         Christopher – Heinz Christopher Isherwood und sein junger
         Freund

2. *III.* *Hermon Ould* 1885–1951, Generalsekretär des PEN-Clubs,
         Übersetzer von KMs Roman »Symphonie Pathétique«, der
         1938 in englischer Fassung beim Verlag Victor Gollancz,
         London, erschien
         »Der alte und der junge König« deutscher Spielfilm von 1935,
         Regie Hans Steinhoff
         Jannings der Schauspieler Emil Jannings, 1884–1950
         Clausen nicht Detlev Clausen, sondern Werner Hinz stellte
         den Kronprinzen dar

6. *III.* *»Crime without passion«* amerikanischer Spielfilm (1934),
         Regie Ben Hecht/Charles MacArthur

7. *III.* *Felix Stössinger* 1889–1954, Essayist
         Frau Walter Else Walter, 1871–1945, Frau des Dirigenten
         Bruno Walter, 1876–1962; die Familien Mann und Walter
         waren aus gemeinsamer Münchner Zeit her befreundet

8. *III.* *Lotte und Gretel* Töchter von Bruno und Else Walter; Jugend-
         freundinnen KMs
         Lernet-Holenia Alexander Lernet-Holenia, 1897–1976, öster-
         reichischer Erzähler, Dramatiker und Lyriker
         Sarraut Alfred Sarraut, 1872–1962, französischer Politiker,
         von Januar bis Juni 1936 Ministerpräsident eines Übergangs-
         kabinetts
         »Sans Patrie« Ü: »Heimatlos«

Gasser Manuel Gassers jüngerer Bruder, der Kunsthändler *9. III.*
Hans Ulrich Gasser *(1936)*
»Frankensteins Braut« amerikanischer Spielfilm (1935) mit
Boris Karloff, Regie James Whale
politische Situation Deutschland hatte am 7. März den Locar- *11. III.*
no-Vertrag gekündigt und vertragswidrig die entmilitarisierte
Zone des Rheinlands besetzt
Joseph Roth 1894–1939, österreichischer Erzähler
Adolf Busch 1891–1952, Geiger *12. III.*
Ensemble »Die Pfeffermühle« *16. III.*
Magnus der Musiker Magnus Henning, geb. 1904, Mitbe-
gründer der »Pfeffermühle« in München
An Mielein in »Briefe und Antworten«, S. 252 f. *17. III.*
Kantorowicz der deutsche Literaturhistoriker und Schrift-
steller Alfred Kantorowicz, 1899–1979; Generalsekretär des
Schutzverbandes Deutscher Schriftsteller
Ribbentrop Joachim von Ribbentrop, 1893–1946, nationalso-
zialistischer Diplomat und Politiker, 1936–1938 Botschafter in
London, 1938–1945 Reichsaußenminister
»Journey into Freedom« Übersetzung von KMs 1934 erschie-
nenen Roman »Flucht in den Norden«
Berthold Viertel 1885–1953, Schriftsteller, Schauspieler und
Regisseur
Rimsdijk holländischer Theateragent *19. III.*
Gary Cooper 1901–1961, amerikanischer Filmschauspieler *20. III.*
»Desire« amerikanischer Spielfilm (1936), Regie: Frank Bor-
zage
Walther Victor 1895–1971, sozialistischer Schriftsteller und *25. III.*
Publizist
Humbert-Hitler-Buch »Adolf Hitlers ›Mein Kampf‹. Dich-
tung und Wahrheit« von Manuel Humbert, d. i. Kurt Caro,
Redakteur des »Pariser Tageblatts«
Rosenberg Alfred Rosenberg, 1893–1946, Ideologe des Natio-
nalsozialismus, Autor des Buches »Der Mythus des zwanzig-
sten Jahrhunderts«

(1936)   *Olden* Rudolf Olden, 1885–1940, Schriftsteller, Rechtsanwalt und Redakteur; Mitbegründer des deutschen PEN-Club im Exil

      P.T. Pariser Tageblatt

      Eu. Eukodal, morphiumhaltiges Medikament

      Conversation amicale Ü: freundschaftliche Unterhaltung

27. III. *Leonhard Franks Roman* »Traumgefährten« von Leonhard Frank, 1882–1961

      Ehepaar Horodisch die Buchkünstlerin Alice Horodisch und ihr Mann Abraham, 1898–1988, Verleger und Buchantiquar

28. III. *Chanson sans paroles* Ü: Lied ohne Worte

      Eden Sir Robert Anthony Eden, 1897–1977, konservativer Politiker, 1935–38 englischer Außenminister

      Halbo Kool 1907–1968, holländischer Lyriker

      Avec ... Ü: Mit viel Zärtlichkeit

1. IV. *Brentano* Bernard von Brentanos Roman »Theodor Chindler«

2. IV. *»Minuit«-Besprechung* unveröffentlicht

      Patzak der österreichische Sänger Julius Patzak, 1898–1974

5. IV. *Döblin* der Schriftsteller und Arzt Alfred Döblin, 1878–1957

      Schalom Asch 1880–1957, aus Polen stammender jüdischer Schriftsteller

      George der Dichter Stefan George, 1868–1933

      »Das Jahr der Seele« Gedichtband, erschienen 1897

      »Der Siebente Ring« Gedichtband, erschienen 1907

9. IV. *Eva Boy-Hobogen* Berliner Malerin

      Maria Osten Pseudonym für Maria Greshöner; ehemalige Angestellte des Malik-Verlages, Kulturfunktionärin in Moskau

      »Das Wort« in Moskau erscheinende deutschsprachige Literaturzeitschrift, herausgegeben von Bertolt Brecht, Willi Bredel und Lion Feuchtwanger

      dies dumme Heft es umfaßt den Zeitraum vom 21. 10. 1935 bis zu diesem Tag auf 152 handbeschriebenen Seiten. Das folgende, ebenfalls ein Schulheft mit schwarzem Wachstucheinband,

geht vom 10. 4. 1936 bis zum 27. 10. 1936 und enthält 184 *(1936)*
beschriebene Seiten

»Hotel Savoy Nr. 217« »Hotel-Savoy 217«, deutscher Spiel- *10. IV.*
film (1936), Regie: Gustav Ucicky, mit Hans Albers, Brigitte
Horney

Marian Anderson geb. 1902, Altistin *11. IV.*

»Teppich des Lebens« Gedichtzyklus, erschienen 1900

Un petit… Ü: Ein kleiner Nico von sechzehn Jahren

Wang Cilly Wang, Schauspielerin; 1935 und 1936 zeitweilig
Mitglied des »Pfeffermühlen«-Ensembles

Pamela Pamela Wedekind, 1906–1986, Schauspielerin, ehe-
malige Verlobte KMs; Tochter Frank Wedekinds, zweite Frau
Carl Sternheims, später verheiratet mit dem Schauspieler
Charles Regnier

Tilly Tilly Wedekind, 1886–1970, Schauspielerin, Ehefrau
Frank Wedekinds

Paulus Geheeb Paul Geheeb, 1870–1961, Pädagoge; er hatte *13. IV.*
1910 die Odenwaldschule gegründet, die KM 1922/23 besuchte

Bruno Bruno Frank

»Willen zur Macht« aus dem Nachlaß herausgegebene Schrift *15. IV.*
von Friedrich Nietzsche, 1844–1900

Zarek Otto Zarek, 1898–1958, Schriftsteller und Regisseur *19. IV.*

Le reich… Ü: Das Reich im Wahn

Mon amour… Ü: Meine Liebe zu Frankreich

Maimonides 1135–1204, jüdischer Philosoph und Arzt *21. IV.*

Brausewetter Hans Brausewetter, Schauspieler

Buschi A. der Schauspieler Rudolf Amendt

Enoch der Verleger Kurt Enoch veröffentlichte 1925 KMs
ersten Erzählungsband »Vor dem Leben«

W. E. Süskind Wilhelm Emanuel Süskind, 1901–1970,
Schriftsteller und Redakteur, bis 1933 enger Freund KMs; er
blieb in Deutschland

Rudolf Levy 1875–1944 (?), Maler

Niels de Dardell dänischer Maler

(1936) »*Der fromme Tanz*« KMs erster Roman, erschienen im Ge-
brüder Enoch Verlag, Hamburg 1926

»*Anja und Esther*« KMs erstes veröffentlichtes Schauspiel,
Oesterheld und Co. Verlag, Berlin 1925

»*Kindernovelle*« Gebr. Enoch Verlag, Hamburg 1926

Kosleck Martin Kosleck, Schauspieler

Fränze Herzfeld Dr. Franziska Herzfeld, Literaturwissen-
schaftlerin

Prinzhorn Hans Prinzhorn, 1886–1933, Nervenarzt und Psy-
chologe

»*Revue zu Vieren*« Komödie, erschienen bei Oesterheld und
Co. Verlag, Berlin 1926

Ramon Neckelmann Hamburger Karikaturist und Maler

Edgar List mit KM und Pamela Wedekind befreundeter
Kaufmann in Hamburg; Bruder des Fotographen Herbert List

Wolf Rodig Berliner Schauspieler

»*Heute und Morgen*« Untertitel: »Zur Situation des jungen
geistigen Europas«, Essay, Gebr. Enoch Verlag, Hamburg
1927

Novellen-Anthologie »Anthologie jüngster Prosa«, herausgegeben von Erich Ebermayer, Klaus Mann und Hans Rosen-
kranz, J.M. Spaeth Verlag, Berlin 1928

Ebermayer Erich Ebermayer, 1900–1970, Schriftsteller und
Jurist; KM über lange Jahre persönlich und literarisch verbunden

Speyer Wilhelm Speyer, 1887–1952, Erzähler und Dramatiker

Georges Dobò französischer Schriftsteller

»*Abenteuer des Brautpaars*« erschienen im Novellenband
»Abenteuer«, Reclam Verlag, Leipzig 1929

Walter Frank der Mann Gertrud Franks

Freddy Kaufmann Barbesitzer in Berlin, dann in Paris und
Shanghai

Heusers die Familie des Düsseldorfer Kunstprofessors Werner Heuser

Bruno Franks »12 000« sein Drama »Zwölftausend« (1936)
Hans Bender geb. 1907, Parapsychologe
Kommer Rudolf K. Kommer, vorwiegend in den USA tätiger Agent
Hummelsheim Walter Hummelsheim, Student in Princeton
Lilli Petschnikoff geschiedene Frau des russischen Geigers Alexander Petschnikoff
Raimund Hofmannsthal Sohn des österreichischen Lyrikers, Dramatikers, Erzählers und Essayisten Hugo von Hofmannsthal, 1874–1929
Müller Hans Müller, 1882–1950, österreichischer Bühnenautor
Berger Ludwig Berger, 1892–1969, Regisseur
Veidt der Berliner Filmschauspieler Conrad Veidt, 1893 bis 1943, seit Ende der zwanziger Jahre in England und Hollywood tätig
»Gegenüber von China« erschienen im Novellenband »Abenteuer«
Otto Schön-René Otto Eugen Schön-René, ehemaliger Mitschüler KMs in der Odenwaldschule
Kellermann-Abenteuer Begegnung mit dem Schriftsteller Bernhard Kellermann, 1879–1951, beschrieben in Erika und KMs Reisebuch »Rundherum«, S. Fischer Verlag, Berlin 1929
»Das Leben der Suzanne Corbière« erschienen im Novellenband »Abenteuer«
Gundolf Friedrich Gundolf, 1880–1931, Literaturhistoriker und bedeutender Vertreter des Stefan-George-Kreises
Rickert Heinrich Rickert, 1863–1936, Philosoph in Heidelberg
Alf Schmidt kurzzeitiger Freund KMs in Heidelberg
»Alexander« »Alexander – Roman der Utopie«, S. Fischer Verlag, Berlin 1930
»Krankheit der Jugend« Drama von Ferdinand Bruckner, Pseudonym für Theodor Tagger, 1891–1958, Dramatiker und Regisseur

(1936) *Klemperer* der Romanist Victor Klemperer, 1881–1960

Charly Forcht ein enger Freund von Gustaf Gründgens

»Pariser Köpfe« unter diesem Titel nicht aufgefunden; vermutlich diverse Portraits, die KM 1929/30 u. a. über Jean Cocteau, Henri Barbusse, Marc Chagall veröffentlichte

»Katastrophe um Baby« Erzählung, erschienen in »Velhagen und Klasings Monatshefte« 45/12, August 1931

»Gegenüber von China« Komödie, Oesterheld und Co. Verlag, Berlin 1929

Doris Doris von Schönthan, gest. 1968, Enkelin des Komödienautors Franz von Schönthan, 1849–1913

H. H. Jahnn Hans Henny Jahnn, 1894–1959, Schriftsteller und Orgelbauer

Bert der Münchner Schauspieler Albert Fischel, jahrelang mit Erika und KM befreundet

Wissing der Arzt Egon Wissing, Vetter des Literaturkritikers und Philosophen Walter Benjamin, 1892–1940

Edda Reinhardt später verheiratete Werckmeister, Berliner Freundin KMs

Barbusse Henri Barbusse, 1873–1935, sozialistischer französischer Schriftsteller

»Geschwister« Schauspiel nach Jean Cocteaus Roman »Les enfants terribles«, Gustav Kiepenheuer Verlag, Berlin 1930

Babs Herbert Franz, Schauspieler an den Münchner Kammerspielen; er spielte in der Uraufführung von »Geschwister«

Eugene MacCown amerikanischer Maler und Dandy

»Riviera …« Erika und KM »Das Buch von der Riviera« aus der Serie »Was nicht im Baedeker steht«, R. Riper und Co. Verlag, München 1931

Billux Sybille von Schönebeck-Bedford, geb. 1911, Schriftstellerin, enge Freundin und Biographin von Aldous Huxley

Durchfahrt Erika Mann und Ricki Hallgarten gewannen ein Autorennen

»Treffpunkt« der Roman »Treffpunkt im Unendlichen«, S. Fischer Verlag, Berlin 1932

Toni Toni Altmann, intimer Freund Brian Howards   *(1936)*
»Plagiat« nicht aufgeführte Komödie von Erika Mann
Reisiger Hans Reisiger, 1884–1968, Schriftsteller und Über-
setzer, enger Vertrauter Thomas Manns
Goldstein Franz Goldstein, Feuilletonist der »Wirtschaftswo-
che für Polen« in Kattowitz; Freund und Förderer KMs
Wolf Franck 1902–1937, Publizist und Essayist
Ossietzky Carl von Ossietzky, 1889–1938, pazifistischer
Schriftsteller und Publizist, Friedens-Nobelpreisträger 1935;
seit 1933 in KZ-Haft
»An die Deutschen« das korrekte Zitat aus Friedrich Hölder-
lins Gedicht lautet: »Oh ihr Guten! auch wir sind / Tatenarm
und gedankenvoll«
Klossowski Erich Klossowski, in Frankreich lebender deut-   24. IV.
scher Maler und Übersetzer; Vater des französischen Roman-
autors und Essayisten Pierre Klossowski, geb. 1905
Lion Feuchtwanger 1884–1958, erfolgreicher Romancier
»La Garçonne« französischer Spielfilm (1936), mit Marie
Belle, Arletty; Regie: Jean de Limur
»André Gide et son temps« Protokoll eines Kongresses der   26. IV.
katholischen Gruppe »Union pour la Vérité« über André Gide,
an dem im Januar 1935 u. a. François Mauriac, Jacques
Maritain und Gabriel Marcel teilgenommen hatten
»Der Untergang von Prag« Zukunftsroman von Sidney Fowler
Right, im Pariser Tageblatt, Frühjahr 1936, als Fortsetzungs-
roman abgedruckt
»Alkibiades« Roman von Hans Flesch-Brunningen, Pseudo-   27. IV.
nym Vincent Brun, geb. 1895; KMs Rezension erschien in der
Zeitschrift »Internationale Literatur«, 7/3, Moskau März 1937
»Hitlère ...« Ü: Hitler, das ist ein – wie sagen Sie ?   28. IV.
Jacques Maritain 1882–1973, katholischer Philosoph
»Il y a...« Ü: »Es gibt Werte, die sich das kommunistische
Ideal einverleibt hat und die christlichen Ursprungs sind. Wir
warten ... auf eine faktische Verwirklichung der Werte des
Evangeliums in der sozialen und irdischen Ordnung.«

29. *IV.* *Links-Sieg* bei den Wahlen zur Nationalversammlung hatte
(*1936*) das Volksfrontbündnis eine klare Mehrheit gewonnen
Herriot Edouard Marie Herriot, 1872–1957, französischer
Politiker und Schriftsteller, Führer der Radikalsozialistischen
Partei

1. V. *Sernau* Lola Sernau, Sekretärin Lion Feuchtwangers

3. V. *Brief an Golo* in »Briefe und Antworten«, S. 256f..

4. V. *Brief* in »Briefe und Antworten«, S. 257–260

5. V. *Meier-Graefe* Anne Marie Meier-Graefe, Witwe des Kunsthistorikers Julius Meier-Graefe, 1867–1935
Arnold Zweig 1887–1968, Erzähler, Dramatiker und Essayist

6. V. *»Ferdinand und Isabella«* Roman von Hermann Kesten, 1936
in Amsterdam erschienen
Wesemann-Prozeß gegen den NS-Agenten Wesemann, der
im Jahr zuvor den emigrierten Publizisten Berthold Jacob,
1898–1944, in die Schweiz gelockt hatte, von wo er von der
Gestapo nach Deutschland entführt worden war
Negri Ada Negri, 1870–1945, italienische Dichterin

7. V. *Einheitsfront* in Abänderung bisheriger Politik hatte die
Komintern 1935 das Ziel einer Einheitsfront aller antifaschistischen Kräfte formuliert
Bode Uhse 1904–1963, Schriftsteller; erst Nationalsozialist,
dann Kommunist
Hegemann Werner Hegemann, 1881–1936, Architekt und
Schriftsteller; seine Abrechnung mit der deutschen Geschichte
war noch 1933 in Deutschland erschienen

10. V. *»Bouvard et Pécuchet«* unvollendeter Roman von Gustave
Flaubert, 1821–1880
matelot Ü: Matrose
»je te tuerai« Ü: »ich werde dich töten«

11. V. *»Les mauvaises …«* Ü: »Unangenehme Begegnungen. Ein
gewisser Thomas *Klau,* deutscher Staatsangehöriger, 30 Jahre
alt, Angestellter des Hotel de la Tour in Sanary, der einem
Individuum ins Quartier Réservé gefolgt war, wurde von diesem überfallen. Thomas Klau wurde am rechten Auge verletzt

und ging zudem seiner Brieftasche und 30 frs. verlustig. Polizei *(1936)*
wurde benachrichtigt.«

Ernst Weiss 1882–1940, Schriftsteller und Arzt

Becher Johannes R. Becher, 1891–1958, expressionistischer, *13. V.*
dann sozialistisch-realistischer Lyriker und Essayist; später
Kulturminister der DDR

Gert Podbielski Schriftsteller und Kritiker, Bekannter KMs
aus dem Umkreis des Literaturförderers Franz Goldstein

Geneviève Tabouis französische Journalistin, bekannte *20. V.*
Kriegsberichterstatterin

Foire Ü: Jahrmarkt *24. V.*

Jan Kiepura 1902–1966, Operettensänger

Préjean Albert Préjean, geb. 1898, französischer Filmschauspieler

Jaurès Jean Jaurès, 1859–1914, sozialistischer Politiker und
Pazifist; Gründer der Zeitung »L'Humanité«

»apôtre...« Ü: »Apostel des Friedens«

Treuberg der aus Bayern emigrierte Friedrich Franz Graf *1. VI.*
Treuberg

Serge Lifar 1905–1986, Tänzer, Choreograph, Ballettdirektor
der Pariser Oper

Mauriac François Mauriac, 1885–1970, katholischer Schriftsteller; KMs Rezension seines Buches »Vie de Jésus« erschien
in der »Pariser Tageszeitung« am 26. 7. 1936

Bruno-Frank-Aufsatz in Form eines Briefes, zum 50. Ge- *4. VI.*
burtstag Bruno Franks; allerdings hatte sich KM geirrt: Bruno
Frank wurde erst 49 Jahre alt. Der Aufsatz erschien in der
»Pariser Tageszeitung« am 12. 6. 1936; abgedruckt auch in
»Briefe und Antworten«, S. 261–267

»Pariser Tageszeitung« die Redaktion des »Pariser Tage- *14. VI.*
blatts« hatte fälschlicherweise behauptet, sein weißrussischer
Verleger Wladimir Poljakoff habe versucht, die Zeitung an
einen Strohmann des deutschen Propagandaministeriums zu
verkaufen. Als Gegenzeitung wurde die »Pariser Tageszeitung« gegründet. Poljakoff war ruiniert.

(1936) *Peter Mendelssohn* Peter (de) Mendelssohn, 1908–1982, Essayist und Romancier; später Herausgeber der Tagebücher Thomas Manns und sein Biograph

Vorabdruck des »Mephisto« in Fortsetzungen in der »Pariser Tageszeitung« vom 21. 6. bis zum 22. 9. 1936

17. VI. *Eva Landshoff* die geschiedene Frau von Fritz H. Landshoff

Theodor Wolff 1868–1943, Publizist, bis 1933 Chefredakteur des »Berliner Tageblatts«

Schickeles Anna Schickele und ihr Mann, der elsässische Schriftsteller René Schickele, 1883–1940

Hasenclever Walter Hasenclever, 1890–1940, expressionistischer Dramatiker und Lyriker

Krögerin Heinrich Manns Lebensgefährtin Nelly Kröger, 1898 bis 1944, die er 1939 heiratete

garcon … Ü: arbeitsloser Kellner

20. VI. *Maxim Gorki* 1868–1936, russischer Schriftsteller; »Begründer der sowjetischen Literatur«, Nationaldichter

Karl Kraus 1874–1936, österreichischer Schriftsteller und Kritiker; Herausgeber der Zeitschrift »Die Fackel«

23. VI. *»Mephisto«-Voranzeige* darin hatte die »Pariser Tageszeitung« den Roman unter der Überschrift »Ein Schlüsselroman« angekündigt und darauf hingewiesen, daß die Hauptfigur Züge Gustaf Gründgens trage. KM protestierte scharf in einem Telegramm, das die Zeitung am 23. 6. 1936 unter dem Titel »Kein Schlüsselroman – Eine notwendige Erklärung« auszugsweise abdruckte

malgré tout Ü: trotz allem

Tante Kätchen Käthe Rosenberg, 1883–1960, Übersetzerin; Kusine Katia Manns

üsis familiensprachlicher Ausdruck für entzückend, putzig, wohlgelungen

Blanche Knopf 1898–1966, amerikanische Verlegerin, Frau des Verlegers Alfred A. Knopf, 1892–1984

Einbürgerung durch Aberkennung der deutschen Staatsbürgerschaft war KM seit dem 1. November 1934 staatenlos

Tendresse Ü: Zärtlichkeit

»Morgenlicht« Erzählung von W. E. Süskind

Dr. Hermann Sinsheimer 1883–1950, vormaliger Chefredakteur des »Simplicissimus« und Feuilletonchef des »Berliner Tageblatts«

Alice Alice van Nahuys-von Eugen, gest. 1967, »Verlagsdame« bei Querido

Aminoff Hans Aminoff, junger finnischer Gutsbesitzer, zeitweilig intimer Freund KMs

Beidlers Franz W. Beidler, 1901–1981, Schriftsteller und Wagner-Enkel, und seine Frau Ellen; Zürcher Freunde von Katia und Thomas Mann

Ernst Wiechert 1887–1950, in Bayern lebender, ostpreußischer Erzähler; seine Rede »Der Dichter und seine Zeit« hatte er im Jahr zuvor gehalten

Vorlesung von Zauberer Thomas Mann las das Kapitel »Das zweite Jahr« aus dem sechsten Hauptstück seines Romans »Joseph in Ägypten«

Oprecht der Schweizer Verleger Emil Oprecht, 1895–1952, Inhaber der Verlage »Oprecht und Helbing« und »Europa-Verlag«; er und seine Frau Emmie Oprecht, geb. 1899, Verlegerin und Buchhändlerin, unterstützten Exilanten auf vielfältige Weise

Ginsberg Ernst Ginsberg, 1904–1964, deutscher Schauspieler, von 1933–1946 am Zürcher Schauspielhaus

Stemmle Robert Adolf Stemmle, 1903–1974, Schriftsteller und Filmregisseur

Rühmann der Schauspieler Heinz Rühmann, geb. 1902

Max Herrmann-Neisse 1886–1941, expressionistischer Lyriker, Dramatiker und Erzähler

Lévy-Bruhl Lucien Lévy-Bruhl, 1857–1939, Soziologe, Ethnologe und Philosoph

Katzensteins der Zürcher Arzt Erich Katzenstein, 1893–1961, und seine Frau Nettie Sutro Katzenstein, 1889–1967, Begründerin des »Schweizer Hilfswerk für Emigrantenkinder«

28. VI.
(1936)

1. VII.

3. VII.

5. VII.

211

7. *VII.* *Dessoir* Max Dessoir, 1867–1947, deutscher Philosoph

(1936) *Hirschfeld* Kurt Hirschfeld, 1902–1964, emigrierter Dramaturg und Regisseur, später Direktor des Zürcher Schauspielhauses

12. *VII.* *Emil Ludwig* 1894–1971, erfolgreicher Biograph und Essayist

Kurt Hiller 1885–1972, Schriftsteller und unabhängiger Sozialist

Edgar André kommunistischer Hamburger Hafenarbeiter, wegen unbewiesener Vergehen zum Tode verurteilt und hingerichtet

18. *VII.* *Marina Schaljapina* Tochter des russischen Opernsängers Fjodor Iwanowitsch Schaljapin, 1873–1938

Sinclair Lewis 1885–1951, amerikanischer Erzähler, Literatur-Nobelpreis 1930

Polgar Alfred Polgar, 1875–1955, österreichischer Schriftsteller

Polemik mit Schwarzschild »Das Neue Tage-Buch« polemisierte heftig gegen den Chefredakteur der »Pariser Tageszeitung« Georg Bernhard, der durch sein Betrugsmanöver Wladimir Poljakoff um die Existenz gebracht hatte; siehe Anm. zum 14. 6. 1936

25. *VII.* *Toscanini* der italienische Dirigent Arturo Toscanini, 1876 bis 1957

Lehmann die Sopranistin Lotte Lehmann, 1888–1976

Bermanns Gottfried Bermann Fischer und seine Frau Brigitte, geb. 1905, Tochter des Verlegers Samuel Fischer

Mrs. Huebsch Frau des amerikanischen Verlegers Ben W. Huebsch, 1873–1965, Gründer des gleichnamigen Verlags, aus dem 1925 der Großverlag Viking Press hervorging

Gürster Eugen Gürster, 1895–1980, Dramaturg, Schriftsteller und Diplomat, 1933 in die Schweiz emigriert

Bösch Dr. Walter Bösch

28. *VII.* *Goslar* Lotte Goslar, »witzig-bizarre« Charaktertänzerin, 1934 bis 1937 Mitglied der »Pfeffermühle«

Eugenie Schwarzwald 1872–1940, österreichische Pädago- (1936)
gin und Frauenrechtlerin

Charles Valéry Sohn des französischen Dichters Paul Valéry, 29. VII.
1871–1945

Massary Fritzi Massary, 1882–1969, Operettendiva; Mutter
von Liesl Frank

Jerger Alfred Jerger, 1889–1976, Opernsänger, auch Dirigent
und Regisseur

Novotná Jarmila Novotná, geb. 1907, tschechische Opern-
sängerin

»König der Frauen« »The Great Ziegfeld«, amerikanischer 2. VIII.
Spielfilm (1936), Regie: Robert Z. Leonhard, mit William
Powell, Myrna Loy, Luise Rainer

Ziegfeld Florenz Ziegfeld, 1869–1932, Broadway-Produzent

Eleonora Mendelssohn 1900–1951, Schauspielerin

Siegfried Trebitsch 1869–1956, österreichischer Schriftsteller
und Shaw-Übersetzer

Wessely die Schauspielerin Paula Wessely, geb. 1907 3. VIII.

Balser der Schauspieler Ewald Balser, 1898–1978

Forster Rudolf Forster, 1884–1968, österreichischer Schauspieler

Bergner Elisabeth Bergner, 1897–1986, österreichische Schauspielerin

Essay von Golo erschien nicht in der »Internationalen Litera- 7. VIII.
tur«, Moskau

Gastspiel in Leopoldskron Als Vorbereitung einer geplanten
Amerikatournée gab die »Pfeffermühle« auf Schloß Leopoldskron bei Salzburg, dem Wohnsitz Max Reinhardts, eine Privat-
vorstellung für einflußreiche Amerikaner

Agent Leigh Colston Leigh, amerikanischer Agent für Vor- 10. VIII.
tragsreisen

Hoppe Marianne Hoppe, geb. 1911, Schauspielerin, zweite 13. VIII.
Frau Gustaf Gründgens

Marie Bashkirtseff 1860–1884, französische Schriftstellerin,
Musikerin und Malerin russischer Herkunft; bekannt vor allem
durch ihre Tagebücher

16. VIII. *Carla* Carla Mann, 1881–1910, Schauspielerin, Schwester
(1936) von Heinrich und Thomas Mann; sie nahm sich das Leben
»*Schauspielerin*« Heinrich Mann porträtierte seine Schwester
in diesem Drama und einer gleichnamigen Novelle
Tonio Kröger Novelle von Thomas Mann, 1903
Peter Altenberg 1859–1919, Virtuose der kleinen Prosaform
Ludwig v. Hoffmann Ludwig von Hofmann, 1861–1945, Maler des Jugendstil

20. VIII. *Mein nächster Roman* erste Erwähnung von KMs Roman
»Der Vulkan«, erschienen im Juni 1939 beim Querido Verlag
Sundheimer Leo Sundheimer, Besitzer eines Münchner Modegeschäfts, skurriler Verehrer Erika Manns
Les sans-patrie Ü: Die Heimatlosen

24. VIII. *Hatvany-Lazi* Baron Lajos Hatvany, 1880–1961, deutsch und ungarisch schreibender Schriftsteller; KM hatte ihn und seine dritte Frau Jolan »Loli« im Jahr zuvor in Budapest besucht
Ödön Horváth Ödön von Horváth, 1901–1938, Dramatiker und Erzähler

28. VIII. *antitrotzkistischer Prozeß* große Schauprozesse zur Liquidierung der »trotzkistischen« Opposition Kamenjews und Sinowjews
30. Juni am 30. Juni 1934 waren im Verlauf des sog. »Röhmputsches« u. a. der Stabschef der SA Ernst Röhm und der General und ehemalige Reichskanzler Kurt von Schleicher ermordet worden

29. VIII. *Novelle* Arbeit an einer Erzählung mit dem Titel »Liebesgeschichte«, die KM später in Teil II, Kapitel 2 seines Romans »Der Vulkan« einarbeitete
Guizot François Guizot, 1787–1874, französischer Historiker
Simon Gerda Simon, Sekretärin des Publizisten Leopold Schwarzschild

4. IX. *der Fall Titulescus* auf Druck der Opposition wurde der rumänische Außenminister Nicolae Titulescu, 1883–1941, entlassen; er hatte eine Politik der Hinwendung zu Frankreich betrieben

Gottfried Benn 1886–1956, von KM bewunderter Dichter, *(1936)*
dessen Verbleiben in Deutschland und zunächst geäußertes
Wohlwollen für das Nazi-Regime zu einer Entfremdung der
beiden geführt hatte

Werner Türk geb. 1901, Schriftsteller *10. IX.*

Maler Beckmann Max Beckmann, 1884–1950, expressionistischer Maler, Graphiker und Buchillustrator

Prinzessin-Verlobung Verlobung von Prinzessin Juliana mit
Prinz Bernhard zur Lippe-Biesterfeld

»O verloren…« letzte Strophe des Gedichts »Eros« von Rainer *15. IX.*
Maria Rilke, 1875–1926

Willi Bredel 1901–1964, kommunistischer Schriftsteller, *17. IX.*
1936 Mitherausgeber der Zeitschrift »Das Wort«, Moskau

»Denn das Schöne …« Zitate aus der Ersten der »Duineser
Elegien«

Amicalement Ü: freundschaftlich

Huxley »Eyeless in Gaza« KMs Rezension »Aldous Huxleys *19. IX.*
neuer Roman« erschien in »Das Wort« II/3, März 1937

Grabbe Christian Dietrich Grabbe, 1801–1836, Dramatiker
des Frührealismus

Wyston Wyston H. Auden, 1907–1973, englischer Lyriker;
seit 1935 verheiratet mit Erika Mann

»Unter zwei Flaggen« amerikanischer Spielfilm (1936), Re- *20. IX.*
gie: Frank Lloyd

Colbert Claudette Colbert, geb. 1905, Filmschauspielerin

Boie Mildred Boie, amerikanische Collegelehrerin, später *23. IX.*
Mitherausgeberin der Zeitschrift »The Atlantic Monthly«,
Boston

»Überfahrt« das Feuilleton erschien in der »Pariser Tageszei- *24. IX.*
tung«, 25. 10. 1936

mais trop sérieux Ü: aber zu seriös

Riess Curt Riess, geb. 1902, Journalist und Schriftsteller *27. IX.*

Roosevelts Chancen der Präsident der Vereinigten Staaten,
Franklin D. Roosevelt, 1882–1945, stand vor seiner ersten
Wiederwahl

(1936) *Michael reste ...* Ü: Michael bleibt über Nacht bei mir. Zärtlichkeit

29. IX. *Mrs. Muschenheim* Elsa Muschenheim, Frau von Frederick A. Muschenheim, Direktor des New Yorker Hotels »Astor«
Charell Erik Charell, 1894–1974, Bühnen- und Filmregisseur

4. X. *Tonio* Tonio Selwart, geb. 1896, aus München gebürtiger amerikanischer Schauspieler, mit dem Erika und KM schon in ihrer Jugend befreundet waren
Billy Wilder geb. 1906, Filmregisseur
»If I had a million« amerikanischer Episodenfilm (1932), mit Gary Cooper, George Raft, Charles Laughton; Regie u. a. Ernst Lubitsch, Norman Taurog
Laughton Charles Laughton, 1899–1962, englischer Schauspieler
»Emperor Jones« amerikanischer Spielfilm (1933) nach einem Stück von Eugene O'Neill, mit Paul Robeson und Dudley Digges, Regie: Dudley Murphy
Schnitzler Arthur Schnitzler, 1862–1931, österreichischer Dramatiker und Erzähler

7. X. *Gumpert* Martin Gumpert, 1897–1955, Arzt und Schriftsteller
George Davis Redakteur, später zweiter Ehemann der Schauspielerin und Sängerin Lotte Lenya; er war KM schon aus Pariser Zeiten bekannt

8. X. *Hans Rameau* 1901–1980, Schauspieler und. Regisseur an den Münchner Kammerspielen; in die USA emigriert
Radek Karl Radek, 1885–1939 (?), vertrauter Mitarbeiter Lenins, 1937 in einem der großen »Säuberungsprozesse« zu zehn Jahren Zwangsarbeit verurteilt und verschollen
Gömbös Gyula Gömbös, 1886–1936, nationalistischer ungarischer Politiker, 1932–36 Ministerpräsident
Fey Emil Fey, 1886–1938, nationalistischer österreichischer Politiker, Führer der Wiener Heimwehr
Starhemberg Ernst Rüdiger von Starhemberg, 1899–1956,

am italienischen Faschismus orientierter, österreichischer Po- *(1936)*
litiker; 1934–36 Führer der Vaterländischen Front und Vize-
kanzler
Walter Schönstedt geb. 1909, Schriftsteller und Herausgeber
Gerhart Seger 1896–1967, Publizist, ehemaliges Mitglied des
Reichstages; nach dem Reichstagsbrand verhaftet, Ende 1933
aus dem KZ Oranienburg geflüchtet
Konni Konrad Katzenellenbogen, später K. Kellen, geb. 1913,
von 1941–1943 Sekretär Thomas Manns, dann US-Offizier;
KM hatte ihn Anfang Februar 1935 in Paris kennengelernt
Tolnay Frau des ungarischen Kunsthistorikers Charles de   *10. X.*
Tolnay, geb. 1899
Lautrup dänischer Musiker, den Erika und KM 1928 auf ihrer
Weltreise in Tokio kennengelernt hatten
Helen Deutsch 1884–1982, aus Polen gebürtige Psychoanaly-
tikerin
Kurt Weill 1900–1950, Komponist
Lotte Lenya 1900–1981, Schauspielerin und Sängerin, Frau
Kurt Weills
Chirico Giorgio de Chirico, 1888–1978, italienischer Maler
Christiane Toller-Grautoff geb. 1917, Tochter eines Jugend-   *23. X.*
freundes Thomas Manns, Frau Ernst Tollers
»Dodsworth« amerikanischer Spielfilm (1936) nach einem   *24. X.*
Roman von Sinclair Lewis, mit Walter Huston und Ruth
Chatterton, Regie: William Wyler
Rolf Nürnberg später Ralph Nunberg, 1903–1949, Journalist   *26. X.*
Ilse Riess erste Frau von Curt Riess
»New York, abends« unter dem Titel »New York am Abend« in   *27. X.*
der »Pariser Tageszeitung«, 8. 11. 1936
Mrs. Brodsky Mrs. Ralph Howard Brodsky, Pseud. Ruth Nan-
da Anshen, Schriftstellerin
Canby Henry Seidel Canby, amerikanischer Publizist und
Essayist
Ammers-Küller Jo van Ammers-Küller, 1884–1966, holländi-
sche Erzählerin

217

(1936)   *Satow*   Helen Satow, eine Freundin Fritz H. Landshoffs
Dorothy Thompson 1894–1961, bedeutende amerikanische Publizistin, 1924–1934 Auslandskorrespondentin in Deutschland; verheiratet mit Sinclair Lewis
Jooss   Kurt Jooss, 1901–1979, Choreograph

28. X.   *»Ist er…«* das mit dem Rilke-Gedicht beginnende Heft führt auf 156 Seiten das Tagebuch weiter bis zum 27. 3. 1937
»Goebbels, Johst und die deutsche Literatur« unter dem Titel »Discipline for German Writers« erschienen in »The Nation«, 26. 12. 1936
Wescott   Glenway Wescott, 1901–1987, amerikanischer Lyriker und Erzähler
George Grosz   1893–1959, Maler und Graphiker

30. X.   *Maurice Wertheim*   New Yorker Bankier und Theaterförderer
Waldo Frank   1889–1967, amerikanischer Schriftsteller
Rosamond Pinchot   amerikanische Theaterschauspielerin

31. X.   *Curt Bois*   geb. 1901, Berliner Schauspieler; 1933–1950 in den USA

4. XI.   *Sherwood Anderson*   1876–1941, amerikanischer Erzähler
»The Thin Man«   amerikanischer Spielfilm (1934) nach einem Roman von Dashiell Hammett, mit William Powell und Myrna Loy, Regie: W.S. van Dyke

5. XI.   *Selden Rodman*   amerikanischer Schriftsteller und Publizist, den KM 1932 in München kennengelernt hatte
»Joseph in Ägypten« das dritte Buch von Thomas Manns Romantetralogie »Joseph und seine Brüder«; KMs Rezension in »Der Arbeiter«, New York, 12. 12. 1936 und in »Das Neue Tage-Buch«, 19. 12. 1936

8. XI.   *»rien n'est meilleur…«* Ü: »nichts besseres kennt die Seele/als einer anderen Seele Trauer zu nehmen«
»The Black Legion« amerikanischer Spielfilm (1937), mit Humphrey Bogart, Regie: Archie L. Mayo

9. XI.   *Emery, un italien…* Ü: Emery, ein Italiener, der kommt, um unsere Zimmer zu säubern. Großer Flirt. Vielleicht – *vielleicht* ist dies der Beginn einer großen Liebe …

218

»J'aime ...« Ü: »Ich liebe seine großen Augen ...« 11. XI.

»Deutsch-jüdischer Club« 1924 von Auswanderern und ehe- (1936)
maligen Weltkriegsteilnehmern gegründet; ab 1933/34 be-
gann der Traditionsverein, sich zu einer effektiven Hilfsorganisation zu entwickeln. Der Club gab auch die Zeitung »Aufbau«
heraus, die, zunächst reines Mitteilungsblatt, zu einer wichti-
gen, noch heute existierenden Wochenzeitung wurde

Anti-Nazi-Untermeyer-Comité die »Non-Sectarian Anti-Nazi
League« initiierte die wirtschaftliche Boykottbewegung gegen
Deutschland und arbeitete gegen Nazi-Propaganda in den
USA

Thomas Wolfe 1900–1938, amerikanischer Erzähler 14. XI.

Tschelitscheff Pavel Tschelitscheff, 1898–1957, russischer
Maler und Bühnenbildner; zunächst Futurist, dann Neoro-
mantiker

Stez Stefan Zweig 17. XI.

Heinz Liepmann 1905–1966, Journalist und Schriftsteller

Valeska Gert 1892–1978, Tänzerin und Kabarettistin aus Ber- 18. XI.
lin; Wirtin des New Yorker Cabarets »Beggars Bar«

Gielgud Sir Arthur John Gielgud, geb. 1904, englischer
Schauspieler

Lilian Gish 1899–1989, amerikanische Schauspielerin

Très triste ... Ü: Sehr traurig. Zutiefst traurig 23. XI.

Slochower Harry Slochower, 1900–1985, Soziologe und Literaturhistoriker

»Dunkler ...« »Dunkel-«, Gedicht von Gottfried Benn

»Europäische Maler in Amerika« erschien in der Basler »Na- 24. XI.
tional-Zeitung«, 12. 1. 1937

Koppell Heinrich Günther Koppell, 1895–1964, emigrierter
deutscher Verleger; Gründer der amerikanischen Alliance
Book Corporation

Robert Nathan 1894–1985, amerikanischer Lyriker und Erzähler

Theres, Magnus, Goslar sie waren am Vortag aus Europa 26. XI.
eingetroffen

28. XI.   *Klabund* 1890–1928, Lyriker und Erzähler, Nachdichter chi-
(1936) nesischer und persischer Lyrik

      Bücher von André Gide KM besprach »Retour de l'U.R.S.S.«
      und »Nouvelles Pages de Journal« in seinem Aufsatz »Der
      Streit um André Gide« für »Die Neue Weltbühne« 33/7,
      Februar 1937

      Kunstmaler Kaufmann Arthur Kaufmann, 1888–1972, be-
      kannt durch sein Triptychon »Geistige Emigration«, für das er
      auch KM portraitierte

      Leslie Howard 1893–1943, englischer Schauspieler

      Clifford Odets 1906–1963, amerikanischer Dramatiker, Dreh-
      buchautor und Filmregisseur

30. XI.   *Hubertus Löwenstein* Hubertus Friedrich Prinz zu Löwen-
      stein, 1906–1984, konservativer Schriftsteller, Publizist und
      Politiker; Gründer der »American Guild for German Cultural
      Freedom« und der ihr angeschlossenen »German Academy«

3. XII.   *Horace Gregory* 1898–1982, amerikanischer Lyriker und Es-
      sayist; Lehrer am Sarah Lawrence College

      Zauberer ist ausgebürgert Thomas Mann hatte schon zwei
      Wochen zuvor die tschechoslowakische Staatsbürgerschaft
      erhalten

      Vicki Baum 1888–1960, österreichische Unterhaltungs-
      schriftstellerin; seit 1931 in den USA; 1936 gehörte sie zu den
      Sponsoren von Erika Manns »Pfeffermühle«

6. XII.   *Latouche* John Latouche, 1936 und 1937 kurzfristig Mitglied
      der »Pfeffermühle«

10. XII.   *Abdankung des Königs* Thronverzicht Edward VIII. zugun-
      sten seines Bruders Georg VI. aufgrund scharfer Kritik an
      seinen Heiratsabsichten mit der Amerikanerin W. W. Simpson

      Pirandello Luigi Pirandello, 1867–1936, italienischer Dra-
      matiker und Novellist; Nobelpreis 1934

12. XII.   *Dichter-Arzt* Arthur Schnitzler

13. XII.   *Prinz* Hubertus zu Löwenstein

      Kurt Rosenfeld 1877–1943, ehemals preußischer Justizmini-
      ster und Mitglied des Reichstages; in den USA Mitherausgeber

der Gewerkschaftszeitung »The German-American in the *(1936)*
USA«

»As you like it« englischer Spielfilm (1936), mit Elisabeth *19. XII.*
Bergner und Lawrence Olivier, Regie: Paul Czinner

Offis Haus das Haus der Großeltern Pringsheim in der
Münchner Arcisstraße

»Discipline for German Writers« s. Anmerkung zum 28. X. 36 *24. XII.*

Urgreise die Großeltern Pringsheim

1937

»Geneviève« 1936 erschienener Roman von André Gide *4. I.*
»tous ces fils …« Ü: »… all diese geheimnisvollen und zer-
brechlichen Söhne, deren Herzen im stillen miteinander ver-
woben sind …«

»Deutschamerikanischer Kulturverband« 1935 gegründeter *5. I.*
Dachverband für deutschsprachige Organisationen und Ein-
zelpersonen, gedacht als Vereinigung aller deutschsprechen-
den Nazigegner

Feakins William B. Feakins, amerikanischer Literaturagent

Fort excitant Ü: Sehr aufregend

Gottfried Reinhardt geb. 1913, Filmregisseur und -produ-
zent; Sohn Max Reinhardts

Fles Barthold Fles, holländischer Literaturagent *6. I.*

»Eternal Road« Uraufführung der ersten Theaterproduktion
von Max Reinhardt in New York; Drama von Franz Werfel,
1890–1945, nach Motiven des Alten Testaments; Musik von
Kurt Weill

Thimig Helene Thimig, 1889–1974, Schauspielerin; Frau
von Max Reinhardt

Francesco Francesco Mendelssohn, 1901–1980, Schauspieler, Regisseur; u. a. befreundet mit Gustaf Gründgens

Schloss Sybille Schloß, Schauspielerin, 1933 bis 1935 und *10. I.*
1937 Mitglied der »Pfeffermühle«

(1937) *Rooney* Wallace Rooney, 1936 und 1937 kurzfristig Mitglied der »Pfeffermühle« in New York

Colin Saul Colin, 1909–1967, Impressario und vielseitiger Kulturagent

Kersten Kurt Kersten, 1891–1962, sozialistischer Schriftsteller

»Oscar Wilde discovers America« zu Oscar Wildes Aufenthalt in Amerika und zu diesem Buch von Lloyd Lewis und Henry Justin Smith erschien KMs Aufsatz »Oscar Wilde entdeckt Amerika« in der Basler »National-Zeitung«, 16. 5. 1937

11. 1. *Georg Lukács* 1885–1971, ungarischer Literaturwissenschaftler und Philosoph

Huysmans Joris-Karl Huysmans, 1848–1907, französischer Romancier des literarischen Symbolismus

Ibsen Henrik Ibsen, 1828–1906, norwegischer Dramatiker

Strindberg August Strindberg, 1849–1912, schwedischer Schriftsteller

Joyce James Joyce, 1882–1941, irischer Schriftsteller

»Taras Bulba« französischer Spielfilm (1936), Regie: Alexis Granowsky

Harry Baur 1880–1943, französischer Lieblingsschauspieler KMs

14. 1. *»After the Thin Man«* amerikanischer Spielfilm (1936), mit William Powell und Myrna Loy, Regie: W. S. van Dyke

Louise Weiss 1893–1983, französische Schriftstellerin und Dokumentarfilmerin

Rousseau Jean-Jacques Rousseau, 1712–1778, Philosoph

Augustinus 354–430, Kirchenlehrer des christlichen Altertums

Gogol Nikolaj Wassiljewitsch Gogol, 1809–1852, stark religiös geprägter russischer Schriftsteller

»Krieg und Frieden« Roman von Leo N. Tolstoj, 1828–1910

16. 1. *»Living dangerously«* englischer Spielfilm (1936), mit Otto Kruger, Leonora Corbett; Regie: Herbert Brenon

La piqûre Ü: Die Spritze

17. 1. *Lazareff* Redakteur des »Paris Soir«

Jef Last 1898–1972, holländischer Schriftsteller *18. I.*

»Briefwechsel« Mitteilung des Dekans der Universität Bonn *(1937)*
über die Aberkennung der Ehrendoktorwürde Thomas Manns
und dessen Antwortbrief erschienen am 24. 1. 1937 in der
»Neuen Zürcher Zeitung«

Marcel Khil junger arabischer Freund Jean Cocteaus

Marc Allegret 1900–1973, Filmregisseur und enger Freund *20. I.*
André Gides

Herbart Pierre Herbart, 1904–1974, französischer Journalist
und Essayist

Werner von Alvensleben 1889–1962, Maler

Drach Frédéric (Friedrich) Drach, undurchsichtige Gestalt
im Umkreis der »Pariser Tageszeitung«; verfügte über vielfältige Informationsquellen und verschaffte auch Aufenthaltsge-
nehmigungen; Waffenhändler für die Spanische Republik;
wohl auch Agent des »Deuxième Bureau«

Riess Berliner Mode- und Gesellschaftsfotographin *24. I.*

Ruth Landshoff-Yorck 1906–1966, Schriftstellerin; Nichte Samuel Fischers

»Fall Gide« zum Ärger der Kommunisten und ihrer Freunde
hatte sich André Gide in seinem Buch »Retour de l'U.R.S.S.«
sehr kritisch über die Sowjetunion geäußert

»San Francisco« amerikanischer Spielfilm (1936), mit Clark *28. I.*
Gable und Spencer Tracy, Regie W. S. van Dyke

Rilke-Aufsatz »Rainer Maria Rilke« in »Das Neue Tage- *29. I.*
Buch« 5/9, 27. 2. 1937

Walter Rilla geb. 1899, Schauspieler, Bühnenregisseur

Joop van Hulzen 1891–1965, niederländischer Schriftsteller

Yvonne George französische Schauspielerin

»Pygmalion« holländischer Spielfilm (1937) *30. I.*

Knut Hamsun 1859–1952, norwegischer Erzähler, Nobelpreis 1920

Lagerlöf Selma Lagerlöf, 1858–1940, schwedische Erzählerin, Nobelpreis 1909

van Beinum Eduard van Beinum, 1900–1959, niederländi-

224

Eitje Sekretär der Hilfsstelle für jüdische Flüchtlinge in Am- *(1937)*
sterdam

Brief an ihn in »Briefe und Antworten«, S. 279–282

Keun Irmgard Keun, 1910–1982, Unterhaltungsschriftstelle- 22. *II.*
rin; KM rezensierte ihren Roman unter dem Titel »Deutsche
Wirklichkeit« in der »Neuen Weltbühne« 33/17, 22. 4. 1937

Puschkin der russische Dichter Aleksandr Sergejewitsch
Puschkin, 1799–1937

Zeitschrift »Maß und Wert«, Zweimonatsschrift, herausge- 25. *II.*
geben von Thomas Mann und Konrad Falke; sie erschien im
Oprecht-Verlag, Zürich, vom September 1937 bis zum Herbst
1940. Trotz seiner großen Erfahrung als Redakteur der
»Sammlung« wurde KM bei diesem Projekt nicht hinzugezo-
gen

Lion Ferdinand Lion, 1883–1965, elsässischer Kulturkritiker
und Essayist; bestallter Redakteur von »Mass und Wert«

Reiffs der Zürcher Seifenindustrielle Hermann Reiff,
1856–1938, und seine Frau, die Liszt-Schülerin Lilly Reiff-
Sertorius, 1886–1958

»Simplicissimus«-Aufsatz »Der Simplicissimus« in »Das Neue
Tage-Buch« 5/9, 27. 2. 1937; über die weiter in Deutschland
erscheinende satirische Zeitschrift

Bruno F. Bruno Frank

Tennenbaum Richard Tennenbaum, Zürcher Geschäfts- 26. *II.*
mann, Vermögensverwalter und Mäzen

Spiphy Nachtclubsängerin aus New York

Pierre Bertaux's Hölderlin-Buch »Hölderlin. Essai de biographie intérieure« von Pierre Bertaux, 1907–1986, französischer
Germanist, Hölderlinforscher

»Die Harfe« als »Lob der Harfenistin« erstmals erschienen im 28. *II.*
»Deutschen Allgemeinen Handelsblatt«, 12. 2. 1967

»Faschings-Zeitung« KMs Glosse darüber unter dem Titel
»Galgenhumor« in »Das Neue Tage-Buch« 5/10, 6. 3. 1937

»Mr. Deeds goes to town« amerikanischer Spielfilm (1936),
Regie: Frank Capra, mit Gary Cooper und Jean Arthur

1. III.   *neue Zeitschrift* »Maß und Wert«

(1937)   *Thälmann-Comité* der Vorsitzende der KPD Ernst Thälmann, 1886–1944, war im März 1933 verhaftet worden und wurde 1944 im KZ Buchenwald ermordet

3. III.   *Dr. von Kahler* Erich von Kahler, 1889–1970, Historiker und Philosoph
      Grete Moser geb. 1916, Schweizerin, heiratete 1939 KMs Bruder Michael

5. III.   *»Peter Schlemihl«* »Peter Schlemihl's wundersame Geschichte«, Novelle von Adelbert von Chamisso, 1781–1838

12. III.   *»Wiederbegegnung mit Knut Hamsun«* in »Das Neue Tage-Buch« 5/15, 10. 4. 1937
      Max Hansen 1897–1961, dänisch-deutscher Operettensänger und Schauspieler
      »Axel an der Himmelstür« Operette von Ralph Benatzky, 1887–1957
      »Flaschenpost« KM rezensierte René Schickeles Roman »Die Flaschenpost« für die »Pariser Tageszeitung«, 5. 5. 1937

13. III.   *»Die Harfe«* am angegebenen Ort nicht aufgefunden
      Hündchen Constance Hallgarten, 1881–1969, Mitbegründerin der »Internationalen Frauenliga für Frieden und Freiheit«; Mutter von KMs Jugendfreund Ricki Hallgarten
      Lasker-Schüler die Lyrikerin und Dramatikerin Else Lasker-Schüler, 1869–1945

14. III.   *Ludwig-Novelle* »Vergittertes Fenster«, Querido Verlag, Amsterdam, November 1937

15. III.   *Glosse* »Sehr lehrreiches Bilderbuch« in der »Pariser Tageszeitung«, 13. 4. 1937
      Hebbel der Dichter Christian Friedrich Hebbel, 1813–1863
      Börne der Publizist und Essayist Ludwig Börne, 1786–1837
      Fénelon François Fénelon, 1651–1715, französischer Schriftsteller und Theologe
      »J'aime ...« Ü: »Ich liebe meine Familie mehr als mich, mein Vaterland mehr als meine Familie und das Universum mehr als mein Vaterland«

Nidden-Haus Thomas Mann besaß ein Haus an der Kuri- *(1937)*
schen Nehrung

»Effi Briest« Roman von Theodor Fontane, 1819–1898

O. M. Graf Oskar Maria Graf, 1894–1967, bayerischer Erzäh- *17. III.*
ler; zu dieser Zeit im Exil in Prag

Glasenapp Karl Friedrich Glasenapp, 1847–1915, Wagner-
Forscher

Antwort an Konrad Heiden KM reagierte auf einen Artikel des *19. III.*
Journalisten und Schriftstellers Konrad Heiden, 1901–1966,
der im »Neuen Tage-Buch« die Affäre Bernhard-Poljakoff
aufgegriffen und dabei scharfe Angriffe gegen die »Pariser
Tageszeitung« gerichtet hatte; KMs Brief in »Briefe und Antworten«, S. 282–287

Gretler Heinrich Gretler, 1897–1977, Schweizer Schauspieler

Otto Teo Otto, 1904–1968, Zeichner, Bühnenbildner des
Zürcher Schauspielhauses

Breitbach der deutsch-französische Erzähler und Dramatiker *20. III.*
Joseph Breitbach, 1903–1980; eine ausgedehnte Polemik hatte
1934 die Freundschaft der beiden beendet

Ilya Ehrenburg 1891–1969, russischer Schriftsteller *21. III.*

Rieser Marianne Rieser, Schwester Franz Werfels, Frau des *23. III.*
Direktors des Zürcher Schauspielhauses Ferdinand Rieser

Binder Sybille Binder, 1898–1962, Schauspielerin

Kalser Erwin Kalser, 1883–1958, Berliner Schauspieler

Steckel Leonard Steckel, 1901–1971, Schauspieler und Regisseur

Horwitz Kurt Thomas Horwitz, 1897–1974, Schauspieler und
Regisseur

Langhoff Wolfgang Langhoff, 1901–1966, Schauspieler,
Schriftsteller; nach KZ-Haft seit 1934 in der Schweiz

Lindtberg Leopold Lindtberg, 1902–1984, Regisseur

Valeska Hirsch Pianistin, 1933 und 1936 zeitweilig Mitglied
der Pfeffermühle; Frau Leopold Lindtbergs

Aufsatz »Zürichs Schauspielhaus« in der »Neuen Weltbühne« 33/16, 15. 4. 1937

Kahler – erstes Heft Bernard von Brentano zog einen Beitrag   10. IV.
für »Maß und Wert« zurück, da er nicht im gleichen Heft wie   (1937)
Erich von Kahler erscheinen wollte
»Amok« französischer Spielfilm (1934), mit Marcelle Chan-
tal, Madeleine Guitty, Regie: Fédor Ozep
»Expressionismus« Essay Gottfried Benns von 1933
an Ferdinand Lion in »Briefe und Antworten«», S. 301 ff.
Iltis Professor Iltis, Direktor der Masaryk-Hochschule in   13. IV.
Brünn
Prof. Steinthal Walter Steinthal, Besitzer und Herausgeber
des Berliner »12-Uhr-Mittagsblatt«, für das KM in den zwanzi-
ger Jahren als Theaterkritiker gearbeitet hatte
Tschuppik Karl Tschuppik, 1877–1937, österreichischer Hi-
storiker und Romancier
Csokor Franz Theodor Csokor, 1885–1969, österreichischer
Dramatiker und Regisseur; KM schrieb über sein Stück den
Aufsatz »Österreichische Tragödie« in »Das Neue Tage-Buch«
5/18, 2. 5. 1937
E. A. Rutra Ernst Arthur Rutra, 1892–1939, Dramatiker und
Erzähler
Franz Horch 1901–1951, Dramaturg bei Max Reinhardt;   14. IV.
später Literaturagent in New York
Ernst Deutsch 1890–1969, Schauspieler
Conversation ... Ü: Recht angenehme und freundschaftliche
Unterhaltung
Thornton Wilder 1897–1975, amerikanischer Dramatiker
und Erzähler
Adam Scharrer 1889–1948, sozialistischer Erzähler   17. IV.
Bozzi Drogenlieferant   18. IV.
Th. Th. Heine Th(omas) Th(eodor) Heine, 1867–1948, Maler,
Zeichner, Mitbegründer der satirischen Zeitschrift »Simplicis-
simus«
Manfred Georg später M. George, 1893–1965, Journalist und
Schriftsteller; ab 1939 Herausgeber der deutschsprachigen
jüdischen Wochenzeitung »Aufbau«, New York

21. IV.   *Beneš*   Eduard Beneš, 1884–1948, tschechischer Staatspräsi-
(1937)   dent
22. IV.   *Goschi*   Henriette Leonie Mann, 1916–1986, Tochter Mimi
      und Heinrich Manns
      Milka   Emilie Pringsheim, 1912–1976, Kusine KMs
      Conversation fraternelle Ü: brüderliche Unterhaltung
23. IV.   *Et me voilà...*   Ü: Und, siehe da, so befinde ich mich von
      neuem in einem anderen Hotelzimmer
      Kleiber   Otto Kleiber, 1883–1969, Feuilletonchef der Basler
      »National-Zeitung«
      Bruno Frei 1897–1988, Publizist, Herausgeber der kommuni-
      stischen Wochenschrift »Der Gegenangriff«
      Wieland Herzfelde 1896–1988, Dadaist, dann Kommunist,
      Leiter des Malik-Verlages; von 1933–35 Herausgeber der
      literarisch-politischen Zeitschrift »Neue Deutsche Blätter«
      E. E. Kisch der »rasende Reporter« Egon Erwin Kisch,
      1885–1948
      F. C. Weiskopf Franz Carl Weiskopf, 1900–1955, tschechi-
      scher Journalist und Schriftsteller; von 1933–38 Leiter der
      kommunistischen »Arbeiter-Illustrierte-Zeitung« (AIZ)
26. IV.   *Otokar Fischer* 1883–1938, tschechischer Lyriker, Dramati-
      ker, Literarhistoriker
      Max Brod 1884–1968, Erzähler und Essayist, engster Freund
      und Nachlaßverwalter Franz Kafkas
28. IV.   *Karel Čapek* 1890–1938, tschechischer Romancier, Dramati-
      ker, Reiseschriftsteller
      Masaryk-Buch »Mlčení s T.G. Masarykem« (Masaryk erzählt
      sein Leben), Essay über den Gründer der Tschechoslowaki-
      schen Republik Thomas G. Masaryk, 1850–1937, Staatspräsi-
      dent von 1917–1935. KMs Rezension in »Die Neue Weltbüh-
      ne« 33/23, 3. 6. 1937
30. IV.   *»Une heure avec«* Ü: »Eine Stunde mit«
      Roman »Annerl«, erschienen 1937
      tschechische Ausgabe unter dem Titel »Pateticka Symfonie«,
      Verlag Jos. R. Vilimek, 1936

Une grande journée Ü: Ein großer Tag *5. V.*
Prof. Frankl der Leiter der Prager Volkshochschule »Urania«, *(1937)*
Oskar Benjamin Frankl
Paul Eisner Pawel Eisner, 1889–1958, deutsch-tschechischer
Kritiker, Übersetzer, Journalist
Grab Hermann Grab, 1903–1949, Prager Musikschriftsteller
und Erzähler
Friedrich Torberg 1908–1979, österreichischer Schriftsteller,
Kritiker und Essayist
Kronbauerova tschechische Schauspielerin
André Germain 1881–1971, französischer Schriftsteller und
Kritiker; von KM zu den persönlichen »Todfeinden« gerechnet
und im Roman »Mephisto« als Pierre Larue portraitiert
Sternfeld Wilhelm Sternfeld, 1888–1973, Journalist; Sekretär
der Prager Thomas-Mann-Gesellschaft und Verwalter deren
Hilfsfonds für Emigranten
Franz Blei 1871–1942, österreichischer Schriftsteller und *12. V.*
Übersetzer
Canetti Elias Canetti, geb. 1905, Erzähler, Dramatiker, Es-
sayist
Ida Roland Schauspielerin, Frau von Richard Graf Couden-
hove-Kalergi
Ehrenfeld Ernst Ehrenfeld, junger Wiener Schriftsteller
die Polgar Alfred Polgars Frau Elise
Artikel »Eine Stunde mit Beneš«, in »Das Neue Tage-Buch«
5/21, 22. 5. 1937
Theodor Kramer 1897–1958, österreichischer Lyriker der
Neuen Sachlichkeit
Lavinia Mazuchetti 1889–1963, italienische Literaturwissen-
schaftlerin, Übersetzerin, Kritikerin
Quelle journée! Ü: Was für ein Tag!
Lazi Lajos Hatvany *15. V.*
Otto Zarek 1898–1958, Schriftsteller und Regisseur
Curtiss Thomas Quinn Curtiss, geb. 1907, amerikanischer
Theaterkritiker

17. V.   *Dr. Klopstock*   Robert Klopstock, 1899–1972, Arzt und Literat;
(*1937*)   enger Freund Franz Kafkas
         grâce à ...   Ü: dank Curtiss. Verliebtheit
19. V.   *Loli*   Jolan Hatvany, dritte Frau von Baron Lajos Hatvany
         Klari   Sohn von Jolan und Lajos Hatvany
         König von Italien   Victor Emanuel III., 1869–1947
27. V.   *La visite* ...   Ü: Der nächtliche Besuch. Die Zärtlichkeiten
         »Ludwig II.«-Aufsatz   »Ludwig II. – König der Bayern«, in
         »Die Weltwoche«, 18. 6. 1937
28. V.   *»Michael«*   Roman von Herman Bang
9. VI.   *»Denn aus Nichts ...«*   letzte Strophe des Gedichts »Verzweifel-
         ter Stand des Menschen« aus dem Lyrikband »Schlaf und
         Erwachen« von Franz Werfel
         Weltsch   der Prager Essayist Felix Weltsch, 1884–1964; KM
         rezensierte sein Buch »Wagnis der Mitte« in »Das Neue Tage-
         Buch« 5/27, 3. 7. 1937
         Theodor Kramer, Gedichte   KM besprach seinen Gedichtband
         »Mit der Ziehharmonika« neben »Fenster vor dem Firma-
         ment« von Heinz Politzer und »Das Herz ein Schild« von F.C.
         Weiskopf in der Rezension »Gedichte« in der »Pariser Tages-
         zeitung«, 23. 6. 1937
         »Traum und Erwachen«   der Gedichtband »Schlaf und Erwa-
         chen« von 1935
10. VI. *»vie facile«*   Ü: »leichtes Leben«
13. VI. *Ernest Renan*   1823–1892, französischer Religionsphilosoph
         und Historiker
         »L'amour est...«   Ü: »Die Liebe ist ebenso ewig wie die Reli-
         gion. Die Liebe ist der beste Gottesbeweis (!); sie ist unsere
         Nabelschnur zur Natur, unsere wesentliche Kommunion mit
         dem Unendlichen«
         Mereschkowsky   Dimitrij Sergejewitsch Mereschkowsky, 1865
         bis 1941, bedeutender Vertreter des literarischen russischen
         Symbolismus; auch Verfasser theologisch-historischer Schriften
         L'amour...   Ü: Die Liebe... »Ja, ein religiöser Akt, ein gehei-
         ligter Augenblick, in dem sich der Mensch aus seinem üblichen

Mittelmaß erhebt und seine Fähigkeiten zu Genuß und über- *(1937)*
schwenglicher Zuneigung in höchster Vollendung sieht ...«
Verlaine Paul Verlaine, 1844–1896, französischer Dichter
»Il faut m'aimer« Ü: »Man muß mich lieben«
»Triste corps...« Ü: »Trauriger Körper! So schwach und so *14. VI.*
geschlagen!«
Kafka-Artikel »Franz Kafka« in »Die Neue Weltbühne« *19. VI.*
33/33, 12. 8. 1937
»Wo alles ...« aus Gottfried Benns Gedicht »Einsamer nie –« *4. VII.*
Filmregisseur Pabst G.W. Pabst, 1885–1967 *7. VII.*
Politzer der Prager Lyriker Heinz Politzer, 1910–1978
agaçant Ü: ärgerlich *8. VII.*
»La plupart ...« Ü: »Die meisten Bücher, deren Stoff vollstän- *9. VII.*
dig fiktiv ist und die sich weder im engeren noch im weiteren
Sinne an irgendeine Wirklichkeit anlehnen, sind Totgeburten;
dagegen erhalten diejenigen, die auf beobachteten, gehörten,
dem wirklichen Leben entnommenen Fakten beruhen, die
Weihen langen Lebens«
Colette Sidonie-Gabrielle Colette, 1873–1954, französische *10. VII.*
Erzählerin
»Retouches« »Retouches à mon Retour de l'U.R.S.S.«, André *17. VII.*
Gides Antwort auf die Anwürfe der Kommunisten gegen sein
Rußland-Buch
»Exposition« Weltausstellung: »Exposition internationale *18. VII.*
des Arts et Techniques dans la vie moderne«
»Schutzverband« Schutzverband Deutscher Schriftsteller im *19. VII.*
Exil, Präsident war Heinrich Mann
Karin Michaëlis 1872–1950, dänische Schriftstellerin
Piscator der Regisseur und Theaterleiter Erwin Piscator,
1893–1966
Kolzow Michail J. Kolzow, 1898–1942, russischer Publizist;
Feuilletonredakteur und Korrespondent der »Prawda«
Claire Goll 1901–1977, vorwiegend französisch schreibende,
deutsche Lyrikerin und Erzählerin
Seghers Anna Seghers, 1900–1983, Schriftstellerin

20. *VII.* *Kritik von Marcuse* innerhalb der Sammelrezension »Fünf
(1937) Blicke« in »Das Wort« II/7, Juli 1937
21. *VII.* *Renoir* Jean Renoir, 1894–1976
        von Stroheim Erich von Stroheim, 1885–1957, Filmregisseur
        und -schauspieler
23. *VII.* *Kapitel-Anfang* unter dem Titel »Professor Abel. Abschnitt
        aus einem unveröffentlichten Emigrantenroman« (d.i. Erstes
        Buch/Drittes Kapitel des Romans »Der Vulkan«) in »Interna-
        tionale Literatur« 8/9, September 1938
28. *VII.* *Katz* Otto Katz, 1893–1952, Journalist und »Adjutant« des
        kommunistischen Verlegers Willi Münzenberg, 1889–1940,
        der 1933 in Paris den Exil-Verlag »Editions du Carrefour«
        gegründet hatte
        Brief von Onkel Heinrich in »Briefe und Antworten«, S. 308 f.
        »Gruppe« unter dem Eindruck der Moskauer Prozesse hatten
        Konrad Heiden und Leopold Schwarzschild (»Das Neue Tage-
        Buch«) eine Gruppe gegründet, die es ablehnte, mit Kommuni-
        sten zusammenzuarbeiten und die von Heinrich Mann vertre-
        tene »Volksfront«-Politik scharf ablehnte; sie rechnete KM zu
        ihren Mitgliedern
        Bruno Frank er zählte ebenfalls zur Schwarzschild-Gruppe
31. *VII.* *Annette Kolb* KM besprach ihr Buch »Festspieltage in Salz-
        burg« in »Das Neue Tage-Buch« 5/34, 21. 8. 1937
1. *VIII.* *»Romantisme Allemand«* Sondernummer der in Marseille
        erscheinenden Zeitschrift »Cahiers du Sud«; Anlaß zu KMs
        Aufsatz »Wiederbegegnung mit den deutschen Romantikern«,
        gekürzte Fassung in »Maß und Wert« 1/6, Juli–August 1938,
        vollständig erstmals im Essay-Band »Prüfungen«, München
        1968
2. *VIII.* *Ophüls* Max Ophüls, 1902–1957, Filmautor und -regisseur
5. *VIII.* *»Marianne«* Pariser Illustrierte
10. *VIII.* *Otto Strasser* 1897–1974, linker nationalsozialistischer Politi-
        ker, 1933 emigriert
        Coleridge Samuel Taylor Coleridge, 1772–1834, Dichter der
        englischen Romantik

Tant mieux Ü: Um so besser ·   12. VIII.

Postmas der westfriesische Dichter Obe Postma, 1868–1963,   *(1937)*
und seine Familie

Benjamin Crémieux 1888–1944, französischer Schriftsteller

»Offenbach« »Jacques Offenbach und das Paris seiner Zeit«   13. VIII.
von Siegfried Kracauer, 1889–1966, Soziologe, Literaturkriti-
ker, Schriftsteller

die Marcuse Erna »Sascha« Marcuse, Frau Ludwig Marcuses

Céline Louis Ferdinand Céline, 1894–1961, Romancier, poli-   15. VIII.
tischer Essayist und Pamphletist

Poussin Nicolas Poussin, 1594–1665, klassizistischer Maler   16. VIII.

Géricault Jean Louis Théodore Géricault, 1791–1824, Maler
und Graphiker

Ingres Jean Auguste Dominique Ingres, 1780–1867, Maler
und Zeichner

Werner Wolff Archäologe   18. VIII.

»Der Herrscher« deutscher Spielfilm (1937), mit Emil Jan-   20. VIII.
nings und Marianne Hoppe, Regie: Veit Harlan

»In der Fremde« in der »Pariser Tageszeitung«, 12. 9. 1937;   21. VIII.
eine Vorform dieses Feuilletons war unter dem gleichen Titel
erschienen in »Bunte Woche« (Wochenbeilage zum Schweizer
»Arbeitsblatt«) Nr. 21, 21. 5. 1933

Friedells »Kulturgeschichte« »Kulturgeschichte der Neuzeit«
von Egon Friedell, 1878–1938, Theaterkritiker, Schauspieler,
Schriftsteller

Foerster Friedrich Wilhelm Foerster, 1869–1966, christlich-
pazifistischer Pädagoge

Herz Ida Herz, 1894–1984, ordnete 1925 Thomas Manns
Bibliothek, seitdem Freundin der Familie

Bruno v. Salomon Journalist und Funktionär, Bruder des
Schriftstellers und Rathenau-Attentäters Ernst von Salomon

Stern Kurt Stern, geb. 1907, Redakteur, Politkommissar,
Schriftsteller

Peter Lorre 1904–1964, Bühnen- und Filmschauspieler; seit   22. VIII.
1935 in den USA

236

Richard Huelsenbeck 1892–1974, dadaistischer Schriftsteller *(1937)*
und Psychoanalytiker
Dolbin B. F. Dolbin, Karikaturist und Zeichner
Brief an Zauberer »Briefe und Antworten«, S. 317 f. *25. IX.*
Tout à fait … Ü: Völlig am Ende *1. X.*
Platen der Dichter August Graf Platen, 1796–1835 *2. X.*
Politische Erregungen der japanisch-chinesische Krieg *10. X.*
Joseph Brewer amerikanischer Verleger, seit 1927 mit KM be- *12. X.*
kannt; in seinem Verlag Brewer & Warren war 1930 die engl.
Ausgabe von KMs »Alexander – Roman der Utopie« erschienen
an … Mielein »Briefe und Antworten«, S. 318 ff. *14. X.*
Abbott Charles David Abbott, Direktor der »Lockwood *17. X.*
Memorial Library« in Buffalo, N.Y.
NTB das Neue Tage-Buch
Franz von Baader 1765–1841, katholischer Theologe und *24. X.*
Philosoph metalogisch-mystischer Erkenntnisweise; von gro-
ßem Einfluß auf die Romantiker
Rudolf Steiner 1861–1925, Begründer der Anthroposophie
Hemingways Roman »To Have and Have Not«; KMs Rezen-
sion erschien in der »Pariser Tageszeitung«, 25. 12. 1937
Knight der Verlag Knight Publishers, New York *28. X.*
»Guild« »American Guild for German Cultural Freedom«;
von Hubertus von Löwenstein gegründete Hilfsorganisation
für die exilierten deutschen Intellektuellen
an Mielein »Briefe und Antworten«, S. 322 f.
Ludwig Renn 1889–1979, sozialistischer Erzähler, Spanien- *29. X.*
kämpfer
»Kapitel« Probekapitel für ein »non-fiction-book« für den *5. XI.*
Verlag Knight
Houghton Mifflin Verlag
Duke of Windsor Titel des zurückgetretenen englischen Königs
Félix Bertaux 1876–1948, französischer Germanist und Über- *21. XI.*
setzer; Vater von Pierre Bertaux
»Stimmungen in den U.S.A.« in »Die Volksillustrierte«, Prag,
5. 1. 1938

237

(1937) *»Utopische Hoffnungen«* »Lost Horizon«, amerikanischer Spielfilm (1937), mit Ronald Coleman, Jane Wyatt; Regie: Frank Capra

24. XI. *Kortner* der Regisseur und Schauspieler Fritz Kortner, 1892 bis 1970; er schrieb zusammen mit Dorothy Thompson am Theaterstück »Another Sun«, das 1940 uraufgeführt wurde
Halifax Edward Wood, Earl of Halifax, 1891–1959, konservativer Politiker; 1938–1940 englischer Außenminister

18. XI. *»B.Z.«* die Berliner Zeitung »B.Z. am Mittag«
Comte Roussy de Sale Raoul de Roussy de Sale, französischer Journalist
Mr. Meyer Eugene Meyer, 1875–1959, Bankier, Besitzer und Herausgeber der »Washington Post«

29. XI. *Carolina Newton* 1893–1974, Psychoanalytikerin und Übersetzerin
Ex-Kanzler Brüning Heinrich Brüning, 1885–1970; KM schrieb über den Vortrag den Artikel »Brüning in New York«, erschienen in »Die Neue Weltbühne« 33/52, 23. 12. 1937
Dr. Horkheimer Max Horkheimer, 1895–1973, Philosoph und Soziologe

30. XI. *Schreibe ihm* der Brief an Ferdinand Lion in »Briefe und Antworten«, S. 325 f.

9. XII. *»Jugend ohne Gott«* 1938 erschienener Roman von Ödön von Horváth
John Steinbeck 1902–1968, amerikanischer Romancier
Mr. Wiener Paul Lester Wiener, Architekt; Schwiegersohn vom Henry Morgenthau Sr., ehemaliger Finanzminister Präsident Wilsons

20. XII. *Verhaeren* Emile Verhaeren, 1855–1916, belgischer Dichter

23. XII. *Twardowski* Hans Heinrich von Twardowski, Schauspieler und Schriftsteller
Antinazi-Liga »German-American League for Culture«
Rezension unter dem Titel »Romanze« von Theodor Fanta in »Das Neue Tage-Buch« 5/50, 11. 12. 1937
Lubitsch Ernst Lubitsch, 1892–1947, Filmregisseur

Friedrich Hollaender 1896–1976, Schlager- und Filmkompo- *(1937)*
nist, Kabarettist
»Blaubarts 8. Frau« amerikanischer Spielfilm (1938), Regie
Ernst Lubitsch
Amendts der Schauspieler Rudolf »Buschi« Amendt, mit KM
1927 in »Revue zu Vieren« auf Tournee, und seine Frau Julia
George Cukor 1899–1983, amerikanischer Filmregisseur un- *24. XII.*
garischer Herkunft
»Gone with the Wind« amerikanischer Spielfilm (1939), mit
Clark Gable und Vivien Leigh, Regie Victor Fleming, Produ-
zent David O. Selznik
»Snowwhite« KM besprach Walt Disneys ersten abendfüllen- *25. XII.*
den Zeichentrickfilm in der »Pariser Tageszeitung«, 16. 1. 1938
Traven B. Traven, 1882 (?)–1969, rätselhafter Autor sozialkri- *26. XII.*
tisch-abenteuerlicher Romane
Luise Rainer geb. 1909, deutsche Schauspielerin
»Dinner at the Ritz« englischer Spielfilm (1937), mit Annabel-
la, Paul Lukas, David Niven; Regie: Harold Schuster
ne veux pas Ü: will nicht
Fritz Lang 1890–1976, Filmregisseur *28. XII.*

Editorische Notiz

Mit den Tagebüchern 1936—1937 liegt nun die Hälfte der auf sechs Bände konzipierten Ausgabe der Tagebücher Klaus Manns vor, die seit Frühjahr 1989 in halbjährlicher Folge erscheint. Ihre Vorgeschichte, Gesamtkonzeption und Fragen der Textauswahl haben die Herausgeber in den ersten beiden Bänden dargestellt. Die dort umrissenen editorischen Prinzipien gelten auch für diesen Band: Vierecke verweisen auf Kürzungen, eingefügte eckige Klammern bezeichnen Unleserliches, Ergänzungen der Herausgeber oder Ortsangaben Klaus Manns, die vorhergegangenen, nicht ausgewählten Tagen entnommen wurden.

Klaus Mann führte sein Journal von Oktober 1931 bis zu seinem Tod im Mai 1949 in insgesamt 21 Heften, von denen die Hefte 6 bis 11 dem vorliegenden Band III zugrunde liegen. Ihr Umfang, ihre Beschaffenheit und der in ihnen erfaßte Zeitraum ist jeweils zum Abschluß bzw. zum Beginn eines Heftes in den Anmerkungen beschrieben.

Abgesehen von einigen Reisetagen, fehlen im Jahre 1936 Einträge Klaus Manns vom 8. bis zum 11. Januar und vom 16. bis zum 19. Mai. Im darauffolgenden Jahr führte er sein Tagebuch unregelmäßiger. So gibt es keine Notizen vom 30. Mai bis zum 2. Juni (Sanatorium Siesta), an 14 Tagen während seines Aufenthaltes in Sils (26. Juni bis 16. Juli), an 13 Tagen zwischen dem 2. und dem 25. September und vom 15. bis zum 19. Dezember 1937.

Die umfangreichen Vorarbeiten zu dieser Edition wurden durch den Deutschen Literaturfond unterstützt. Darüber hinaus gilt unser Dank zahlreichen Personen, Bibliotheken und Institutionen. Besonders dankbar erwähnt seien diesmal Herr Dr. Rudolf Hirsch, Herr Dr. Ulrich Kurowski, die Deutsche

Bibliothek (Sammlung Exil-Literatur), Frankfurt a.M., und das Archiv der »Basler Zeitung« für tatkräftige Hilfe und wertvolle Hinweise.

München, im Februar 1990   Joachim Heimannsberg

Namensregister

250

251

252